U0128363

教育中的批判民族誌

經典導讀、
重點評析與
在地對話

楊巧玲
——
主編

國家圖書館出版品預行編目（CIP）資料

教育中的批判民族誌：經典導讀、重點評析與
在地對話 / 楊巧玲主編 -- 初版. -- 高雄
市：巨流，2020.09
　　　面；　公分
ISBN 978-957-732-598-3（平裝）

1.高等教育　2.研究方法　3.文集

525.307　　　　　　　　　　　109012313

教育中的批判民族誌：

經典導讀、重點評析與在地對話

主　　　編　楊巧玲

著　　　者　王儷靜、林郡雯、張如慧、張盈堃、游美惠、楊巧玲、鄭臻貞
　　　　　　（依姓氏筆畫排序）

責 任 編 輯　李麗娟

封 面 設 計　Lucas工作室

發 行 人　楊曉華

總 編 輯　蔡國彬

出　　版　巨流圖書股份有限公司
　　　　　802019高雄市苓雅區五福一路57號2樓之2
　　　　　電話：07-2265267
　　　　　傳眞：07-2233073
　　　　　e-mail: chuliu@liwen.com.tw
　　　　　網址：http://www.liwen.com.tw

編 輯 部　100003臺北市中正區重慶南路一段57號10樓之12
　　　　　電話：02-29229075
　　　　　傳眞：02-29220464

郵 撥 帳 號　01002323 巨流圖書股份有限公司
　　　　　購書專線　07-2265267轉236

法 律 顧 問　林廷隆律師
　　　　　電話：02-29658212

出版登記證　局版台業字第1045號

ISBN 978-957-732-598-3（平裝）
初版一刷 · 2020 年 9 月

定價：380 元

主編序

本書源自科技部人文社會科學研究中心「補助經典研讀班」一項計畫：教育中的批判民族誌經典研讀，計畫編號：MOST 104-2420-H-002-016-MY3-SB10515，執行期間自民國 105 年 7 月 1 日 至 民國 106 年 6 月 30 日。為了符應民族誌的厚描本質，簡要說明申請研讀班的構想緣起、參與成員、實際運作，以期脈絡化與意義化從研讀班到成書的過程與結果。

壹 構想緣起

「教育中的批判民族誌經典研讀」之發想源自「學然後知不足，教然後知困」。作為多年來在教育系所授課「質性研究」的教學者，基於教學相長的信念與自期，經常更換閱讀資料，希望一方面教，一方面也自我精進。但是因為被界定為「研究方法」課程之一，而且為期一學期、學分數為二，教學內容大抵只能涉及介紹質性研究基礎概念、探討研究設計與倫理的議題、說明質性研究常用的資料蒐集之方法並要求選課者田野練習。如此一來，自覺一直停留在「導論」的層次，難以深入，亟欲突破。

晚近採用謝國雄主編（2007）的《以身為度、如是我做：田野工作的教與學》一書作為指定閱讀資料之一，深受感動的同時也感觸良多。謝國雄是社會學領域的學者，親自從事田野研究，也開授為期一年的田野工作課程，上學期帶領學生從研讀社會學的經典著手，形構問題意識，提出研究設計，師生之間、生生之間彼此討論、互相對話，學生於下學期進入田野展開實做，當然仍是少不了回到學院內繼續激盪與思辨，該書就是師生的集體創作。令人感動的是，在當今的學術環境，仍有一群人願意採行耗時費神的研究方法，加以鑽研，而且把教與學的內容與方式集結成書，出版分享；引發感觸的是，既要實做又要閱讀經典著作，卻不會令學生卻步，

而延伸一學年的課程與教學，比較可能讓學習者紮實學習，使教學者從中
得到成長。

為何本書聚焦於批判民族誌？可以分成二個層次說明：1. 我的價值傾
向之反映：反對各種形式的不公平，相信研究應該用來揭露壓迫，並加以
挑戰與改變；2. 批判的認識論之核心：這些經典著作的研究者是否以及如
何反思其研究與權力之關係，其價值傾向如何影響其研究的結果與詮釋。
事實上，身為高等教育工作者，個人的價值傾向並不只反映在研究的範
疇，也反映在所開設的課程；本書的構思除了與前述的「質性研究」那門
課有關，也涉及我任教的另一門「批判教育學專題研究」課程，在此同樣
需要自我揭露課程與教學的侷限。與前述的質性研究課程雷同，「批判教
育學專題研究」這門課通常涵蓋對批判理論的介紹，包括其緣起與發展，
以及在教育領域中的研究與實踐，但是也面臨與質性研究課程類似的困
境，亦即流於抽象的巨型理論之探究，雖然也會提及相關的批判民族誌研
究，但往往欠缺切實研讀經典的機會。批判民族誌至少有一部分是源自對
巨型理論的不滿，企圖藉由對微觀的生活世界加以探究，獲得深度理解，
進而揭示在學校與教室的社會建構中，權力與意識形態究竟如何運作，於
是研讀教育中的批判民族誌經典可望既結合又改善所開授的兩門課，讓理
論與方法得以相輔相成、相得益彰，甚至可能創設新的課程，如「教育民
族誌」、「批判的教育民族誌」。

貳 參與成員

基於上述構想緣起，期盼透過集結同好，從閱讀批判民族誌的教育經
典中吸納養分，共同探究，在個人層次上，冀能提升覺察力、批判力與行
動力，在集體層次上，冀能建立專業社群，豐富教學內容、擴大開課可能、
拓展研究想像。基於經典研讀班計畫的規範，即聚會出席率需達 50% 以

上，在招募成員時，難免納入地緣考量，共 11 位，身為召集人，先就近招募，於是以任教於南部地區學校為主，六位在高雄，屏東、台南、嘉義各一位。但為兼顧專長、興趣及區域多樣性，也邀請台北、台東各一位夥伴。

　　值得一提的是，成員背景同中有異、異中有同，雖然任教於教育相關系所的居多，但仍具歧異性，包括幼兒教育、特殊教育、性別教育、數位媒體與文教產業、師資培育中心，也有來自醫學大學的成員；雖然碩博學位多屬教育學門，次領域則涉及課程與教學、教育政策與行政、比較教育、成人教育、特殊教育、教育社會學，而其中有一位就屬於社會學學門。相信這樣的多元與跨域有助於彼此對話、互相討論，或能更進一步開展合作模式。另一方面，成員大多曾經做過民族誌的研究，或其他類型的質性研究，在理論取向上，大多傾向批判典範，如女性主義、多元文化、批判理論、階級分析、文化研究等，這些傾向不僅表現在研究上，也是學術養成背景，或是開授科目。

　　比較遺憾的是，籌劃出版之際，一位成員退出，由我與該書的討論人張盈堃合力完成導讀與評析之撰寫，更為可惜的是，儘管已經一再延期，最後截稿時 3 位成員仍不及完成，深刻體認大學教師工作忙碌、負擔繁重，即使有心合作，侷限仍難避免，換言之，本書留下八本經典導讀及其評析。儘管如此，當初撰寫計畫之際所列四項「具體短程目標」之一，即為「編著一本批判的教育民族誌選集與評析，作為相關課程的閱讀參考資料」，如今總算實現，本書堪稱為質性研究、教育民族誌、批判教育學等相關研究所階段之課程，充實教學材料，同時期許邁向另一「具體短程目標」：開授教育民族誌相關課程，指導研究生，建立教育民族誌研究社群。

參 實際運作

在進入經典研讀之前，身為召集人，曾在第一次聚會先與成員分享撰寫本計畫期間閱讀的重要文獻資料，重新確認研讀班的目的、重要性和預期目標，主要包括四篇期刊或專書的文章：Anderson, G. L. (1989). Critical ethnography in education: origins, current status, and new directions、LeCompte, M. D. (2002). The transformation of ethnographic practices: past and current challenges、Noblit, G. W. (2004). Reinscribing critique in educational ethnography: critical and postcritical ethnography、Willis, P. & Trondman, M. (2002). Manifesto for Ethnography，同時簡要說明每次聚會所研讀的書目，並交代選書的考量與排序的邏輯，當然也藉機提升成員「士氣」，鼓舞大家都能儘量出席、全程參與。接著的聚會就進入經典研讀。

教育中的批判民族誌經典研讀班共選 11 本書，由成員各認領其一並擔任主講人，另外再各認領一本並擔任討論人，以期增加對話深度。而因當初就存在後續集結出版之構思，於是委請主講人摘要全書，討論人則予以回應或是加以評析，至於該民族誌研究對本土的教育研究與實務有何意義與啟發，由主講人與討論人互相激盪，同時保持開放，歡迎並鼓勵其他成員分享心得、提出見解，甚至可以與國內既有的相關研究互為對照，或形塑未來研究方向。

及至確認為文之際，由我提出章節架構，透過群組郵件確認，各章組織如下：一、全書導讀：分成四個部分，關於作者與本書、問題意識與研究目的、研究設計與實施方法、田野發現與立論主張；二、重點評析：分成二個部分，所採行的理論觀點、方法論與研究倫理；三、反思啟示：分成二個部分，教育研究方面、教育實務方面；最後則羅列「延伸閱讀」與

「參考文獻」。儘管如此,各章全書導讀具差異性,雖然作者群對架構有所共識,但在「田野發現與立論主張」的節次詳細程度有別,有的作者想要凸顯民族誌的厚描特色,因此導讀詳盡,有的作者認為讀書終究仍是讀者所需下的功夫,因此並未提供細節,而有的則是著作本身的屬性,偏重理論,較輕描述。

就時間線來看,研讀班結束至今近三年,終於即將集結成書,誠屬不易,感謝作者群排除萬難共同完成本書,期間包容我的催稿與校閱。成書固然值得雀躍,但研讀過程的欣喜點滴在心;成員間更認識彼此,在每月一書的密集導讀、評析、對話之際,所激盪出的熱情、理解、靈感與反思都可望成為教學與研究的要素與內涵。未來或許可以進一步成立專業學習社群,互助合作,資源共享,包括教學、研究、出版,尤其是在研究方面,或許經由閱讀經典,構思專題研究計畫,也指導研究生進行批判的教育民族誌研究。若然,本土的教育民族誌、批判教育學知識生產指日可待。

 參考文獻

謝國雄主編(2007)。**以身為度、如是我做:田野工作的教與學**。臺北市:群學。

Anderson, G. L. (1989). Critical ethnography in education: origins, current status, and new directions. *Review of Educational Research, 59*(3), 249-270.

LeCompte, M. D. (2002). The transformation of ethnographic practices: past and current challenges. *Qualitative Research, 2*(3), 283-299.

Noblit, G. W. (2004). Reinscribing critique in educational ethnography: critical and postcritical ethnography. In K. deMarrais & S. D. Lapan (eds.),

Foundations for research: Methods of inquiry in education and the social sciences (pp.181-215). Mahwah, NJ: Lawrence Erlbaum Associates.

Willis, P. & Trondman, M. (2002). Manifesto for Ethnography. *Cultural Studies ↔ Critical Methodologies, 2*(3), 394-402.

目次 CONTENT

緒論：教育民族誌與批判教育學

楊巧玲

根據臺灣期刊論文索引系統，若以「教育民族誌」為篇名、關鍵詞查詢，第一筆文獻發表於 1989 年（謝小芩，1989），題為〈教育民族誌：比較由不同學科所造成的異同〉，之後相隔十年有餘刊登一篇〈教育民族誌寫作〉（黃純敏，2000），後續則零星出現五筆，最新一筆發表於 2006 年（黃玉娟，2006）。[1]若以「批判教育學」為關鍵詞查詢，合計 86 筆，第一篇出現於 1995 年（宋文里，1995），最近一筆刊登於 2019 年（李鍌倫，2019）。可見在臺灣期刊論文中「教育民族誌」雖較早引起注意，但後續作品極為有限，而「批判教育學」相對較晚，著作卻是豐富許多。本書名為《教育中的批判民族誌》，意圖結合二者，藉由經典導讀、重點評析與在地對話，引發更多思考與行動。

壹 背景脈絡

本書深受謝國雄主編（2007a）的《以身為度、如是我做：田野工作的教與學》一書啟發。謝國雄（2007b）所稱的「田野工作」（fieldwork）意指在日常的脈絡中研究人類社會的某個面向，又可分為兩類：民族誌（ethnography）與參與觀察（participant observation），分別源自人類學以及社會學傳統，Preissle 和 Grant（2004）則指出後來其他學門的學者也持續發展，而且彼此影響，於是民族誌與田野觀察的區別就漸趨模糊。儘管如此，一般來說，古典形式的民族誌強調參與者的文化及世界觀，研究者的則被置於背景，其他形式的田野工作也可能採此立場，但多數不會讓參與者的觀點凌駕研究者的；參與觀察是一種研究的方法，需

---

1 根據臺灣期刊論文索引系統，以「教育民族誌」勾選篇名與關鍵詞進行查詢，共計七篇，若僅勾選關鍵詞，只得三篇。2020 年 1 月 2 日取自 http://readopac.ncl.edu.tw/nclJournal/。

要某種程度的參與以記錄持續發展的事件之過程，而研究者正是透過參與在事件中進行觀察。

至於民族誌與參與觀察的關係為何，各有不同的看法，有些方法論的學者視民族誌為聚焦於文化的一種參與觀察，有的則視參與觀察為民族誌的技法之一，也有學者認為二者是平行的關係（Preissle & Grant, 2004）。不過多數學者在分類質性研究時，民族誌是較常見的其中之一；例如 Have（2004）就曾將質性研究的風格分成訪談研究、使用文件、民族誌三種，而 Merriam（2002a）則把民族誌研究與詮釋的質性研究、現象學、紮根理論、個案研究、敘事分析、批判的質性研究、後現代的研究，並列為常見的八種質性研究取徑（approach）。

本書聚焦於民族誌風格或取徑的著作，並且是採行批判觀點的作品，同時放在教育領域的脈絡裡，故名為《教育中的批判民族誌》（*Critical ethnography in education*）（Anderson, 1989; LeCompte, 2002; Noblit, 2004）。就像在其他的社會科學學門一樣，質性研究在教育研究中很長一段時間位處邊緣，當然也包括民族誌研究；根據 LeCompte（2002）的觀察，在美國的教育研究，1970 年代前民族誌的研究設計基本上是不為人知的，而被重要的教育專業學會認可則又延緩到 1980 年代晚期。為何有此改變？LeCompte 繼續說明，教育研究本來獨尊實證主義的認識論（positivistic epistemology）以及實驗設計，但是越來越多的教育民族誌研究者深入教育現場進行研究，彰顯教育現象的複雜性，顛覆傳統的用來解釋學習與教學的概念與模式，促使人們（包括政治人物與決策者）開始覺察，探究教育不能限於心理學的觀點，更需要社會文化的視角，換句話說，民族誌的研究設計極有助於我們對教育究竟如何運作有整全式的（holistic）理解。

　　LeCompte（2002）的觀察與說明也稱典範轉移（paradigm shift），不僅限於教育領域，而是擴及整個社會科學。考察淵源脈絡，約可溯及 1960 年代政治上與知識上的騷動，前一世代的主要理論與正統的方法論在在受到挑戰。以前文曾提及的人類學與社會學為例，就人類學而言，往昔重視行為與社會結構的分類學描述，轉為強調對符號與意義的厚描與詮釋；人類學家紛紛溯源至 Malinowski 對當地人的觀點（the native's point of view）之關注，致力於「在地知識」（local knowledge）的討論，相信社會生活的意義乃經由協商獲致。就社會學而言，許多人批評帕森思學派（Parsonian）對功能與系統穩定的觀念與主張，因其無法真實表達社會現象的豐富與歧異；社會學家強化對認識論的攻擊，指責實證主義的預設在社會學領域中無所不在，於是重返符號互動論（symbolic interactionism）與俗民方法論（ethnomethodology）的傳統，尋求民族誌方法的正當性。無論是人類學或社會學，詮釋典範逐漸形成，彰顯個體能動性的重要，將個別的行動者及其詮釋與協商的能力置於分析的中心（Anderson, 1989），誠如 Erickson（1984）所言，一份研究之所以成為民族誌，不只在於它把任何規模大小的社會單位視為一個整體，也在於研究者會從參與事件的行動者的觀點描繪事件。

　　在上述的淵源脈絡之下，教育領域內也出現典範轉移，包括認識論的與社會理論的兩大趨勢，儘管這兩大趨勢基本上彼此獨立。從認識論來看，主流的量化方法被視為窮途末路，引發不滿，於是醞釀 Anderson（1989: 250）所謂的「認識論運動」（the epistemological movement），而在眾多質性研究傳統之中，民族誌最符合教育領域的研究者對質性研究的想像（Jacob, 1987）；其實早就有一群人類學家進行學校民族誌（school ethnography）研究（Erickson, 1984），但是到了 1960 年代晚期、1970 年代初期，教育領域才興起民族誌運動（the ethnography movement）（Anderson, 1989: 251）。

　　從社會理論來看，與教育民族誌運動興起的同時，其他學門的馬克思主義者、女性主義者也生產了很多作品，而且快速地影響了美國的教育論述，主要的焦點都指向對學校教育的批判，質疑學校對社會階級、性別角色、種族與族群偏見進行社會與文化的再製，但是此類理論也被視為陷入經濟決定論與父權決定論的死胡同，無法充分解釋持續存在的階級、種族、性別的不公平，所以看重人的能動性以及在地知識的詮釋典範，包括民族誌的方法，吸引了許多理論家；其實英國的「新教育社會學」（new sociology of education）早已產出民族誌研究原型，例如 Paul Willis 那膾炙人口的 *Learning to labor: How working class kids get working class jobs* 一書，再現社會結構與個人動能之間的辯證關係（Anderson, 1989），而 Willis（1977: 3）就曾直言，民族誌容許研究對象的活動、創意與動能進入研究者的分析以及讀者的經驗。

　　綜上所述不難看出，批判的教育民族誌結合批判的社會理論與詮釋典範的認識論，但是這個結合並非天衣無縫，而是存在著不安與矛盾；誠如 Anderson（1989）在論及〈教育中的批判民族誌之起源、現況與新方向〉一文中，一語中的地指出教育領域裡的批判民族誌來自一種辯證：批判理論者雖然視民族誌的方法可望突破結構決定論的僵局，但卻不滿傳統的民族誌研究流於非理論的與中立的研究取徑，而民族誌研究者則認為批判理論者在研究中過度受理論驅使，甚至形成偏見。具體而言，批判民族誌研究者處於雙重困境，一方面教育研究體制對民族誌抱以懷疑的態度，另一方面致力於將「客觀」建制於研究程序的同行亦然，於是批判民族誌往往招致來自民族誌傳統內外的批評，甚至是攻擊（Anderson, 1989; Noblit, 2004）。

　　退一步問：批判的民族誌與傳統的民族誌有何不同？Thomas（1993）簡單扼要提出區別：傳統的民族誌著重描述所發生的（what is），批判的

民族誌則提問可以是什麼（what could be），亦即批判的民族誌是帶有政治目的之傳統的民族誌。而 Carspecken（1996: 6-7）則直言，將對抗權力與壓迫置於中心是批判的民族誌之關鍵要素，這涉及研究者的價值傾向（value orientation）與批判的認識論，可分成二層次：一方面藉由揭露與批評進行反壓迫，一方面也要反思自己的研究如何行使權力進而構成壓迫的一部分。而這樣的價值傾向與認識論正是本書所採取的立場，以下接續說明目的與重要性。

貳 目的與重要性

本書目的有二：一方面深入認識特定的質性研究取徑，民族誌，探討研究方法與方法論如何息息相關，一方面延伸理解特定的社會科學傳統，批判理論，反思社會理論與研究方法之間的相互為用以及彼此衝突。有關本書的重要性，分成兩個層次來談：批判的教育民族誌、收錄研讀經典書目。

一、批判的教育民族誌之重要性

質性研究一詞，包括民族誌，有時引發不當的「聯想」，甚至是刻板的「污名」，亦即被視為只關乎研究者進入田野蒐集並歸納資料，如實「報導」、「呈現」所見所聞，但是事實並非如此。Have（2004: 9）一語道破質性研究與理論的關係：「作為研究者，我們的首要目的就是連結實徵的（the empirical）與理論的（the theoretical），亦即用理論讓證據產生意義，用證據讓理論更為敏銳精緻。」Erickson（1984）也已明言，民族誌既非由一組標準技法所引導的報導過程，亦非完全依賴直覺的過程，而是一個由特定觀點所引導的深思熟慮之探究過程，儘管田野工作的確倚重歸納，但是並沒有純粹的歸納，因為民族誌研究者或直接或間接地帶著

一個理論觀點與一組問題進入田野，即使觀點與問題會因進入田野而有所變動，卻總是起始於一個理念基礎。事實上，Lewis（2003: 49）就指出，過度簡化的歸納主義（simplistic inductivism）正是無益的三種取徑之一，其餘則是廚房水槽（kitchen sinkers）、大理論家（grand theorists），前者指研究者無法從龐雜的田野資料理出頭緒，後者是指研究者被巨型理論綁架；她提醒質性研究者要在理論、資料與研究設計間取得平衡，保持心靈開放，而非腦袋空空（open but not empty mind）。

本書的重要性正在於探究批判民族誌經典如何將方法與理論緊密結合。誠如 Maxwell（2002）所言，與其抽離脈絡大談研究方法，甚至為了質性研究如何宣稱可靠性或效度而爭論不休，不如仔細觀察質性研究者如何做研究，相信 Maxwell 的說法對於民族誌同樣適用，而經典著作正可以作為模範（examplar）以供觀察，謝國雄（2007b：4）就主張閱讀經典著作，因為它們對社會分析的基本議題有所貢獻。對謝國雄而言，所謂基本議題即一般所稱的「理論」，乃「四位一體的田野工作」的元素之一，「四位」是指技法、基本議題、認識論、存在論，「一體」是指四者緊密連結成為一個整體，他解釋道：「田野工作不僅僅蒐集與創造資料，同時也切磋與創新理論、反省社會學知識的認識論以及呈現各種生命情調相互激盪的存在論。」（頁 4）。理論為什麼重要？謝國雄認為，田野工作的目的在於回答研究者的原始謎題（originating puzzle），然而研究者的理論告白方能使原始謎題產生意義。至於理論告白來自何處？謝國雄建議的來源之一就是「浸淫於心儀的大師之中」（頁 12），再度呼應閱讀經典之重要。

遺憾的是，多數的教學都將方法與理論分開，Noblit（2004）就曾對此現象表達感慨，指出當我們在教學時區隔方法與理論，似乎就意味著二者是截然不同的；理論被視為企圖瞭解世界的理念（ideas），有特定的

歷史，因而是暫時的，研究方法則被視為理論的仲裁者，地位高於理論，尤其研究方法往往被當做一組恆定的技術（techniques）在教。Noblit 憂心如此一來，學生可能會忽略了方法本身就是理念、理論，他以批判的民族誌為例，說明研究方法有其歷史、脈絡，因此也應被視為暫時的，而不該與其所欲探討的理論分離，他進一步闡釋，想法會以新典範的方式重組而成「常規科學」（normal science），但是持續一段時間之後，就會顯露典範背後的預設的問題，於是出現典範論爭甚至轉移，批判的民族誌也不例外。

Noblit（2004）表示自己從 1970 年代就讀研究所期間就深受馬克思主義的分析所吸引，也寫過一些批判民族誌，因此在政治上與批判民族誌的方針算是一致的，但他堅持批判的民族誌只是眾多類型（genre）之一，而且是知識建構的一種形式，既然如此，也就有其侷限，例如後現代主義與後結構主義學者質疑批判的民族誌本身就是霸權（hegemony）的一種形式，父權的、歐洲中心的及白人的，藉由挑戰其認識論提出後批判民族誌（postcritical ethnography）的可能性，主張重新關注四項議題：位置性（positionality）、反身性（reflexivity）、客觀性（objectivity）與再現（representation）（Adkins & Gunzenhauser, 1999; Noblit, 2004）。後批判民族誌所稱的位置性意指民族誌研究者清楚揭示意欲服務的族群及利益，並把自我（如種族、階級、性別、想法、信念等）納入探究的範疇與過程；反身性意指承認研究參與者的身份認同是離散的、會改變的，同時研究者也致力於發展對話的、局內與局外（emic and etic）併陳的報告；客觀性則是民族誌無法規避的議題，後批判民族誌也不例外，持續在兩難間掙扎，一方面既瞭解文化是暫時的、多重的，另一方面也自知詮釋是局部的、站在特定位置的；再現的議題也值得深思，後批判民族誌研究者要自省為什麼想研究與再現，要問題化想創造一種描繪的慾望，要憂慮想以再現或描繪教化他人的念頭（Noblit, 2004: 198-199）。

綜上所述不難發現，Noblit（2004）所感慨的方法與理論分離中的「理論」，不只指涉謝國雄（2007b）所稱基本議題層次的理論，應也涵蓋謝國雄提出的「四位」中的認識論以及存在論。Noblit 所呼籲的將方法與理論緊密連結，和謝國雄所主張的四位一體，其實並無二致。但是一般而言，在教育研究中，研究方法通常不只與基本議題層次的理論區隔，也與認識論與存在論層次的理論脫鉤，這種區隔與脫鉤反映在不少質性的教育研究中，研究者大多只宣稱採行質性研究，較少明言是屬於哪種取徑的質性研究，即使說出取徑類型，也可能因為認識有限而無法精準應用，於是就如 Merriam（2002b）所觀察的，有些質性研究標榜運用紮根理論方法，只因為在資料分析中進行「經常的比較」（constant comparison），卻看不到研究者建立理論的企圖，而建立理論的嘗試正是紮根理論的核心與目的。

與釐清研究取徑同樣重要也息息相關的是對研究典範的定位，因為研究典範決定問題的擬訂及方法論的採行，O'Donoghue（2007）以「陷於危機的學生」（student at risk）為例，說明即使一樣關心這個議題，研究問題卻可以因典範不同而有差別，例如實證主義典範的提問可能是：中輟學生具有哪些特性？批判典範的提問可能是：將學生推向校外的學校運作機制為何？後結構主義典範的提問則可能是：哪些學生或學校中其他成員的經驗被當代的研究者忽略？他進而建議研究者要問自己四個問題：什麼研究典範引導我們接近感興趣的領域？該典範內選擇什麼理論觀點探究我們感興趣的領域？由該典範衍生的理論觀點中選擇什麼方法論適合感興趣的研究領域？根據所選擇的方法論什麼方法最適合使用？某種程度來說，O'Donoghue 的建議仍指向把方法與理論結合、四位一體，就像 Willis 和 Trondman（2002: 396-398）在 *Ethnography* 這份期刊的創刊號中為民族誌

提出的宣言[2]：民族誌是經由理論引導的方法論（Theoretically Informed Methodology for Ethnography, TIME），包括四種特色：1.承認理論在民族誌的研究與寫作中扮演先驅、媒介與結果的角色；2.以文化為中心，而且是廣義的文化，相信人類生活中總是存在著不確定性，無法化約為經濟與社會的條件與處境；3.在研究與寫作中保持一個批判的焦點，不是以狹隘的馬克思主義或法蘭克福學派的方式，而是廣泛地記錄並瞭解社會關係如何運作以及權力不平等的後果；4.對文化的政策與政治保持興趣，探索批判的民族誌在發展有意識的政策上可以扮演的角色。

本書的重要性在於透過研讀批判的教育民族誌經典著作，聚焦於一種質性研究取徑，民族誌，定位於一種研究典範，批判理論，深刻體認典範之爭（或是轉移）對教育研究的意義、價值、衝擊、啟發，理解關心教育不公平議題的批判理論學者如何從民族誌取得方法的正當性，或是關懷弱勢的教育民族誌研究者如何從批判理論借用解釋的概念工具，合力以詮釋典範對抗主流的實證主義典範，甚至回過頭來挑戰傳統的民族誌的去政治化，而形構成批判典範，不過一旦批判典範成立，無法避免後現代典範的挑戰，這也是 Noblit（2004）所說的，把批判的視角放諸自身，其實正是自我反思與深化的契機。本書希望能以經典為師，如謝國雄（2007b）所建議的「浸淫於心儀的大師之中」，進而期使自己從事與指導的教育研究得以隨之加深加廣，鼓勵更多教育研究者做 Willis 和 Trondman（2002）稱為 TIME 的研究，他們相信 TIME 的研究能生產讓讀者有「aha」[3]之感的知識，當研究者以植基於田野資料、具有召喚力的民族誌作品打動讀者

---

2 這份「民族誌宣言」最初於 2000 年刊登於 *Ethnography* 期刊的創刊號，後來被收錄在本文所引述的出處：*Cultural Studies ↔ Critical Methodologies, 2*(3), 394-402。

3 謝國雄（2007: 13）也引述這份宣言，他以「會對讀者帶來『原來如此』（Ah-ha）的恍然大悟」表達。然而本文引述的資料是呈現 aha（Willis & Trondman, 2002: 399）而非 ah-ha。

的經驗、身體與情緒時，就是開啟新的理解與視野之際，同時可望解構並
重塑被視為理所當然的社會秩序。

二、收錄研讀經典書目之重要性

何謂「經典」？某種程度而言，見仁見智。依據上述背景脈絡、目的
與重要性，進行選擇，以下說明書目選擇的規準與結果以及書目的重要與
排序邏輯。

（一）書目選擇的規準與結果

首要考量是需具前述 TIME 特色的教育研究著作，包括由理論做引
導、以文化為中心、具批判的焦點、對社會有關懷；其次是希望縱貫不同
的年代，追溯批判的教育民族誌之變化與發展，最顯著的趨勢之一是早期
較著重階級向度的分析與探討，其後逐漸看見種族與性別的向度，事實
上，作為強調整全式理解的民族誌研究，不同社會向度的交織多少都會引
發研究者注意，只是有些作品會比較直接彰顯對交織性
（intersectionality）的探討；第三是嘗試擴大研究者的歧異性，國籍上包
括美國、英國、澳洲、加拿大，種族與性別多元化，學術背景有別，除了
教育學者，也包括人類學家、社會學家；最後則是研究場域的多樣性，雖
然批判的教育民族誌多聚焦在學校教育，但也不乏以家庭與社區為田野的
作品，儘管多半仍彰顯出與學校教育的關連，同樣重要的是，所選的研究
涵蓋不同的教育階段，涉足小學與中學。

總的來說，本書所選書目企圖極大化差異性，誠如 Apple、Au 和
Gandin（2009）的歸納，批判的教育學[4]企圖揭露權力關係與不平等如何
在各種教育中顯現並被挑戰，這權力關係與不平等可能是社會的、文化

4　編者群將這本書命名為 critical education，而非 critical pedagogy。

的、經濟的，及其各式各樣的結合與叢集。我們相信批判的教育民族誌正是揭露權力關係與不平等的有力形式之一，這些經典研讀將有助於增廣見聞、深化思考、拓展想像。所選書目依循 APA 格式羅列如下：

Connell, R. W., Ashenden, D., Kessler, S., & Dowsett, G. (1982). *Making the difference: Schools, families, and social division.* North Sydney: George Allen and Unwin.

Cusick, P. A. (1983). *The egalitarian ideal and the American high school: Studies of three schools.* New York: Longman.

Dei, G. J. S., Mazzuca, J., McIssaac, E., & Zine, J. (1997). *Reconstructing 'dropout': A critical ethnography of the dynamics of black students' disengagement from school.* Toronto: University of Toronto Press.

Everhart, R. B. (1983). *Reading, writing, and resistance: Adolescence and labor in a junior high school.* London: Routledge & Kegan Paul.

Lareau, A. (1989). *Home advantage: Social class and parental intervention in elementary education.* Philadelphia, PA: Falmer.

LeCompte, M.D. & Dworkin, A.G. (1991). *Giving up on school: Teacher burnout and student dropout.* Thousand Oaks, CA: Corwin Press.

Ogbu, J. U. (1974). *The next generation: An ethnography of education in an urban neighborhood.* New York: Academic Press.

Rist, R. C. (1973). *The urban school: A factory for failure.* Cambridge, MA: MIT Press.

Tatum. B. D. (1997). *Why are all the Black kids sitting together in the cafeteria? And other conversations about race.* New York: Basic Books.

Weis, L. (1990). *Working class without work: High school students in a de-industrializing economy.* New York: Routledge.

Willis, P. E. (1977). *Learning to labor: How working class kids get working class jobs.* New York: Columbia University Press.

（二）書目的重要與排序邏輯

本書的篇章排序乃依當初的計畫構思。[5]前文曾經述及，批判理論學者欣喜於民族誌研究可以幫忙掀開學校這「黑盒子」，從微觀的層次「見證」學校教育如何與資本主義社會的剝削形成共謀關係，但是民族誌研究者卻對批判民族誌流於讓理論凌駕田野感到憂心，甚至不滿，這是重要的方法論思辨，或稱典範之爭。本書原擬納入 Philip A. Cusick 於 1983 年出版的 *The egalitarian ideal and the American high school: Studies of three schools* 一書[6]，以及 Robert B. Everhart 於同年出版的 *Reading, writing, and resistance* 一書，二者都在美國中學進行田野工作，但是前者較著重提供詳盡的描述，後者則採馬克思主義的觀點加以分析，有趣的是，二者對彼此的著作進行評論，同時刊登在 *Anthropology and Education Quarterly* 第 16 卷第 3 期（Cusick, 1985a; Everhart, 1985a），而最後還刊登二者的交流與對話（Cusicks, 1985b; Everhart, 1985b），可謂各持己見；Cusicks 認為民族誌研究者應致力於厚描，分析的部分則留空間給讀者，Everhart 立刻回應，指出如果 Cusicks 批評 *Reading, writing, and resistance* 一書的政治傾向太明顯，那麼就該反思他自己的 *The egalitarian ideal and the American high school: Studies of three schools* 一書的政治傾向太隱晦。本書收錄就依當初的設計，始於這既基礎又重要的論辯，為開展後續更深更廣的討論暖身。

5　雖然本書最後留下八本經典，但是本節次將依申請計畫的架構與內容逐一呈現，一方面記錄原來的選書原則與編排邏輯，交代本書章節順序，一方面協助讀者初步瞭解未納入的三本經典，進而自行選讀。

6　可惜的是，本書的導讀人最後未能及時完成篇章，無法收錄於本書中。

基於批判典範的價值傾向與選擇，後續經典比較屬於批判的民族誌，而非傳統的民族誌。相對於前兩本以中學階段為田野，不少研究者都把觸角往下探伸到小學，接下來的兩本經典是以小學為場域的民族誌研究。首先是 Ray Rist 於 1973 年[7]出版的 *The urban school: A factory for failure*，他以美國中西部密蘇里州聖路易市市一所實施種族隔離的非裔美國人小學為田野，選了一個班級、約 30 位兒童，從他們進入幼兒園大班[8]的第一天開始，Rist 就跟著這群小朋友，一直到小二結束，鉅細靡遺地記錄日常的教室內外生活，結果發現教學時間、管教方式、教師的注意力等等，都因兒童的社會階級背景而分類、層級化及區隔；其實他在 1970 年就於 *Harvard Educational Review*（HER）發表了一篇〈學生社會階級與教師期望〉的論文（Rist, 1970），引發高度關注，也開啟後續「教師期望」的相關研究，堪稱經典，30 年後 Rist 將該文新增導論，又於 HER 刊登（Rist, 2000），可與本書一併閱讀。

另一本的作者是知名的人類學家 John Ogbu，不像 Rist 身為白人，Ogbu 是來自奈及利亞的黑人人類學家，以局內人和局外人的雙重身份關注美國的少數族群教育（minority education），他想探問的是，為什麼住在都會區的移民的下一代在學校表現不佳？他認為美國的都會環境，包括政治、經濟結構，影響重大，1974 年出版的 *The next generation: An ethnography of education in an urban neighborhood* 一書，乃以美國西岸加州 Stockton 一個低收入的社區做為田野，該社區的居民多為黑人、墨西哥裔、或亞裔的第一代移民，Ogbu 在那裡展開近兩年（1968-1970）的研究，包括住在當地十六個月，爾後的五個月則定期回到田野進行後續的工

7　作者新增一篇導論，於 2002 年由另外一家出版社（Transaction Publishers）重新出版，1973 年版本由 MIT 出版。

8　美國的義務教育始於 Kindergarten（相當於台灣的幼兒園大班），一直到 12 年級，一般稱為 K-12。

作（Kerri, 1980）。Rist 以教室的生活為焦點，Ogbu 則以鄰里社區為範圍，剛好可以形成對比，有利於研究設計的討論。

與 Ogbu 的研究路徑類似，有些研究者把場域從學校延伸到家庭，詳加探討學校教育與家庭的關連，接下來的兩本作品都涉及家庭，而且針對處於不同階級位置的家庭與學校如何互動進行對比。首先是 Robert Connell、Dean Ashenden、Sandra Kessler 和 Gary Dowsett 等四位澳洲的學者於 1982 年出版的 *Making the difference: Schools, families, and social division* 一書，他們對有權勢又富裕的家庭以及一般的薪資賺取者展開深度探究，從孩子、家長、教師各自的言說，對教育的不平等、階級與性別的體系如何運作以及學校所扮演的角色，發展出嶄新的認識與理解，被視為瞭解澳洲社會與教育的經典著作之一。無獨有偶地，美國的社會學家 Anna Lareau 於 1989 年所出版的 *Home advantage: Social class and parental intervention in elementary education* 一書[9]，也比較中產階級與勞工階級家長在與學校教師互動時的差別，雖然她只聚焦在兩個小一的班級、12 個家庭、四位教師、兩位校長，卻栩栩如生地刻畫出不同的階級位置各自面臨的束縛與自由，Wrigley（2000）認為 Lareau 這份研究帶動後續以階級的觀點分析家庭與學校的關係，其重要性無庸置疑。

階級分析幾乎是批判的教育民族誌的「終極關懷」，前述經典著作大抵都指向社會階級所導致的不平等，以及學校教育在其中所扮演的角色。相對於上述 Making the difference 和 Home advantage 的比較性研究，也有學者針對勞工階級深度探討，其中最廣為人知的可能要屬英國學者 Paul Willis 於 1977 年出版的 *Learning to labor: How working class kids get working class jobs* 一書，出身於勞工階級背景的 Willis 帶著一個「原始謎

9　此書於 2000 年二版（Lareau, 2000）。

題」：為何勞工階級子弟繼續成為勞工？於是採行民族誌的方法，長期跟著一群反學校的勞工階級男學生，Willis 稱為 lads，發現他們繼續當勞工是基於選擇，這群青少年偏好反抗的勞工階級文化，以便與未來講求陽剛的勞力工作世界連結，這份研究巧妙地結合鉅觀與微觀層次，突破正統馬克思主義的決定論，主張文化範疇具有局部的自主性，對後續的研究深具啟發（謝國雄，2007b；House, 1978）。

Willis 的 *Learning to labor* 之經典地位反映在之後的研究常以其為對話的參照點，Lois Weis 於 1990 年出版的 *Working class without work: High school students in a de-industrializing economy* 一書即為其中之一，她於美國東北地區一所高中從事一週三天、為期一整年（1985-1986 學年期間）的參與觀察，與 Willis 相同的是，Weis 的研究參與者是白人勞工階級學生，不同的是，Weis 納入女性以及少數族群學生的經驗與觀點，相對於 Willis 研究中那些躍躍欲試成為勞工的 lads，他們之所以會尊崇勞力工作、把學校的書本學習視為只適合女孩和「乖乖牌」，至少部分是因為經濟體的重工業部門活躍，有勞力工作在等著他們，但是 Weis 研究中的勞工階級青少男、青少女面對的是去工業化的產業結構，他們／她們如何形構身分認同？學校在其中又扮演什麼角色（Apple,1990; Weis, 1990）？

同樣地，George Dei、Josephine Mazzuca、Elizabeth McIsaac 和 Jasmin Zine 於 1992-1994 年間在加拿大安大略省公立高中進行田野工作，並於 1997 年出版 *Reconstructing 'dropout': A critical ethnography of the dynamics of black students' disengagement from school* 一書，Ogbu（1997）在前言開門見山地直指一個事實：黑人勞工階級與白人勞工階級的處境完全不同，認為 Willis 的 Learning to labor 儘管貢獻卓著，但是他根據白人勞工階級學生的經驗所建立的抗拒理論，不應被推論到少數族群，例如 Willis 研究中的 lads 可以自信地從學校中輟，因為預期能得到一份適合男人的勞工

階級工作，也就是說，他們選擇勞工階級工作，而非中產階級工作，問題
是這並不適用於黑人中輟生，作者群大聲疾呼「中輟問題」不能也不該被
過度簡化（Dei, Mazzuca, McIsaac, & Zine, 1997: 33）。這三本書跨越不同
時空，似乎也呈現從批判民族誌到 Noblit（2004）所稱的後批判民族誌之
發展，有助於激發思考與討論的深度與廣度。

　　最後兩本書目[10]與上述的 *Reconstructing 'dropout'* 一書有所呼應，
Margaret Diane LeCompte 和 Anthony Gary Dworkin 於 1991 年出版的
Giving up on school: Teacher burnout and student dropout 一書同樣關注學生
中輟問題，Berverly Daniel Tatum 於 1997 年[11]出版的 *Why are all the Black
kids sitting together in the cafeteria? And other conversations about race* 一書
則回應 Dei 等位作者的呼籲：把種族的分析置於中心。另一方面，這兩本
書又有獨特之處；LeCompte 和 Dworkin 把學生中輟與教師耗損緊密連
結，所援引的資料除了來自作者之一所做的民族誌研究，同時回顧大量的
量化與質性研究相關文獻，試圖勾勒更全面的圖像，視學生中輟與教師耗
損為學校體系、社會文化整體出了問題的徵兆，而非導因，甚至觸及全球
的政治、經濟權力分配的改變，進而提出一個過程模式以解釋學生與教師
為何以及如何放棄學校（LeCompte & Dworkin, 1991）；Tatum 則跳脫學
術寫作規範，用平易近人、深入淺出的方式談論少被正式談論的種族主義
（racism），成為一本暢銷書籍，作為一位心理學家，Tatum 指出種族認
同是少數族群青少年發展的正向因素之一，對黑人年輕人而言，強烈的歸
屬感既重要又必要，問「我是誰」包括思考「族群上／種族上，我是
誰」、「作為一個黑人，意味著什麼」，同時她也提醒種族認同的重要性

---

10 可惜的是，二書的導讀與評析人最後未能及時完成篇章，無法收錄於本書中。

11 該書分別於 1999 年增加作者導論（Introduction）、2003 年增加作者後記（Epilogue），
　　重新出版。

對白人亦然，當我們問為什麼黑人小孩都坐在一起，不要忘了對白人小孩提出一樣的問題，而要有意義地談論種族認同就不能不談論種族主義，Tatum 倡議對「白種性」（whiteness）作為一個種族類別進行分析甚至提出批判。

以這兩本作品做結，至少有兩個意涵與意圖：其一是重新反思何謂民族誌、教育民族誌、批判民族誌、批判的教育民族誌，扣緊本書的主題、背景脈絡、目的與重要性，探討如何在鉅觀與微觀、理論與田野、典範與方法之間取得平衡，使民族誌研究得以因應各種挑戰進而有所轉化；其二是除了人類學與社會學，其他學門也可投入批判典範，如心理學，而如何把生產的知識普及化，跳脫學術寫作格式，觸及更廣大的讀者，發揮影響力甚至成為改變的觸媒，有待更多努力。

參 展望未來

上文所言及的以兩本書作結的意涵與意圖，也可作為未來展望，亦即藉由四位一體的辯證與聚焦，在鉅觀與微觀、理論與田野、典範與方法之間取得平衡，致力於跨領域的知識生產以發揮影響力，甚至促成改變。另一方面，扣回本文最初始的查詢結果，期刊論文生產有限，可能也與開課情形密切相關；從教育部（無日期）大學校院課程資源網就可得知，「教育民族誌」與「批判教育學」的課程數量極其有限，以前者而言，105-107 三個學年度的開課情形，106 學年度無，105 和 107 學年度各有一門，皆為台灣師範大學教育學系碩士班所開設；以後者而言，105 學年度有三校（高雄師範大學、台南藝術大學、台中教育大學）三系所（教育學系博士班、音像記錄與影像維護研究所、教師專業碩士學位學程）開課、106 學年度有二校（台中教育大學、世新大學）二系所（教師專業碩士學

位學程、社會發展研究所）開課、107 學年度有一校一系所開課（台中教育大學教師專業碩士學位學程）。

　　開課數量多寡影響成因眾多，本文無意妄加揣測，但是希冀藉由本書集結出版，豐富教育民族誌與批判教育學的教學素材，鼓舞更多教師開授相關課程。誠如謝國雄（2007b）所說的，閱讀經典著作有助於深化基本議題、修煉研究技法、思考認識論並反省存在論，以期各自到位、四位一體，本書的作者群除了費心導讀所負責的經典全書，包括關於作者與本書、問題意識與研究目的、研究設計與實施方法、田野發現與立論主張，也針對各書所採行的理論觀點、方法論與研究倫理進行重點評析，並依教育研究與教育實務二方面加以反思，從中汲取啟示，最後羅列延伸閱讀與參考文獻的資料，以供教與學的後續參考。換言之，期待透過教育中的批判民族誌經典導讀、重點評析與反思啟示，拓展社會學的想像，實踐在地對話，透過相關課程的開設與修習，逐漸形成學術社群，逐步累積研究能量，創發屬於本土的批判的教育民族誌之作品，藉由掀開學校這黑盒子，進而迎接教育公平與社會正義的曙光。

參考文獻

宋文里（1995）。批判教育學的問題陳顯。**通識教育，2**（4），1-15。

李錤倫（2019）。批判教育學在高中國文課程的教學應用：以〈劉姥姥〉小說教學為例。**課程與教學季刊，22**（3）：151-185。

教育部（無日期）。大學校院課程資源網。http://ucoursetvc.yuntech.edu.tw/WebU/index.aspx

黃玉娟（2006）。蘭嶼島上漢族教師的生命故事：一個教育民族誌研究。**玉中思潮，4**，81-108。

黃純敏（2000）。教育民族誌寫作。**教育研究資訊，8**（5），80-92+a11。

謝小芩（1989）。Educational ethnography: what differences do disciplinary backgrounds make? **中國社會學刊，13**，191-220。

謝國雄主編（2007a）。**以身為度、如是我做：田野工作的教與學**。臺北市：群學。

謝國雄（2007b）。以身為度、如是我做：田野工作的教與學。載於謝國雄主編，**以身為度、如是我做：田野工作的教與學**（頁 3-35）。臺北市：群學。

Adkins, A. & Gunzenhauser, M. G. (1999). Knowledge construction in critical ethnographies. *Educational Foundations, 13*(1), 61-76.

Anderson, G. L. (1989). Critical ethnography in education: origins, current status, and new directions. *Review of Educational Research, 59*(3), 249-270.

Apple, M. (1990). Series editor's introduction. In L. Weis, *Working class without work: High school students in a de-industrializing economy* (pp. vii-xi). New York: Routledge.

Apple, M., Au, W., & Gandin, L. (2009). Mapping critical education. In M. W. Apple, W. Au, & L. A. Gandin (Eds.), *The Routledge international handbook of critical education* (pp. 3-19). New York, NY: Routledge.

Carspecken, P. (1996). *Critical ethnography in educational research.* New York: Routledge.

Cusick, P. A. (1985a). Review of Reading, writing and resistance. *Anthropology and Education Quarterly, 16*(3), 269-272.

Cusick, P. A. (1985b). Comment on the Everhart/Cusick reviews: a brief exchange. *Anthropology and Education Quarterly, 16*(3), 246-247.

Dei, G. J. S., Mazzuca, J., McIssaac, E., & Zine, J. (1997). *Reconstructing 'dropout': A critical ethnography of the dynamics of black students' disengagement from school.* Toronto: University of Toronto Press.

Erickson, F. (1984). What makes school ethnography 'ethnographic'? *Anthropology and Education Quarterly, 15*(1), 51-66.

Everhart, R. B. (1985a). Review of the egalitarian ideal and the American high school. *Anthropology and Education Quarterly, 16*(3), 73-77.

Everhart, R. B. (1985b). Comment on the Everhart/Cusick reviews: a brief exchange. *Anthropology and Education Quarterly, 16*(3), 247-248.

Have, P. (2004). *Understanding qualitative research and ethnomethodology.* London: Sage.

House, S. (1978). Book review. *Educational Studies, 4*(2), 187.

Jacob, E. (1987). Qualitative research traditions: a review. *Review of Educational Research, 57*(1), 1-50.

Kerri, J. N. (1980). Book review. *Urban Anthropology, 9* (4), 409-413.

Lareau, A. (2000). *Home advantage: Social class and parental intervention in elementary education.* Lanham, MD: Rowman & Littlefield.

LeCompte, M. D. (2002). The transformation of ethnographic practices: past and current challenges. *Qualitative Research, 2*(3), 283-299.

Lewis, J. (2003). Design issues. In J. Ritchie & J. Lewis (Eds.), *Qualitative research practice: A guide for social science students and researchers* (pp. 47-76). London: Sage.

Maxwell, J. (2002). Understanding and validity in qualitative research. In A. M. Huberman & M. B. Miles (Eds.), *The qualitative researcher' s companion* (pp. 37-64). Thousand Oaks, CA: Sage.

Merriam, S. (2002a). Introduction to qualitative research. In S. B. Merriam & Associates, *Qualitative research in practice: Examples for discussion and analysis* (pp. 3-17). San Francisco, CA: Jossey-Bass.

Merriam, S. (2002b). Assessing and evaluating qualitative research. In S. B. Merriam & Associates, *Qualitative research in practice: Examples for discussion and analysis* (pp. 18-33). San Francisco, CA: Jossey-Bass.

Noblit, G. W. (2004). Reinscribing critique in educational ethnography: critical and postcritical ethnography. In K. deMarrais & S. D. Lapan (Eds.), *Foundations for research: Methods of inquiry in education and the social sciences* (pp.181-215). Mahwah, NJ: Lawrence Erlbaum Associates.

O'Donoghue, T. (2007). *Planning your qualitative research project: An introduction to interpretivist research in education* (pp. 3-15). London: Routledge.

Ogbu, J. U. (1997). Foreword. In G. J. S. Dei, J. Mazzuca, E. McIssaac, & J. Zine. (1997). *Reconstructing 'dropout': A critical ethnography of the dynamics of black students' disengagement from school* (pp. vii-x). Toronto: University of Toronto Press.

Preissle, J. & Grant, L. (2004). Fieldwork traditions: ethnography and participant observation. In K. deMarrais & S. D. Lapan (Eds.), *Foundations for research: Methods of inquiry in education and the social sciences* (pp. 161-180). Mahwah, NJ: Lawrence Erlbaum Associates.

Rist, R. C. (1970). Student social class and teacher expectations: the self-fulfilling prophecy in ghetto education. *Harvard Educational Review*, *40*(3), 411-451.

Rist, R. C. (2000). Student social class and teacher expectations: the self-fulfilling prophecy in ghetto education. *Harvard Educational Review, 70*(3), 257-301.

Thomas, J. (1993). *Doing critical ethnography* (Qualitative Research Methods Series 26). Newbury Park, CA: Sage.

Weis, L. (1990). *Working class without work: High school students in a de-industrializing economy*. New York: Routledge

Willis, P. (1977). *Learning to labor: How working class kids get working class jobs*. New York: Columbia University Press.

Willis, P. & Trondman, M. (2002). Manifesto for Ethnography. *Cultural Studies ↔ Critical Methodologies, 2*(3), 394-402.

Wrigley, J. (2000). Foreword. In A. Lareau, *Home advantage: Social class and parental intervention in elementary education* (pp.vii-xvi). Lanham, MD: Rowman & Littlefield.

讀書、寫作、抵抗：

初中生在學校的勞動紀錄

經典研討書目：*Reading, writing, and resistance: Adolescence and labor in a junior high school*
作　　者：Robert B. Everhart
導讀與評析：鄭臻貞

壹　全書導覽

　　華人對教育一直有無比的信心。我們也許對教育的看法和定義非常不同，可是我們都同意，也都深信教育不但可以改變一個人的未來，更可以改變一個國家的命運。教育不只是為了現在，更是為了將來，為了我們的下一代。非華人社會雖然不見得對學校教育有著至高無上的崇敬，卻也對學校的功能有所期許，希望學生在學校至少學習到現代知識和基本生活及就業技能，畢業以後可以追尋不同就業管道或生活模式。

　　學校是我們想像教育發生的場所。學校提供的教育真能滿足我們對教育的期望？學生在學校裡學習什麼？他們學習到的知識和他們的未來有什麼關係？鼓吹以學生為中心的教學活動設計和教育理念能夠幫助學生學習學校知識嗎？本章介紹的 *Reading, Writing and Resistance: Adolescence and Labor in a Junior High School*（以下稱為 *Reading, Writing, and Resistance*）有一些答案。

一、關於作者與本書

　　Reading, Writing, and Resistance 由教育社會學研究者 Robert B. Everhart 執筆，是一本揭開 1970 年代美國初中學生學校生活的民族誌著作，由 Routledge & Kegan Paul 出版，是威斯康辛大學麥迪遜校區課程與教學系教授 Michael Apple 主編的 Critical Social Thought（批判社會思想）系列

書籍之一。研究者花了兩年的時間，深入一所美國中西部勞動階級社區的初中，試著從學生的角度出發，觀察、描寫學校裡學生、教師和行政人員之間的互動，也分析學生日常行為背後的意義。

Robert E. Everhart（以下稱研究者）為教育社會學家。1970 年代初拿到博士學位後，在華盛頓州政府研究機構服務三年（1972-1975），是全國性學校試驗計畫課程改革成效評估團隊的一員。這本 1983 年出版，目前已經絕版的 *Reading, Writing, and Resistance* 是研究者在接受評估的某個學校擔任「評估者」時，以民族誌方式所做的田野調查研究成果，這個田野研究也是改革成效評估調查的一部分。出版時，研究者在 University of California, Santa Barbara 教育與社會學系擔任副教授。目前研究者已從 Portland State University 教育研究所退休（Everhart, 2006）。

在介紹每章內容前，先看看主編 Michael Apple 怎麼介紹這本書。Apple 一開始就在本書的總編輯前言中指出，學校教育不但沒辦法幫我們達成西方自由主義人士對教育可以促進階級流動的期許，或是有能力扭轉過去歷史和社會發展造成的性別、種族和階級的不平等，反而一而再、再而三地複製出社會的階級，阻止窮人翻身，加深性別刻板印象，也妨礙多元思想的發展。不過 Apple 也提醒讀者，做為資本主義社會結構縮影的學校，並不能完全指揮學生個人動能（agency）和團體文化的發展。他認為 *Reading, Writing, and Resistance* 的重要貢獻之一，就是指出勞動階級家庭出身的初中學生如何運用個人動能，想辦法在學校裡生存，進而透過這些行為，肯定自己的存在並找到存在的意義。他們免不了被主流價值所左右，不過還是能透過對所處情境的洞察，為他們集體行動找到意義。這些行為或行動可視為對抗主流學校價值的反抗行動，也成為象徵青少年次文化的活動。這本書的價值就在於幫助我們理解社會結構和這些學生行為之間的關係。

Apple 認為本書另外一個貢獻，就是在當時它是第一個針對初中學校生活所做的民族誌研究。Apple 特別推崇本書的分析手法，指出大部分研究學校的民族誌把學校看成一個自給自足的微世界，對於學校跟校園外面大社會的、政治、經濟、階級、性別和種族結構之間的關係未做太多分析。另外一類研究試著把教育跟鉅觀社會結構連結，卻又把學校的運作當作一個黑盒子，分析學校教育和社會關係時，對其讓學生入學、畢業離校之間的運作機制視為理所當然，不著墨介紹。研究者不只鉅細靡遺地描寫初中學校生活，在分析其觀察記錄時，還緊密連結到和學校息息相關的資本主義社會。

研究者在前言中說他寫這本書目的很簡單。他希望這本從一個局外人的角度描述初中學校生活的書，能讓初中的教職員對學校生活有新的認識，也重新思考自己日復一日的教學工作和自己在學校的角色。現在就讓我們一起跟著研究者進入美國初中生的學校世界吧。

除了 Michael Apple 的總編輯前言和研究者前言之外，本書共有八章內文及兩篇附錄。第一章為導論，包涵研究的問題意識、理論架構，和研究目的及問題。第二章介紹研究的學校和社區，第三章至第七章為研究結果的內容和討論，主要以馬克思的勞動價值理論為分析研究資料的理論架構。第八章雖被研究者稱為摘要和結論，研究者在這裡反而嘗試運用不同的社會理論配合馬克思的理論，更深入理解學生生活的意義。附錄一是研究者給教育界的建議，附錄二則是研究方法及過程的詳細記錄。

二、問題意識與研究目的

第一章　導論

過去美國初中學校教育相關文獻在研究者進行研究時尚未出現。第一

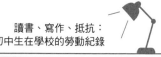

章主要是介紹小學和高中階段的學校教育。研究者將文獻分成兩大部分：一是學校內部的組織結構和學生活動的關係；二是學校、學生和其所處社會之關係。

研究者首先指出學校的時間安排、課程教學和組織學生的方式，讓學生有很多空閒的時間。小學相關文獻指出小學生的學習有三個特徵：第一，在團體學習中，小學生都要等待其他同學一起達到學習活動的目標；第二，學習常被打斷，不能連貫；第三，學校的團體生活安排，讓學生間的互動機會增多。到了高中，學校成為學生社交互動場合這樣的現象更加明顯。學生同時在兩個並行卻相關的世界中遊走：一為正式組織，包括跟學業學習和學業成就直接相關的所有活動，教師和行政人員是這個世界的權威人物，學生是被動的參與者；另一個為非正式的組織，是從學生互動中產生的一個社會結構，包括學生的社會地位、聲望結構和友誼團體，屬於學生自己的文化和社會系統。正式組織裡的遊戲規則是由大人們制訂，學生只能遵守。非正式的社會友誼組織內的地位或聲望標準，則由學生自行產生或調整，對學生而言，參與友誼團體比學業更有意義。

至於學校生活如何反映出學生、學校和社會間的關係？研究者提出的文獻顯示，無論是勞動階級或是中產階級出身的高中生所遵循的團體行為規範和價值（這些規範也許是英國勞工階級高中男生反學校、反權威、反勞心工作的價值觀，也許是美國中產階級高中生透過消費表達自己存在的態度），都成為學生畢業後在社會中的生活模式基礎，成為加強階級、文化再製機制的一環。

研究者認為研究初中生的生活是必要的。因為當時尚無初中階段學校生活的研究，而初中生階段正是學生性格、看事情的角度還有生活習慣逐漸定型的時候，可以讓我們更加了解從小學開始的學生社會互動如何發展成今天的高中生次文化。

三、研究設計與實施方法

在第一章裡，研究者提出研究目的是研究初中學生生活文化，研究問題則是：學生到底在學校做什麼？因為學生生活文化正是本書的焦點，研究者開宗明義指出其使用馬克思的文化概念和勞動價值理論（labor theory of value）來分析初中學生的學校生活，也就是學生的勞動和文化。馬克思認為文化是人類主動創造自己歷史的過程，不過人類也被前人創造的歷史框架限制了自身的行為、角色、意識行為和夢想。研究者關心學生們如何在日常生活中創造他們自己的歷史，自己的勞動力和勞動力生產過程。他也關心學生生產的文化和知識還有這整個文化生產過程，怎麼影響這些青少年和大社會的關係。學校是一種生產力機制，把學生的想法和行為雕琢成配合社會生產機制需要的生產工具，執行社會指定的功能。但生產力機制並非是一個「你餵機器原材料，機器就幫你把完成的製品吐出來」的工廠製造程序。人類雖然被過去的歷史文化所約束，意識也被影響，但不會想都不想就自願被擺放在固定的社會架構位置上。研究者舉例，老闆可以付錢給勞工，要勞工付出勞力生產商品，可是勞工自己會決定要付出多少勞力與要如何付出。當這些個人的決定變成有意識的集體行為時，也許會改變那些從過去流傳下來的勞工和老闆的關係。研究者也想知道學生如何在學校的日常同儕互動中創造有意識的集體行為，還有這些行為是否有改變學校生產關係的可能。

要研究學生生活，研究者就必須融入其中。採取的研究方法就是人類學和社會學研究常使用的民族誌方法，以參與觀察的方式收集研究資料。研究者希望能從學生的角度出發，而不是用成人的眼光來看學生，他以外來者的身分逐漸參與學生活動，加入學生團體，認同學生的信仰體系，隨時跟著學生並觀察其行為，也跟學生聊他的觀察，記錄內容，讓資料帶領他去到需要解釋和分析思考的議題。最重要的工作是解讀學生看到的世界，而不是研究者本人看到的現實。

　　為了保持研究方法和架構介紹的完整，在介紹第二章前，先把附錄二研究者對其研究過程的紀錄摘要於下，以承接第一章已經開始介紹一部分的研究方法。附錄二詳細描述了研究過程，包括研究發想，取得進入田野許可，以及研究資料收集和分析。要提醒讀者，研究者決定使用馬克思理論為架構是在資料收集快要結束時才下的決定。

　　・研究發想

　　研究者曾經擔任初中教師，知道學生在校生活，了解學生的行動是根據他們對自己角色和環境的理解。他很想從學生的角度了解學生的想法和這些想法與行動發展的過程。剛好博士班畢業之後，研究者加入一個評估學校使用聯邦政府經費進行課程改革的研究團隊，團隊主持人鼓勵和支持研究者使用人類學民族誌的研究方式，進入校園進行田野調查。

　　・進入田野

　　取得學校同意：在進入 Spencer 初中之前，研究者已經在同一個學區的小學做了一些跟課程改革經費成效評估相關的小計畫，也因此認識幾位小六學生。後來知道他們要進初中（七年級），想到可以透過這些學生，跟著他們上初中，進行初中生活的研究。徵得學生同意後，研究者需要得到行政人員和教師的同意。校長不是很願意，不過建議研究者在校務會議時詢問教師的意見，結果教師同意研究者在學校進行田野調查。

　　・研究資料收集方法和分析

　　研究者花了兩年的時間，跟著學生從七年級入學到八年級結束。他參加了所有學生的課程、課外活動、學生會議等學校活動。因為他就住在學區內，校外也常看到學生。第一年，研究者密集參與學生活動，主要是跟著兩個友誼團體成員一起參與他們的課堂以及課外活動。第二年調整參與

時間，從第一年一星期四天到第二學年一星期有 30-40%的時間在學校。研究者的角色也逐漸轉變。一開始大部分學生以為他是教師或是學校派來監督他們的人，有些學生還故意作怪，看看研究者會不會打小報告。之後學生發現研究者並非告密者，開始比較信任他。研究者要學生把他當成是寫學校故事的人，也主動問學生問題，後來才有正式的訪談。過了幾個月，學生似乎已把他當成班上同學，甚至有學生覺得研究者有時沒來學校並不公平，所以研究者儘量準時來上學。

對學生的正式訪談共有三次。第一次：問學生「在學校做什麼？」每個人都提到打混，因此確定打混是重要的主題。第二次：問學生「怎麼打混？跟誰一起？為什麼打混？」等跟打混有關的問題。第三次： 把學生說的回答打在小卡片上，讓學生自己來分類，並告訴研究者如此樣分類的原因。讓學生表達自己認為的現實世界。

研究者還收集各種學校和學生的成績紀錄、檔案、文件，任何聽到的故事（校外教學、集會、特別事件等），因為頻繁跟著上課，幾乎被教師視為學生，也拿到所有的課程內容文件、作業、考試卷等。

研究者依下列步驟整理分析觀察和訪談資料：
1.決定對學生來說是重要的文化意涵領域（areas of cultural significance）
2.記錄這些領域中，學生使用的語言詞彙、所陳述的事情
3.檢視這些陳述在這些文化領域中被形容的面向（domains）
4.請學生把這些面向分類
5.同一個面向裡再分次類別

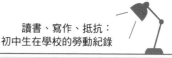

　　第二年的下半年，研究者開始思考如何呈現研究資料。有位學者看過研究者充滿描述細節的期中報告後，建議他使用理論架構分析這些描述性資料。研究者持續閱讀研究資料和文獻，也發現學校教育運作架構影響了學生的現實生活。在寫結案報告時，研究者決定以批判理論為主要理論架構來理解學生的生活。等到整個研究計畫結束後，研究者持續閱讀資料和文獻，特別是馬克思的勞動理論和 Habermas 的知識認知取向理論來分析學生行為。研究者強調，這些理論架構是在研究結束幾年後才逐漸形成，證明他沒有事先用一套理論架構來引導研究的進行。

　　在資料求證上，研究者也把他寫的報告給學校教師和同學看，並依照他們的建議做了一些修正。研究者相信這個研究可以用來理解大部分初中生的學校生活，他也引用其他既有研究文獻資料支持這個研究結果。研究者申明如果讀者看完本書後願意重新思考初中教育和教育機構的意義，他的研究目的就達到了。

四、田野發現與立論主張

　　以上是研究者在附錄二介紹研究過程的摘要。接下來，第二章介紹的是此研究田野的社區特徵、地理環境、居民的政治經濟背景等。第三章到第七章為本研究的田野發現。第八章是摘要與結論。

第二章　學校和社區

　　Harold Spencer Junior High School 位於 Jefferson School District。首先研究者介紹 Jefferson 這個鎮。三千位居民人口中，非白人比例不到 5%。民眾政治傾向保守，關心的是穿暖吃飽、提升社區就業率和經濟發展的現實問題，教育理念也偏向傳統。研究者將這個學區歸類為勞動階級社區，雖然大部分學生來自勞動階級家庭，還是有些學生來自父母為公務員和教師的家庭。

這個學區的 300 位教師絕大部分是當地人，也都在本學區任教很久，經驗豐富。其中 80%畢業於本州大學，50%畢業於小鎮 50 哩內的大學。教師平均教學經驗 12 年，其中 11 年是在 Jefferson 學區。

Jefferson 學區在研究者開始做田野調查的前一年得到聯邦政府一筆 500 萬的經費，希望在五年內改善學區課程和學校組織。研究者是負責評估經費使用成效的研究團隊一份子，也因為這樣他可以進到學校。課程改革主要是朝向個別化教學設計的方向，配合學生興趣和學習需求調整教學內容和教學時間，另一個改革重點是提升課程間的連結。

Spencer 初中位於小鎮西邊，學生主要來自小鎮西部人口稠密的社區。學校建築保養很好，教室很乾淨，草皮整齊漂亮。校長為主要決策者，認為良好的學校環境和學生行為代表學校行政體系的成效；常常告誡教職員任何時候都不能鬆懈，要盯緊學生。教師們對這樣嚴格控管的校長不見得認同，不過大家都同意他把學校經營得還不錯，有師生糾紛時他站在教師這邊，也尊重教師的教學自主，很少干涉教學。

教室活動和師生互動都由教師主導。教師上課時提供學習資料，講授新的內容或是複習，跟學生的互動不多。雖然學校接受經費嘗試課程改革，研究者沒看到新的教學方式，他懷疑校長主控的學校整體運作並無助於改革的推動，甚至阻撓改革的發生；教師提出的新教學方案或是調整上課時間都遭到校長否決。一位受訪教師說第一年她對即將要發生的改變很興奮，可是到了第二年，她很失望，什麼都沒發生，第三年也是一樣。

大部分教師對改革原本就沒有興趣。科任教師覺得只要把專門知識傳授給學生就好，在聽到其他學校改革出現問題時，還慶幸自己的拒絕改變是正確的決定。學校教師對自己角色的認知停留在傳達知識，大部分都很認真準備教學，可是不太思考課程的教學目標，或是如何讓教學更有效率地達到目標。

學校行政單位認為這所學校滿足了社區民眾對教育的要求，社區也支持這樣有秩序的學校，並不要求學校改變。大部分的家長要學校提供基本教育，學校覺得這正是他們所提供給學生的。教師們也都經過學區主管仔細過濾，所以學校內部要改變並不容易。就算個別教師有心求變，整個社區和學校的氛圍與組織架構也讓改變不易發生。學校的課程配合勞動階級家長對教育的需求，家長希望學校提供學生工作技能和工作態度方面的訓練，讓他們能在資本主義社會的企業裏生存，或是讓學生能進入當地的大學。

第三章　教室世界

學校的組織規範深深影響了學生的學校生活。第一節課早上 8:30 開始，學生一邊聽全校廣播注意事項，一邊坐下來開始做教師發下來的作業。一節課為 55 分鐘，之後的每節課大致都是如此進行。中午學生有 30 分鐘的午餐時間，下午的課上到 3:30。不少學生沒有回家，有些留在學校參加課外或社團活動，有些是因為被教師處罰而留在學校。

・等待，準備

學生一天 6 小時，花在必須等待的時間上（聽教師宣佈事情、午餐、上下課間的時間）大概是兩個小時，這還沒有加上課堂裡活動轉換時的等待時間。課堂裡，研究者發現學生花很多時間在等待，等著教師宣佈事情、點名，等著上課，等著下一個活動，等其他同學一起完成一個活動，等著下一節課。一節課花在等待的時間就已經很多，加上必須等待的時間，一天下來學生有很多時間沒有事做。

・教學的步調和課程安排的時間管理

在一節 55 分鐘的課堂上，雖然每個人學習的速度不同，教師仍然期待全班 30-35 位學生都能在一定的時間內完成一定份量的作業，教學能達

到一定的進度。這樣全班在一個時間裡完成一件工作的安排給了學生們大大小小的空檔，速度快的學生或是無意完成作業的同學可以利用這樣的空檔，做與學習無關的活動，如聊球賽，開教師玩笑，計畫下課後去逛街，要不然就在紙上塗鴉。同時教很多班的教師為了備課方便，會讓所有班的進度同步，可是每個班的進度會因為假日或是全校特別活動而不同，以至於有些班因為別的班的進度落後而不進新課，教師要學生找本書看，甚至學生可以做別科的作業或聊天、下棋。

在一個比較個人化／類似差異化教學的數學課上（似乎是聯邦政府經費支持的課程改革的一部分），學生做完一組練習題，舉手讓教師知道，教師檢查答案之後，可以繼續做下一組題目。研究者注意到一個學生的手舉起、放下了 20 分鐘，教師還是沒看到。另一個學生看到說：「這還不算什麼，有次我幾乎等了整節課才知道我昨天做的測驗卷分數」（頁45）。後來教師總算看到舉手的學生，檢查他的答案，說他可以繼續做下一份試卷。可是測驗小間現在全滿，要等到別人出來以後才可以進去考試，所以這個學生只好繼續等待。

教師在課堂對學生上要求似乎不高，作業量不多，進度也慢。學生常常是一邊聊天，一邊跟著教師的指令在作業本上填進正確答案。例如英文課教學生寫一封商業書信就花了一個星期的時間；第一天教師先要學生閱讀教科書裡有關商業信函的篇章，學習信函的格式，5 分鐘後，教師問誰還沒讀完，大概有 1/3 的同學舉手。有些在看漫畫書的同學一邊舉起手說還沒有看完，一邊給旁邊已經看完的同學使眼色，這些看完書的同學就跟著起鬨說他們也還沒看完。教師就說：「我再給你們幾分鐘，快點看！」（頁 47）。就這樣，大部分已經閱讀完畢的同學就看著窗外放空、塗鴉、看自己收集的卡片。

過了一陣子，教師到講台上，把商業信函的內文架構畫在黑板上。

「OK，第一個要做的是寫回信地址，寫在哪裡？」

「寫在信紙上。」一個學生邊敲鉛筆邊回答。

「好，搞笑大王，當然是寫在紙上，紙的哪裡？」

「紙的正面。」

「拜託，同學，認真一點，回信地址寫在哪裡？Larry？」

「我不知道…，紙的上端？」

「好，上端的哪裡？」

Larry 想了一下，教師不耐煩地說：「Larry，你剛才才讀過的啊！」

Steve 插嘴說：「他看不懂。」

教師瞪了 Steve 一眼，轉向 Larry，要他把課本翻到第 236 頁，找到信函內文範例裡回信地址。Larry 這才說：「信紙的右上角。」

一個星期過去了，學生們把這星期的最後一節英文課用來準備信封。研究者發現大部分的學生用 5 分鐘就把信封寫好了，他還注意到之前幾堂課不太專心寫信的同學，在最後一堂課裡只用了 15 分鐘就把這 5 天的作業做完了。

這樣的授課步調和作業量不考慮學生的個別差異和學習表現，讓大部分的學生都能輕鬆達到學校的要求。作業完成後，學生就可以決定自己要做的事，可以看書，幫教師整理文件，翻雜誌、聊天、開彼此玩笑或鬥嘴。這也顯示所有學生的學習成就因此而被壓平，也就是說，不管學生個人的學習能力如何，所有的同學在學習上的成長表現是一樣的。另外，也因為課程內容一致，教師和學生都接受標準化的學習內容、標準化的答案、標準化的學習結果，連音樂課習題也著重在學習和死背樂理的專有名詞，不在歌曲練習或表演。學生們認為學校教育就是填鴨的教育，因為學習就是把學校認為的知識當作正確答案背下來。

在這樣的學校環境和組織規範下，學生認為他們在學校做工（work），工作內容就是教師要你做的背誦、作業、報告、考試，做完以後可以換取成績。不過不是所有教師要求的作業都是做工，不被學生認為是工作的作業多半是動手做的作業，像是實驗、美術、科學、看電影等。還有，只要能和同學一起做的作業多半也不被視做工作。不過，即使是動手的作業，如果是個人作業，做的時候不能跟同學聊天互動，也是在做工。由於學業要求不多，進度也慢，學生可以一邊把教師交代的事情做好，一邊卻又能在教師在場時，和同學閒聊跟學習完全無關的事。研究者觀察到只要教師一靠近，學生們會假裝忙著做教師要他們做的事，教師一離開，他們馬上可以接續先前聊天的話題。即使在教學能力不錯、受學生歡迎教師的班上，學生還是可以一邊寫實驗報告，一邊聊昨晚的球賽，因為學校集體教育的運作方式讓學生有太多空檔可以用來討論個人的事情。

雖然學生沒有花那麼多的時間在學校課業上，上課時學生下意識地跟著課程安排，內化一套知識系統，知道某些知識被學校定義為合理的知識。研究者稱這套知識為客體化知識（reified knowledge），學生學到要在學校成功，必須接受學校定義的知識和學習這些知識的方法，沒有人對這些知識發出質疑，而這些思考模式已經是學生信仰系統的一部分。

在 Spencer，我們看到一個勞動過程的雛型。學生們把自己看成勞動者，教師則是他們勞動力的控制者，是工頭或老闆，學生用他們的勞力製造出來的知識以兌換象徵性的成績和獎勵。學生學到在學校的勞動跟以後出社會的工作模式似乎是相同的，這樣的經驗讓資本主義的文化規律更穩固，而且還成為支持學生文化的社會結構基礎的一部分。

第四章到第六章則是描述學生在這所初中裡的生活經歷，和他們透過這些經驗自行創造出屬於他們的知識。

第四章　Don 的團體

第四章詳細描述 Don 的團體和他們透過團體互動創造出來的再生知識（regenerative knowledge）。這個團體以勞動階級家庭的學生為主，Don 是團體的領袖，研究者不太清楚他家裡的情況，這些孩子都不太提家裡的事。父母離婚後，他跟媽媽住，媽媽是鎮上商行的秘書，知道他跟幾個年紀比較大的孩子一起抽大麻，喝酒，也很擔心。

七年級（初中一年級）這年，Don 三不五時就缺席。不來學校的時候，跟同學去其他人家裡喝酒、開車兜風、聽音樂，而蹺課時所做的事也是同學在學校聊天的主題。和權威對立（opposition）似乎是維繫這個團體的主軸，他們在校外從事這些活動，在校內聊起這些反抗事蹟，也同時策畫新的對立活動。在學校，他們也排擠（ostracize）他們不喜歡的同學，如叫他們「怪物」（weirdo）、偷他們的午餐、撕破他們的作業、騙他們的錢、威脅或侮辱他們、把他們推下小山坡。女生也是他們嘲笑的對象，長相平庸的女生被叫做「狗」，即使受歡迎的女生也常被男學生嘲弄身材和長相。

學生團體中的友誼不見得和諧。朋友間互罵髒話、互相取笑、捉弄，粗魯對待，幫朋友取難聽的綽號，打鬧到快要打架等行為，經常發生。每件事情都可被咒罵，包括排隊領午餐的隊伍、難吃的午餐，「幹」（fuck）是最常聽到的髒話。朋友間最常發生的就是作弄同學，開同學玩笑幾乎到惡作劇的地步。這些其實是鞏固團體關係的行為，讓成員更加緊密，表現出經營了一段時間的友誼。校園裡一個小山坡就是常被用來捉弄同學的一個處所，如把同學推滾下坡。同樣是推同學下坡，對學生而言卻又有不同的意義，如果被推下坡的同學是團體的一份子，他就能接受這是維繫友誼的象徵，而不會生氣或產生敵意，旁邊的同學也笑得很開心。可

是下一個被推滾下小山坡的同學可能就是他們故意欺負的對象，因為推人的同學沒有什麼笑容，旁邊的同學也沒有開心的樣子。

學生們有時候還是會因為被嘲弄，又加上旁邊同學煽風點火，讓小意外變成大衝突。例如，午餐時不小心把沙拉掉在朋友衣服上的事件可以演變成互丟果凍的食物戰，到最後變成抓住對方扭打的嚴重衝突。可是這些衝突來得快，去得也快。前一天打得不可開交的兩個朋友第二天可以湊在一起，討論如何逃避學校對他們打架的懲罰。

打架在不同朋友團體間也常發生，學生們經常討論如何報復或應付另一團人的挑釁。有一天研究者看到一個特別嚴重的鬥毆，激烈到可能讓學生受傷，旁邊還圍著加油起鬨的觀戰學生。當研究者正煩惱如果他介入的話會對研究有什麼影響時，還好一位教師過來把學生拉開。其中一個學生的傷勢嚴重到必須動手術來保住眼睛。而打贏的人也不好過，因為從此他就變成打輸那一群人的眼中釘。打架是學校中經常發生的事件，也就成為學生例行聊天的題材。研究者分析，打架可以增進團體認同，也因為是教師主導了學校的教學方式和內容，學生需要以打架這樣的互動來創造自主的空間，建立自己的行為規則，以抵抗學校這個由教師決定和控制勞動生產的機制。

研究者指出學生團體在學校有自己規定的行為規範、信仰和行動，透過這些規矩，他們詮釋同時創造他們在學校的角色。即使學校不認同 Don 團體的行為，這個團體仍然為自己定義了可以／不可以接受的行為，這樣學生們才會覺得他們可以主動控制自己的命運。

即使學生習慣蹺課、抽菸、惹怒教師、吸毒、喝酒，偷竊，但學生的成績都維持在平均程度。這不代表他們把學科知識內化或是接受代表學校

的知識，在教師面前做學校要求的事，這樣教師才不會找他們麻煩；也就是說，這是他們能夠繼續做想做的事必須付出的代價。

在不同的情境下，Don 的團體對同儕衝突有不同的定義和詮釋。衝突可以是團體凝聚的要素，也可以是團體分化的原因，不過學生知道分寸，違反學校規定有一個界限，不會影響他們在學校的生存。集體為主的活動是 Don 所屬小團體重要的日常活動，也是他們創造再生知識的來源，與代表學校的學科知識學習過程完全不同；再生知識是由集體互動產生、象徵性的知識，代表有機團體社群的團結（solidarity）。

到了八年級，這個團體已經是教師的眼中釘。他們在校外曾經因為惡作劇被商店老闆報警，被警察追逐，且抽大麻、喝酒，抗拒（resisted，頁 115）教師想要把他們納入學校生活的努力。研究者認為因為學生到了八年級已經發現學校沒辦法滿足他們，跟學校越來越疏離。學生認為如果參與學校生活，那就像是承認學校的學科知識是正當的－他們就應該販賣生產力（努力學習、考試、參與學校活動），製作有交換價值的產品（成績、文憑）。團體成員拒絕參與學校活動，否定代表學校的學科知識，只對現在而不是未來有興趣，他們要儘量消費自由資本主義製造的物品（抽菸、喝酒、吸毒等），這就是控制自己命運的方式。

這個團體成員的關係在八年級也因為成員間興趣或想法不同而有所改變，有些同學的關係逐漸疏遠，而 Don 的行為也變本加厲，成為行政人員的眼中釘，跟他走得最近的朋友反而是九年級的一個同學。即使是這樣，Don 仍認為他必須在學校生存下去。當幾個同學因為偷名牌運動鞋被抓的時候，他跟研究者說：「他們活該被抓。真是太蠢了，只是找自己的麻煩而已。其實學校沒那麼糟糕，只要不做這樣明顯的蠢事，你還是有辦法在學校蹺幾堂課、抽幾支菸、打混一下。」（頁 120）

到了八年級下學期，Ｄｏｎ 剪了短髮，看起來比較正派
（respectable），他跟研究者說他現在要把皮繃緊一點，參與課外活動。
不過， 雖然研究者沒有明說，Don 似乎是同學間大麻的來源，同學請他
弄一些大麻，Don 說可以想辦法。他在學校改變形象，可能是為了掩蓋校
外行為。學生知道分寸，非常清楚挑戰學校教師的權威會被看成笨蛋，因
為這攸關學生在學校的生存。違反學校規定有一個界限，那就是不要影響
他們在學校生存的機會。

第五章　Chris 的團體

同儕團體活動是學生創造再生知識的來源，而他們創造的知識跟代表
學校的書本內容的學科知識完全相反。再生知識是由集體互動產生，是象
徵性的知識，代表有機團體社群的團結，是團體成員一邊過生活、一邊創
造出來的知識。

Chris 的團體也有他們自己的再生知識。Chris 父母是州政府公務員，
其他成員父母有教師、技工和店員。這個團體的學業表現比 Don 的團體
好，可是學業從不是聊天的話題。Chris 的團體以發明新笑話為傲，透過
笑話凝聚團體，建立歸屬感。笑話要好笑，學生需要創意，還要有一定程
度的感受力、對世界的知識以及生活經驗。有創意、具幽默感的學生在班
上很受歡迎，在團體中社會地位也高。

女生仍然是這個男生團體開玩笑的對象。當同學在討論戴牙套的女生
是否因為過不了安全檢測而上不了飛機，Chris 馬上說：「他們不會讓狗
（長相平庸的女生）上飛機。」另一個男生接著說：「除非你去貨艙，那
裡有很多狗跟你作伴。」Don 也跟著說：「對呀，如果我們學校的女生跟
你一起坐同班飛機，你會有更多旅伴。」（頁 143）

上課的時候，學生常玩文字遊戲來開教師的玩笑，自娛娛人。英文課的時候，輪到 Wally 朗誦自己寫的 blank verse（無韻詩，blank 本身是空的意思）。

「你要朗誦什麼詩？」

「呃，是 blank，呃，blank 什麼的。」

「Blank verse」

「是的，就是那個。」

「OK，開始吧！」

Wally 站在全班面前，臉上掛著微笑，流暢朗誦：「兩個全牛肉餅、特別醬料、生菜、乳酪、醃黃瓜、洋蔥、還有芝麻漢堡包。」

「什麼？」

「我的詩啊，我的空韻詩。」

「你在開玩笑吧？這怎麼可能是詩？」

「我不知道，麥當勞有這個點餐比賽。如果我能把大麥克的內容一口氣正確說完，就可以拿到一杯免費奶昔。我這樣做完以後，那個員工說聽起來滿有詩意的。」（頁 161）。

這件事情之後，連續兩天，Wally 是八年級同學聊天時的主題。

Chris 曾經想過是否要競選議會主席，不過最後他沒有參選。研究者有些失望，問他原因。他說：「我退縮了，如果我當選後，說我想說的話，我會被踢出學校。」（頁 154）有一天，研究者聽到學生議會副主席在某個會議時提出學校控制學生經費使用的問題，他非常驚訝，因為這樣的事在這兩年的田野工作中從來沒有發生過。後來研究者才發現原來這個學生是為了贏得賭注，才敢在大人物面前說出她的想法。

幽默感、發明笑話、互開玩笑，是這個團體用來和學科知識對抗的再生知識。學生無法控制自己的勞動力，也看不到他們的勞動力除了產出他們不在乎的成績或文憑之外，還可以有什麼，他們也不太了解他們勞動力所製造的商品（成績、文憑）的交換價值。不過 Chris 出身中產階級的家庭，不像 Don 的團體，他雖然嘲笑學科知識，卻不拒絕。因為家人的提醒，他了解遵守學校要求、學習學科知識的重要。Don 的團體的反抗是反學校，他們上了八年級以後，花更多的時間跟一些九年級的學生一起蹺課、週末狂歡、開車兜風，學業越來越跟不上，他們創造的知識和學校傳授的知識越來越不能相容，也沒有家人跟他們解釋學科知識和適當的行為在未來的價值，所以他們的行為更加讓他們和學校疏離。這兩組不同的同儕團體讓我們開始看到學校和學生家庭的文化資本怎麼一起運作，分化社會階級。

第六章　打混

學生如何打混（goofing off）是再生知識的一大部分，打混最能清楚表現學校青少年次文化信仰價值。打混的種類繁多，主要分兩大類：一為學生間互動的集體行為，目的是促進團體成員關係，劃清團體界線，包括聊天、朋友有麻煩時罩朋友、幫助朋友做報告、協助傳紙條。打混還可以讓無聊的上課時間過得快一點，讓上課過程有趣些。研究者問學生怎麼讓上課時間過得比較快。

Phil：「丟紙團、用迴紋針丟同學，讓大家生氣，當大家摩拳擦掌準備打架的時候，下課鐘就響了。」（頁 189）

另一類的打混是捉弄他們不喜歡的教師。學生討厭斤斤計較、有優越感、不尊重學生的教師。他們跟教師頂嘴、假裝嚼口香糖讓教師誤會、趴在桌上、睡覺、用筆敲桌子等。

　　Lisa：「我假裝嚼口香糖，因為我知道他（教師）很容易緊張，他最討厭學生嚼口香糖，所以我們嚼口香糖讓他難堪。你假裝嘴裡有口香糖，他會說：『Lisa，把口香糖吐掉』，我就會說『沒有啊！』我還把嘴張開，搖搖頭，沒有東西從嘴裡出來，這樣就讓他下不了台。」（頁 182）

　　打混是再生知識的精髓，由學生主動控制，他們必須注意打混的時機和時間，不同的教師班上會有不同打混的方法。內容和方式由學生在生活中摸索出來，也等於發展屬於自己的一套語言和溝通系統，可以促進團結。打混也是學生對自己和生產過程間關係（達成學校對他們的期待和要求的過程）的集體詮釋和集體反動，是學生自我決策的表現。

　　馬克思勞動理論的前提是人類這個物種的特性就是自由和自覺地活動，但在學校的學科知識控制下，學生無法自由、自覺地參與活動，只好挪用（appropriate）勞動力來創造出「打混」這個與學科知識對抗的再生知識，把勞動力從學校的控制下挪用出來，變成自己可以控制的勞動力，產生再生知識。可是研究者也提醒我們因為這樣，學生和學科知識越來越疏離。

第七章　學生的力量（權力運作）

　　學生們創造的再生知識對他們來說有多少助益？他們的再生知識可以反抗學校和學校所代表的資本主義生產機制嗎？他們從再生知識中學到什麼來幫他們參與未來的社會？第七章繼續分析學生們如何在師生互動中取得控制的再生知識。

　　在教室裡，學生的權力反映在他們利用教師的弱點或個性來捉弄教師，惹教師生氣，讓教師難堪，主動討好特定教師，適時挑戰教師，運用幽默來改變上課的進程或內容。當教師的寵物（teacher's pet）也是一種，在學校裡教師會選所謂的乖學生跑腿辦事，這些乖學生很聽話，準時

交作業，上課時主動回答問題，贏得教師的另眼相看，同學們通常對乖學生嗤之以鼻，覺得教師偏心，對這些學生比較好，而且這些學生多會打小報告。另一種教師的寵物是學生主動選定某個教師，自願成為這位教師的寵物，讓教師對她有好印象，而得到一些優惠待遇，Rachel 就是這樣的寵物。以下是 Rachel 和研究者的對話摘要（頁 206-207）：

「我不是一個乖寵物。我會挑可以做她寵物的教師。我是 Corsa 教師的寵物。」

「怎麼說呢？」

「我不用把功課寫完。」

「為什麼？」

「因為我是她的寵物。」

「要怎麼做呢？」

「跟教師頂嘴。」另外一個女生插話說。

「沒錯。她喜歡競爭。她喜歡我們三不五時挑戰她一下。我挑戰她，也因為這樣她對我比較好。」Rachel 認真答道。

「你是說因為你挑戰她，她就比較喜歡你？」

「沒有這麼簡單。你不能每件事都挑戰她．你要知道什麼時候該說什麼話。」

「同學不會嫉妒這樣的寵物。他們只是希望自己也做得到。」另一個女生說。

「他們反而會崇拜你，因為他們知道你有他們沒有的東西．他們知道你會耍手段，這個很重要。」Rachel 補充說。

另一種學生表現權力的方式就是不遵守學校規矩。學生知道在哪裡可以抽菸，教師看不到，怎麼蹺課不被發現，怎麼作弊不被逮到。還有利用學校原本的運作方式取得合法離開教室的權利，研究者稱為合法蹺課。例

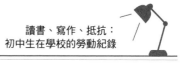

如，Chris 參加戲劇社，可以離開教室去排練，準備布景道具。參加學校支持的活動的學生比較受教師信任，一來這樣對學校有貢獻，二來也顯示學生願意服從學校的規矩。

雖然學生可以被視為同一個社會階級，在控制自己勞動力的方式上還是有差別。這些差別反映出階級不同，對事物詮釋不同，認知不同，會影響學生動能（agency）的運作。對 Don 的團體來說，他們不願意支持他們反對的學校知識系統，所以不屑參與任何學校的活動。非法的蹺課（例如，請姊姊捏造請假理由）比較符合勞動階級控制自己勞動力的信仰系統。

學生參與學校活動（勞動）獲得教師的認可（製造出有交換價值的商品），而此商品交換到的是合法蹺課，還有教師對他們打混的容忍。不被教師認可的學生沒有商品可以交換，所以就不能合法蹺課。一個惡性循環因此產生－學生決定如何理解學校學科知識並根據這樣的理解產生再生知識，再生知識又決定學生如何詮釋他的世界，這個詮釋又決定了學生如何接受／抗拒學校生活。拒絕參與學校任何活動的學生所採取的策略，和積極參與學校活動學生的權力運用策略（也是學生再生知識的一環）就非常不同。

研究者也觀察到學生權力的侷限和再生知識文化模式的再製。學生的確在課堂上因為運用策略而取得教室活動的主控權，可是學生活動的範圍畢竟有限。學生的反學校行為不但沒有改變學校的知識體系，還支持此體系的再製。因為透過再生知識反抗學校知識並非挑戰現有系統，學生尚未集體意識到學科知識最終會讓學生和他們的勞動力疏離。學生家庭的文化資本則加強學生對學校體系知識不同的理解，也產出不同的再生知識。這些再生知識和反學校行為充其量只是對學校體系的反動，而非有意識地批判和反抗。

第八章　摘要和結論

　　研究者在最後一章重新分析學生在學校的勞動力過程，以及學生如何於現有的社會文化框架中創造自己的歷史。研究者主張，就某個層面來看，學校是霸權的代表，它所傳達的主流知識和文化強化了今天以科技和知識為主要生產工具的資本主義。

　　從第三章到第七章，研究者使用馬克思文化和勞動力理論來分析初中學生在學校的活動和行為。在第八章裡，研究者除了重新思考第一章中提到的初中教育的內涵和意義，也應用不同的社會理論，「重新」分析初中學生的文化和透過同儕團體互動創造的再生知識。這些理論包括 Habermas 的批判理論和 Gramci 的霸權概念。

　　研究者首先點出再生知識是初中學生學校生活重心，卻不被大部分學校和教育者關注。師培課程著重在訓練未來的教師引導和促進學生學科知識的學習，把代表學生文化的再生知識視為問題行為，必須透過教育輔導改變或修正。研究者認為這樣的看法需要改變，再生知識跟學科知識是平等的，因為這也是學生在學校學習到的內容，而且要認清，學校運作是再生知識產生的一大因素。

　　對於再生知識，研究者利用 Habermas 的批判理論做更進一步的分析。Habermas 把知識以認知取向不同分成技術性和實用性兩種。技術性知識是以歸納演繹等思考方式來理解（不需要經驗或觀察）的普遍性知識，例如學校的學科知識，被認為位階比較高。實用知識只對某個團體（次文化）而言是事實，不是實證的結果，而是透過當時的情境脈絡理解／詮釋出來的。這兩種知識的應用也不同，技術性知識主要是用在解決問題，達到一個特定的目的，學校認可的學科知識就是這樣。經驗情境下累積的實用性知識主要是用來溝通和理解，最終雖然也可以解決問題，可是

問題解決不是實用知識的主要目的，學生們創造的再生知識就屬於這種實用知識，雖然不是普遍被認可的知識，對於學生團體而言，卻是他們次文化範圍內用來理解和詮釋同儕行為的溝通系統。

· 重新思考學校教育和年輕人

研究者引用 Gramci 的霸權概念來描述學校和學生的關係。學校是一個霸權系統，因為它發展並散播主流或強勢團體賦予世界的意義、價值和信仰。初中教育提供青少年一定標準化的生活經驗，進而改變學生，把學生塑造為學校可以掌握的個體，所以說學校教育是以一個霸權形式存在於青少年生活中。在 Spencer，這樣的強勢掌控反映在學校限制學生學習的知識形式與知識應用上。在過去歷史文化脈絡中所形成的教育體系的價值觀和信仰，沒人質疑過，經過一再的複製，這些學校主導的價值觀、信仰和行為模式就成了壓迫學生的霸權。而學生不知情的參與，把自己跟強勢文化連結在一起，更加強了主流文化的信仰的強勢。即使學生有自己的再生知識，不過只是對學科知識的反動，而不是用來反抗合理化技術性知識的政治經濟架構。

20 世紀初，美國社會為了解決青少年前期的年輕人的高輟學率和行為問題，才有初中的產生，這不就是把教育當成霸權散播的途徑，利用學校再製主流社會（成人為主的社會）的行為規範及文化？加上從發展心理學的角度來看，12-16 歲的年輕人需要有人指導，為以後的成人階段做準備，初中就是因應這些問題最好的方法。不過，從歷史角度來看，研究者指出在 17 世紀前，青春期是自然的過程，是成人的一部分。在現代，青少年卻被認為是一個特別需要教育介入的階段。教育研究者利用發明「青少年」這個特別的階段，把學生納入學校體系，擴張教育機構對青少年的影響，結合教育、國家及經濟結構，讓學校教育成為霸權，把教育當成解

決社會問題的手段。研究者質疑也許我們認為的「青少年」只不過是在這樣的歷史社會文化情境下發明出來的概念而已。研究者最後的結論是其實初中生的世界不全然是他們自己創造的，而是在成人創造的世界中形成的。如果成人的世界不改變，學生的世界也不會改變。研究者建議改變對青少年的看法，把青少年看成有擔當、有責任感的人，不看低他們的知識，了解這些知識只是不同於成人的知識。希望在學校的社會化過程不只是強調技術認知，而是把教育和社會化目標放在培養學生學習檢視自己在歷史中的位置的能力，透過參與社區工作進行學習。

附錄一是研究者根據研究結果對初中教育提出的建議。

研究者指出與其強調學科／技術知識和再生／實用知識之間的衝突，建議提供學生資源來面對這些衝突，讓衝突有建設性，這樣的知識和學習方式被研究者稱為解放的知識（emancipatory knowledge）。透過重新理解和處理這些衝突，學生可以成為主動的學習者。他鼓勵教師和學生一起重新發現、重新詮釋知識。藉著改變知識的認知取向，透過自我省思和批判來追求解放的知識，這樣就可以從歷史文化中解放出來。研究者也對學校教學方式、課程安排、對學生的要求，還有教師的教學態度，提出建議。

附錄二詳細描述研究者的研究設計及方法，已經在前文的「研究設計和實施方法」內介紹。

貳 重點評析

一、所採理論觀點

Reading, Writing, and Resistance 是本深入美國初中學生生活的教育社會學研究專書。追隨 Paul Willis（1981）的 *Learning to Labor*，從馬克思

社會結構理論出發，把重點放在學校的社會文化生產及再製角色。
Learning to Labor 裡面勞動階級的年輕人看清學校對他們的要求，就像工
廠工頭對他們父兄的壓迫，他們反教師、反學校的行為也像在工廠裡父兄
應付權威一般。他們對自己的未來沒有太多的想像，而學校的經驗讓他們
決定要如何在受壓迫的工作環境中做自己想做的事。Willis 這個經典研究
提供後來批判教育學學者研究的靈感，本章介紹的 *Reading, Writing, and
Resistance* 也是其中之一。不過，*Reading, Writing, and Resistance* 也對
Learning to Labor 的文化再製理論提出補充，特別是在學生個人／團體動
能方面的描述、分析，以及討論此動能改變目前社會文化的可能性
（Dressman, 2008）。

本研究結果除可以支持 Willis 和其他批判教育學研究已經揭開的學校
社會文化再製功能，點出學校和資本／國家主義的連結，研究者也試著從
馬克斯勞動理論脫身。過去以馬克思理論分析學生生活的文獻認為學生不
能主動決定在學校的角色，也無法主動控制這個已經行之有年的生產機
制。這種無力感讓學生跟他們的勞動力、工作內容和製出的產品疏離。研
究者認為這樣的結論並未完整反映他自己在田野的觀察，他使用符號互動
論來理解學生們創造自己歷史的同時如何發揮能動性。根據符號互動論，
學生有能力詮釋所處社會情況對他們的意義，而且根據他們的理解採取因
應的行動，也透過他們的觀察揣摩出一套在教室及學校的生存法則。例如
在第七章，學生對師生關係的觀察和詮釋讓教師的「寵物」有不同的定義
而有不同的因應方式。

此外，研究者還連結 Habermas 的知識分類理論來說明學校裡兩個平
行的知識世界，也讓我們對學生發揮能動性的過程有更細緻深刻的理解。
學校界定的知識就是 Habermas 所謂的技術性知識，強調操弄現有的訊息
（學科內容）來達到已經設定好的目標／結果（標準答案）。研究者先應

用馬克思的資本主義的勞動過程來解釋這個學習學科知識的無聊、被動的
過程，讓學生和他們勞動力疏離，他們只好試著把學校生活的一些部分
（例如，等待的時間）挪用為可以控制自己的勞動力。這個挪用勞動力的
過程中產生的知識（例如，如何打混讓課堂時間過得快一點）就是再生知
識。而 Habermas 的知識分類幫助我們了解學生們如何發揮能動性以創造
再生知識，學生透過行動的情境和他們相似的經驗對事物產生集體的詮
釋，就是 Habermas 所謂的實用性知識，其重點在於創造和澄清意義，達
成溝通，製造集體間的連結，進而發展出一個集體信仰系統。這樣的知識
會產生特定的行動，Habermas 稱為溝通行動（communicative action），
做為學生間互惠的社會規範。學生就算是打混、開玩笑，也有一定的規矩
要遵守，以因應彼此間對對方行為的期待。Habermas 的理論讓我們從另
外一個角度脈絡中檢視學生的世界，學生打混並不是問題行為，而是一種
溝通行動，被學生用來影響和控制他們本來沒有權力改變的課堂內容和活
動。除了讓學生上課時比較不無聊，這些行為帶給學生生活的意義，也促
進友誼的鞏固，且因是集體一起做，讓學生感覺到自己是團體的一部分，
也讓其行為的意義超越個人的層次。

二、方法論和研究倫理

　　根據研究者在學校工作時對學生的觀察，研究者第一個參考的理論架
構為符號互動理論，引用 Blumer（1969）提出的：個人或團體在面對挑
戰或危機時，一定要在詮釋和評斷這些事件後再決定如何因應與行動。研
究者認為只有採用民族誌研究，才能發現初中學生在不同情況下發生的詮
釋行為和過程，為此研究者必須讓學生接納，成為學生日常生活的一份
子，共同經歷每天的活動。可是研究者在學校被學生社會化的同時，又要
意識到自己是外來者的身分，對發生的事要保持質疑的態度，不能視為理
所當然。研究者說他常常問自己：我的所見所聞到底回答了什麼問題？

除了對日常發生的活動不以理所當然的態度全盤接受之外，研究者對分析研究資料使用的理論架構，也跟著持續研讀研究資料和文獻的過程而產生新的想法。研究者離開田野後，重新整理和分析資料時，讀到馬克思主義學者對符號互動理論的批判，讓研究者決定參考其他的社會理論以更完整地理解學生的學校生活。因為符號互動理論似乎只觀照詮釋個人表層意識的決定過程，忽略了影響詮釋過程的社會組織結構，於是研究者決定採用馬克思理論來解釋個人的行動機會，以及限制其行動的社會深層結構。

　　在研究倫理層面，這個研究有兩個讓我質疑之處。一是研究者同時也是評估學校經費使用成效團隊的成員，另一個就是研究者決定從學生的角度觀察學校生活，可是他畢竟不是學生，他的年齡是學生的三倍，曾經是初中教師，他如何能宣稱他如實反映學生的觀點？做完研究以後，研究者根據這段研究經驗發表了兩篇跟研究方法有關的文章（Everhart, 1975; Everhart, 1977）。其中一篇多少回應了我的質疑，很值得參考。摘要如下：

　　回應研究者的雙重角色和研究倫理關係，Everhart（1977）自陳身為評估團隊的一員，學校並不是很歡迎，學校接受評估團隊的進駐是因為這是接受聯邦政府經費的條件之一。當研究者跟校長提到他想研究七年級學生的時候，校長說：「我能有別的選擇嗎？」很明顯地，在此情況之下，不管校長有多麼不願意，他還是要允許研究者在學校做研究。這樣的不對等關係讓這個研究一開始就蒙上陰影。雖然校長自認為沒有選擇，卻沒有在當下給研究者一個肯定的答覆，好幾個星期之後，校長提出幾個條件要研究者遵守：不能是一個研究教師的研究，只能觀察學生，不能成為學生吐露心事的對象，不能問敏感問題，也不能跟學生有太多互動。研究者答應以後，才開始進入田野。這樣的協調談判的過程，讓田野守門者在稍微有些控制權的印象下逐漸接受研究正在發生這個事實。

　　至於研究者和學生的關係，研究者指出這是一個動態的發展過程。研究一開始，大概有兩個月的時間，研究者遵循校長的條件，主要是觀察教師學生的互動，儘量不問問題。以「陌生人－表面的互動者」自居，跟教師互動時少提自己的意見，回答問題時也儘量模糊；跟學生互動時，跟學生介紹說他是一個作家，觀察學生生活是為了幫學校寫故事。但是研究者儘量讓學生覺得他是屬於學生這邊的，例如，有位教師邀研究者一起帶學生去滑雪，幫忙管秩序。去滑雪場的路上，研究者有禮貌地拒絕跟教師坐在巴士前面，刻意跟教師保持距離，選擇跟學生坐在巴士後面。時間一久，研究者跟學生的互動逐漸頻繁。

　　第一年後半，研究者跟學生維持一個平衡的不穩定關係（balanced instability），學生們還不能完全信任他，因為有教師說他是來幫政府臥底的間諜，要學生不要跟研究者說話。不過研究者發現學生逐漸信任他，因為他們發現他不是告密者，也接受他要寫一個從學生角度出發的故事，而願意配合。這時他開始進行一連串密集的訪談，也特意跟學生解釋他訪談的原因。學生不等他說完，就回說：「我知道為什麼。因為你想透過我們的眼睛來看學校。有時候你要假裝你不知道我們在想什麼，這樣你才不會用自己的想法來看我們。」（頁6）不過研究者也很小心，不跟被排擠的學生走得太近，怕自己也被其他學生排擠。第二年開始，學生已經接受研究者為同儕，等於是他們的「朋友」，這是一個互惠的關係，學生主動幫助研究者維持他希望跟學生維持的關係。學生們在巴士上吸大麻時會很小心，不讓教師發現而怪罪研究者沒有舉發這些「不法」的行為。第二年的時候，有個學生因為抽菸而被學校規定上戒菸課，研究者說如果是第一年，他不會勸告這個學生去上課，因為他可能會被同學看成是教師那一邊的，可是到了第二年，這個學生已經是朋友／同儕，他就鼓勵學生去上戒菸課，是因為他知道學生已經被校長盯上，如果他不去上戒菸課，他的麻煩會更大。

不過當研究者融入學生生活（going native），他發現他反而沒看到某些重要的學生生活面向。例如，他太習慣也很享受跟學生打鬧說笑話，卻忽略了這個打鬧說笑對學生的意義。而且因為是個兩年的長期研究，田野工作的疲乏和充分融入學生生活，讓他看事情時變得比較遲鈍，也不容易保持批判的視角。研究者認為這就是退出田野、結束研究的時候，因為一個人不可能在某特定情境一直維持敏銳批判的觀察，他終究會成為這個情境的一部分。

參 反思啟示

一、教育研究方面

本書是研究者從初中學生的角度，花了兩年的時間深入研究一所學校的生態和學生活動的民族誌。這本書非常符合謝國雄（2007）提出的研究技法、基本議題、知識論和存在論四位一體的社會學研究核心精神。作者因長期投入而得到豐厚研究資料，也因為時間夠長而更能進行多次、多層以及多理論的深度分析。

本書作者在書裡已經提到因為自己畢竟不是學生，在研究期間時常面對研究者及研究參與者（學生，教師同儕等）多重角色之間的衝突，也因為多重角色的扮演，要如何理解自己的立場，如何適當與學生及學校教師互動，是非常複雜甚至是無解的難題。這時，自我省思和與其他研究同儕的對話就非常重要，細緻地紀錄自己心情的轉折，並反思對研究所形成的影響，是想從事類似研究的研究者需要念茲在茲並徹底落實的。

讀了這麼豐富的教育社會學民族誌，不禁讓我為特殊教育研究絕大多數還是量化研究這個現象感到遺憾。教育社會學研究是教育政策的基石，更是課程與教學的燈塔。可是特殊教育研究的本體論和知識論，建立在行

為心理科學或是醫學復健科學遵從的實證主義上，研究的目的是在建立或修正所謂「正常／不正常」的界線，診斷或判定誰正常、誰不正常，進而研究如何控制或改變「不正常」的生理狀態和行為模式，並不太考量社會文化和身心障礙概念之間的關係。以「學生本身的障礙是要解決的問題」這樣的本體論和知識論出發的特教研究，和本書以學校情境及師生互動為主軸的研究截然不同，甚至是衝突的。從特教的角度來看，打混、欺負同學的學生會被貼上種種標籤，例如情緒行為障礙、反社會人格、學習障礙等障礙類別，因為他們的行為造成教師的困擾，特別是那些不尊重學生、上課方式呆板，或是課程內容過於簡單、不足以應付學生的教師們，不見得會理解學生的行為原來是對教學的一種反動。同樣地，當特殊教育教師們觀察學生的行為時，如果對自己及學生所處社會沒有鉅觀的理解，例如，社會階級或是性別與師生互動的關係，教師們常會陷入實證主義「凡事都有因果關係」的思考模式，而不能發現自己在理解學生和他們家庭面對的問題時，有「責備受害者」（blame the victim）的主觀想法。

不過也不得不承認，在閱讀本書的同時，我多少還是不自覺地在讀到有些學生在學習上需要額外的支持，卻因為沒有這樣的支持而和學校學習疏離的瞬間，戴上了實證主義眼鏡。這些學生因為學習落後，跟不上已經很緩慢及鬆散的課程內容，同時也加入打混學生的團體，取得同儕的認同。也許現在這樣的思考不合乎當時的情境，也不是本書的研究目的。不過我不只一次想到，如果教師能夠提供這些學生（或是其他學業一般的學生）溫暖、支持的學習環境，生動有趣又符合學生需求的課程內容，且在師生互動時尊重學生，本書作者所描述的勞動階級家庭子女和學校知識的絕對疏離，是否有鬆動的可能？

二、教育實務方面

研究者掀開的學生世界對從事教育的我來說震撼很大。學生在學校運作組織安排下，從和教師同儕互動中，不停地透過自己對環境的詮釋而形成一套對世界的認識和回應的方法。曾經是學生的我們也許已經忘記過去的經驗和想法，這個研究提醒我們學生文化的確存在。不過也因為臺灣的教育體制和文化與美國不同（黃鴻文，2003；林郡雯、張建成，2008），本地學生文化和研究者觀察到的美國初中文化有相當大的差異。例如，鄭英傑（2017）訪問勞動階級的家長對教育的看法。受訪的家長因為怕兒女做工，鼓勵孩子把學校教育做為翻身的途徑，非常重視孩子學校的參與。雖然有文化差異，對華人社會來說，*Reading, Writing, and Resistance* 還是提供了不少思考的材料。這本描述 80 年代美國初中學生生活的書可以讓我們透過他細緻的描述，對美國初中學生日常生活有很具體的認識，也給我們一個機會思考服務青少年的「初中教育」如何進行。要提醒讀者，沒有一本書可以給我們有關學校教育所有的答案，更何況是一本似乎離我們很遠、介紹 80 年代美國中西部初中生活的書。這本書比較像鏡子，讓我們以對照的方式看到自己對臺灣教育現況的理解，也反映出我們思考的歷史文化社會框架，也許因此更可以給我們一些啟發。希望在閱讀本章的過程中，讀者能一邊思考，一邊發現屬於自己的答案或是更多的問題。

 延伸閱讀

Everhart, R. B. (1975). Problems of doing fieldwork in educational evaluation. *Human Organization, 34*(2), 205-215.

Everhart, R. B. (1977). Between stranger and friend: some consequences of "long term" fieldwork in schools. *American Educational Research Journal, 14*(1), 1-15. doi:10.3102/00028312014001001

參考文獻

林郡雯、張建成（2008）。不同階級國中生之文憑意象的探究。**當代教育研究季刊，16**，199-235. doi:10.6151/cerq.2008.1604.06

黃鴻文（2003）。**國民中學學生文化之民族誌研究**。臺北市：學富文化。

黃鴻文（2011）。抗拒乎？拒絕乎？偏差乎？學生文化研究中抗拒概念之誤用與澄清。**教育研究集刊，57**，123-154。

鄭英傑（2017）。學做工還是怕做工？臺灣社會高學業成就勞動階級學生及其家長的反再製心態之分析。**教育研究集刊，63**，65-100. doi:10.3966/102887082017126304002。

謝國雄（2007）。以身為度、如是我做：田野工作的教與學。載於謝國雄主編，**以身為度、如是我做：田野工作的教與學**（頁 3-35）。臺北市：群學。

Apple, M. W., & Weis, L. (Eds.). (1983). *Ideology and practice in schooling*. Philadelphia: Temple University Press.

Blumer, H. (1969). *Symbolic interactionism: Perspective and method*. Englewood Cliffs, N.J: Prentice-Hall.

Dressman, M. (2008). *Using social theory in educational research: a practical guide*. New York: Routledge.

Everhart, R. B. (1975). Problems of doing fieldwork in educational evaluation. *Human Organization, 34*(2), 205-215.

Everhart, R. B. (1977). Between stranger and friend: some consequences of "long term" fieldwork in schools. *American Educational Research Journal, 14*(1), 1-15. doi:10.3102/00028312014001001

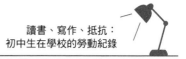
Everhart, R. B. (1983a). Classroom managmenet, student opposition, and the labor process. In M. W. Apple & L. Weis (Eds.), *Ideology and practice in schooling*. Philadelphia: Temple University Press.

Everhart, R. B. (1983b). *Reading, writing, and resistance: Adolescence and labor in a junior high school*. Boston: Routledge & Kegan Paul.

Everhart, R. B. (2006). Why are schools always begging for money? *The Phi Delta Kappan, 88*(1), 70-75.

Willis, P. E. (1981). *Learning to labor: How working class kids get working class jobs* (Morningside Ed.). New York: Columbia University Press.

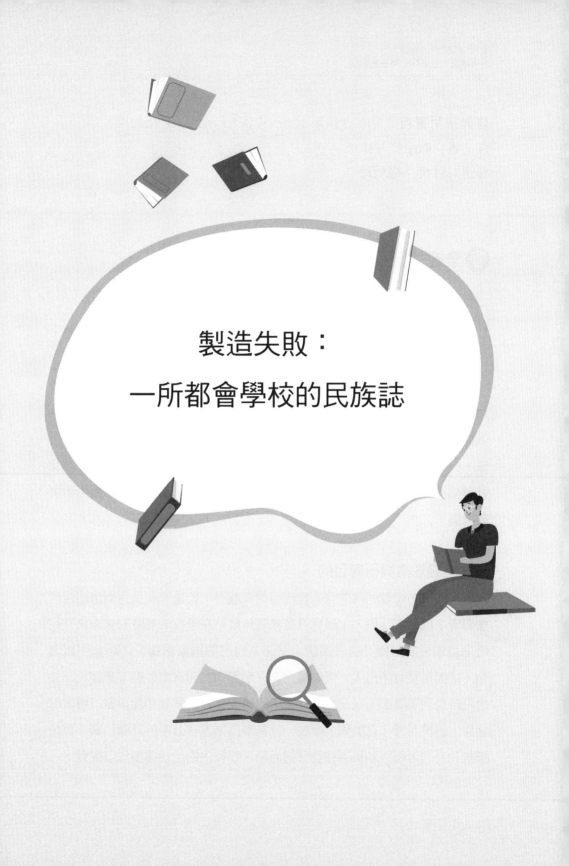

製造失敗：

一所都會學校的民族誌

經典研討書目：*The urban school: A factory for failure*

作　者：Ray C. Rist

導讀與評析：楊巧玲

壹　全書導覽

一、關於作者與本書

　　Ray C. Rist（1944- ），畢業自美國密蘇里州聖路易的華盛頓大學，於 1970 年取得人類學與社會學的聯合博士學位，本書改寫自其博士論文（*The socialization of the ghetto child into the urban school system*），於 1973 年由 MIT 出版，2002 年改由 Transaction 出版，本文以 2002 年版為依據。本書訴說一所學校中三群黑人兒童的故事，包括一些中產階級兒童、一群家長有工作但處於經濟邊緣的兒童、一群來自極端貧窮而且接受社會福利的家庭之兒童，同時本書也是一個關於美國價值與實際產生衝突的故事。

二、問題意識與研究目的

　　人們留在學校的時間隨著世代而越來越長，但是學校教育到底造成什麼影響？以兒童為例，上學究竟意味著什麼？在學校的經驗對其未來是有所助益或形成阻礙？儘管美國人常認為自己的國家很獨特，而且引以為傲，卻與現實有所出入，例如強調人人平等，然而貧富差距不斷擴大，社會階級是個顯著卻不被正視的存在。本研究旨在挑戰諸如此類難以根除的迷思。具體而言，在美國，學校一直被奉為平等與公平的社會引擎，但是學校教育的過程與結果卻往往背道而馳，學校內的生活需要加以揭露。

三、研究設計與實施方法

　　為了解學校中的實際生活如何形塑學生的生活與選擇，本研究採行田野工作的取徑，以密蘇里州聖路易市的一所學校做為場域。當初學區督學選五所學校給研究團隊，主要理由是這些學校先前較少研究者造訪。之後五所學校都被拜訪，團隊中的其他成員延伸觀察其餘四所學校，Rist 所選的這所學校的校長對他說，他很幸運，因為這所學校的教職員，尤其是幼兒園教師，就跟這個城市的任何學校的教師一樣。

　　從 1967 年 9 月到 1970 年 1 月，Rist 針對一群黑人學童以參與和非參與的方式，觀察其學校、家庭和同儕之經驗。詳而言之，整個 1967-1968 學年，他以非參與觀察者身分坐在那群就讀幼兒園大班的學童的教室中，每週至少兩次，當他們升上二年級的前半年（1969-1970），Rist 再度進教室。正式的教室觀察時間長短不一，短則 45 分鐘，長則達 3.5 小時，期間對課堂互動與活動持續記錄。在那群學童就讀一年級之際（1968-1969 學年），Rist 因到外地任教，無法實施正式觀察，只非正式造訪班級四次，一離開學校馬上寫下非正式觀察筆記。整個記錄過程不曾使用機器設備。

　　除了師生在課堂的活動，Rist 也觀察教師休息室的談話、親師協會例行月會、與學生一起去戶外教學、學校裡的特殊集會、學生醫療檢查、圖書館時間、語言治療師時間、中午遊戲區的休閒時間、不同課堂間學童在走廊移動、教師午餐時。整個研究期間，Rist 定期訪談教師與行政人員。此外，他還造訪一些學童的家庭，與他們的家長見面，和他們一起參與壘球賽、在鄰近的地方散步、看電視，讀書給他們聽，用車子載他們。至於是否筆記，則視觀察時的情況而定，一般而言，在課堂外但與學校相關的觀察，常無法筆記，例如戶外教學，Rist 常被賦予照顧男孩的責任，然而在親師協會的例行月會，通常可以筆記，至於家庭拜訪，唯一能做筆記的就是訪談家長時。

四、田野發現與立論主張

本研究的前提是要了解都會學校黑人學童的學業成功或失敗，必須超越個別教室的界線並檢視學校整體的社會與文化氛圍。Rist 認為關鍵在於黑人學生在學校裡被看待的方式必須有根本的改變，他們必須不再被視為需要被控制的族群，而是需要被教導、被尊重的個體。全書除了導論，共分六章，為了適配民族誌研究法，以下摘要儘量忠於原書架構。

（一）體制與學校

雖然 Rist 聚焦在幼兒園階段，但是基於「教室並不存在於社會、文化、或政治的真空」（頁 38）之前提，第一章先描述鉅觀系統，以便後續探討鉅觀系統對如教室這樣的微觀系統之影響。

1.就體制而言

Rist 首先言及人口組成劇變；就像一些美國北方的城市，聖路易市也經歷人口大幅減少，在 1950-1970 年 20 年間，從 85 萬降到 66 萬人，而且黑人已成新的多數，學校亦然；公立學校白人學生的比例從 78%降為36%，黑人學生則從 22%提升為 64%，在 1970 年之前，聖路易市黑人學生比例之高，居全國第五名。儘管如此，聖路易市仍然相當保守，整個學校系統的決策權還是集中在教育董事會手中，制定政策，任命督學，學校教師則致力於爭取自己的權益，家長也鮮少尋求管道參與子女教育，於是決策系統並未受到挑戰。最顯著的是，即使人口組成變化，而且美國最高法院已於 1954 年的 Brown v. Board of Education of Topeka 訴訟案做成判決，禁止公立學校種族隔離，但是聖路易市的學校因為強調「鄰近學校」（neighborhood school）的概念，於是無可避免地反映了社區中的種族隔離情況。

師資來源主要來自由體制運作的 Harris Teachers College，所有到聖路易市學校的教師的第一份教職，都由行政人員指派，決策單位大可創造種

族融合的師資結構，但是他們擔心若把白人教師派到黑人學校，白人教師將會轉向其他職務，為了確保更多白人教師任職，行政當局總讓新聘用的白人教師先被分到白人學校，接著新聘的黑人教師只能去有職缺的黑人學校。不過這種擔心未必符合事實，在 1965-1966 學年度開始之前，71 位白人畢業生中，28 位接受了全白人的學校、33 位在種族融合的學校、15 位在全黑人的學校；相對而言，90 位黑人畢業生，64 位在全黑人的學校、23 位在種族融合的學校、二位在全白人的學校。顯然地，行政當局只把最優秀的黑人師資分到全白人的學校，或讓全白人學校中的黑人教師數量保持最低。

至於師資培育階段的課程與目標又是如何？整體而言，Harris Teachers College 固守傳統的實務與價值，師資生在其中被社會化，做為未來的教師，他們不但被訓練去接受這個體制，也期望學生能適應學校的制度性安排，結果就是：學童被管理、設備被保存、記錄被完成。

2.就學校而言

田野工作的學校化名為 Attucks，位於黑人社區，在同個街道上有幾間小房子、兩棟燒毀的建築物、一家酒類商店、一個服務站，在鄰近處則有兩家位於角落的雜貨店、四間教堂、以及一家二手輪胎店，整個地區多為狹小的單親家庭住所和兩層樓的公寓建築。學校的種族組成反映了社區特色；共計略多於 900 位學生，清一色是黑人，所有教職員工亦然。

學校外觀在學期初比較引人，但隨著時間的推移，逐漸變差。根據 Rist 的「第一印象記錄」，走在教室廊道令他想起現代醫院，氣氛是冷淡的。與之相稱的是「失敗的意識形態」：極少學生可以在美國的社會成功，絕大多數都將失敗，主要的歸因則包括：雙親家庭很少、多數是貧窮的、缺乏家長關心、家裡沒有閱讀素材。另一方面，這樣的信念與預設其來有自，整個社會就是如此，教師為了得到某些成就，就聚焦於那些被認

為擁有潛力的個體，他們大多是因為種族隔離而被困在內城的中產階級黑人家庭小孩。

Attucks 是更大的官僚組織的一部分，除了一系列的正式法規，還會發展出非正式的常規與行為模式，例如校長與教師間就形成互惠的模式；校長要完成其任務有賴教師配合，而教師也仰賴校長管教學生。1967-68 和 1968-69 兩個學年度的校長 Mr. Miller 就是因為未能妥善管教學生，而被教師杯葛，1969 年 9 月 1 日起就換了另一位校長 Mr. Elder。這是因為聖路易市公立學校體制的正式結構中設有一種機制，教師得以越級直接與學區層級的督學協商，最後是前校長被換到其他的學校。新任校長對學生的管教令教師很滿意，走廊的暴力行為明顯減少，但是教師在個別教室中仍會體罰。教師之間也發展出有關訊息交換的非正式常規，最必要交換的訊息是關於班級的組織或控制，包括管教的方法，但最常分享的是關於教室常規破壞者的資訊，不管是家長或學生。

（二）幼兒園：旅程的起始

第二章開始作者以厚描的手法呈現黑人學童進入公立學校機構的經歷。其實在美國的社會裡，幼兒園不被視為真的學校，而是為 4、5、6 歲的兒童做準備，使其可以參與未來十二年要投身其中的機構，因此幼兒園的目標主要在於培養兒童成為好學生的行為與態度。然而 Rist 發現幼兒園學童入學初始幾天的教室與學校生活幾乎就決定了個別學童的未來，而且這些決定大多是由教師根據與學童的學術潛能並無直接相關的訊息所做的判斷，包括家長到校幫孩子註冊時所填寫的各種資料，同時也有一份標準化的表單，上面列有父母的姓名、地址、職業、電話、緊急聯絡人、家庭醫師的姓名，還有一份 28 題的「行為問卷」（Behavioral Questionnaire），問卷頂端是一段全數用大寫字母的指導語：「你擔心你的孩子在下列任一面向的情形嗎？圈『是』或『否』」（頁 65），包括

尿床、吸吮拇指、害羞、憂鬱、浮躁、易怒、不服從或自私、說謊、排便問題等等。此外，在學年開始前兩天，教師也會從社工處得知班上哪些學生接受社福補助，如果學童來自社福家庭，這個事實會是永久記錄的一部分，成績單上也會用紅色印大寫 ADC（Aid for Dependent Children）。最後的訊息來源就是教師自己的經驗以及其他教師教過來自同一家庭的手足之經驗。

究竟這些黑人學童在幼兒園初始幾天經歷了些什麼？本章提供了鉅細靡遺的描述，包括第一天、第二天、第四天、第五天、第八天，尤以第八天最為關鍵。

第一天是勞動節[1]假期後第一個星期四。教室裡有兩位成人，幼兒園的教師 Mrs. Caplow、助手 Mrs. Samuels，在學童進入教室前，她們忙著各項準備，Rist 注意到整個教室裡沒有任何地方出現黑人的圖片。之後 Rist 開始描述進入教室的學童及其同行者：上午 8:20 第一位學童 Laura 和她的母親抵達教室，這位媽媽和 Mrs. Samuels 相互問候，並閒聊了起來，Laura 獨自站在教室中間。接著，一位約 12 歲大的男孩帶著妹妹進教室，Mrs. Samuels 問道為何媽媽沒幫妹妹註冊，男孩表示一無所知，Mrs. Caplow 和 Mrs. Samuels 討論之後，決定根據這位哥哥提供的有關妹妹的訊息協助註冊，Mrs. Caplow 問那男孩數個有關妹妹的問題，男孩回答後隨即離開，妹妹獨自站在那裡看著其他學童。就在 Mrs. Caplow 坐在她的辦公桌為進來的學童註冊時，Mrs. Samuels 理應陪伴已進班級的孩子，但 Laura 的媽媽一直和她講話，幾乎占掉剛開始的 40 分鐘。而那位由哥哥帶進來的女孩獨自坐在一桌，為時 50 分鐘，沒有任何教師與她說話，Rist 後來得知她叫 Lily。

1　美國的勞動節落在 9 月份第一個週末。

　　到了 9:30，教室中不再有任何家長，Mrs. Samuels 開始試圖建立規則，而 Lily 則繼續獨自坐著，已經超過一小時沒有任何人跟她說話。接著 Mrs. Samuels 帶著孩子圍成圓圈，開始玩 Simon Says 的遊戲，經過三次重複指令，她的語調顯示不悅，自己再度當起 Simon，藉此讓學童們回座。但也在那時候，Rist 觀察到一種後來持續一整年的師生互動模式，他稱之為「不按計畫的回應」（unprogrammed response），意指教師的回應完全脫離原先嘗試引導學童之脈絡；如 Mrs. Samuels 領著孩子回到他們被分配的座位，隨後宣布他們將要談談自己，她說：「當我問你們一個問題，你們可以舉手回答，如果不想舉手，可以點頭。」一個孩子回答：「摸我腳趾。」另一個孩子說：「我有一本筆記本。」第三個說：「我吃麥片當早餐。」Mrs. Samuels 迅速回應道：「不，聽我說！照我要求的去做。」接著她開始讀起一首關於身體各部位的詩。

　　第二天又有一些師生互動的模式浮現。首先是在非結構的活動，Mrs. Caplow 比較願意接受學童的自發性，一旦進入正式課堂，就傾向忽略學童的話語；其次是學生的表現不正確時，教師未加評論，這個模式在整年的其餘時間也很常見，相對而言，教師提供不正確訊息的現象也會出現，如 Mrs. Caplow 讀一本書名為《我今天去學校》的故事書給孩子聽，讀了幾頁之後，她讓全班看那本書的一幅圖，說道：「這班看起來就像我們班。」（頁 74）但那幅圖裡的學童全是白人，教師則是金髮、藍眼。

　　第四天從上午 8:25 到 10:15 這段作者在的期間，Mrs. Caplow 並未出現，也沒看到代課教師。根據 Rist 的紀錄，學童比先前他在場的兩天更為活潑、嘈雜，雖然各自選擇活動，但是可見性別區隔；男孩聚集在玩具區、女孩大多從事靜態活動。約莫到了 8:40，男孩變得更為活躍，拿著玩具卡車跑來跑去，打女孩後腦杓，女孩非常被動，既不防衛，也未反擊。此時，一年級的教師走進教室詢問 Mrs. Caplow 是否在場，學童和

Rist 都說她不在，一年級教師聳聳肩，以一種命令的口吻要求學童在等候
Mrs. Caplow 時保持安靜，隨後離去。接下來的 20 分鐘，教室裡充滿活動
和歡樂，女孩開始玩起扮家家酒遊戲，後來男孩開始從女孩處拿走盤子，
有個女孩奮力抵抗，此時一年級教師又進來，以相當諷刺的口吻問道：
「你們不知道男生玩男生的東西，女生玩女生的東西嗎？」（頁 76）

　　第五天仍呈現 Mrs. Caplow 的課堂言談與行為。Rist 從觀察中得知她
前一天並非整天缺席，而是在下課時間後回到班上，帶著學童認識校園並
去拜訪「學校的協助者」（school helpers）。第五天的課堂延續這個主
題，她拿著不同的學校協助者（如校長、醫生、護士、工友、教師、秘
書）的相片讓學童看，所有相片都是白人，而且多數是金髮，有個孩子表
示那張校長的相片和學校的校長不像，Mrs. Caplow 強調那的確是校長的
相片。另外，Rist 在這天捕捉到後來持續出現的一種教師的回應，他稱之
為「像幽靈的表現」（phantom performance）（頁 80），亦即教師提
問，學生沒有回應，但是教師繼續進行，彷彿學生已經回應。同時 Rist
也發現師生之間的語言使用模式：一群學生使用標準英語，一群學生使用
黑人英語，教師只會接受前者發出的評論，她常告訴幾位學生：他們不該
開口，直到他們學會如何正確說話。事實上，整年裡都可看到 Mrs.
Caplow 糾正使用黑人英語的學童的發音和文法，她和那群孩子的語言互
動逐漸減少，即使交談也都非常簡短。

　　值得注意的是，這天的呈現中也涉及較多 Mrs. Caplow 的教育理念：
如她在教室裡帶領學生禱告，Rist 詢問如此作為是否有違最高法院判決，
她回應道：「最高法院是說不能強迫孩子禱告。」（頁 80）Mrs. Caplow
繼續說明教學計劃，包括帶孩子去戶外教學，觀看葉子變色，教導安全守
則，討論交通號誌，學習與同儕一起玩，因為社會發展也很重要；Mrs.

Caplow 表示每天都教一個新觀念，讓孩子適應學校，但是她必須放慢
點，因為學生的注意力很短暫，而且舉止都很粗野。

到了第八天，師生之間各自發展出一種模式，成為例行，日復一日。
但在這天，發生兩個事件，值得記錄：到學校圖書館（第一次也是全年的
唯一）；建制永久座位。

1.圖書館員 Mrs. Spring 和學童的互動模式，與 Mrs. Caplow 類似；不
按計畫的回應、像幽靈的表現。

2.建制永久座位：前七天學童可自由選擇座位，到第八天由 Mrs.
Caplow 分配，依據是她對學童的特質與能力的直覺認知，主要來源就是
前文所提及的項目，以及七天以來她對學童的觀察，包括：(1)外觀（服
裝、體味、膚色、頭髮）：如第一桌學童的衣著都很潔淨、另外兩桌學童
的則顯得老舊甚至骯髒，第三桌學童的膚色都比第一桌的還深；(2)互動
行為：學童之間逐漸出現領袖，他們都被安排在第一桌，而這些學童常圍
在 Mrs. Caplow 身邊，其餘兩桌學童則多處於邊緣；(3)語言使用：第一桌
學童經常與 Mrs. Caplow 說話，另兩桌的學童很少如此，且前者嫻熟標準
英語，後者常以黑人方言回應；(4)社經背景：在座位排定前，Mrs.
Caplow 就已知道學童家庭社經背景的訊息，Rist 提及雖然他無從得知這
些訊息如何決定座位安排，但是從不同桌別的學童組成來看，社經因素一
定有所影響，如第一桌的學童家庭收入較多、父母教育程度較高、雙親家
庭比例較高、子女數目較少。

Mrs. Caplow 告訴 Rist 第一桌是由快速的學習者（fast learners）所組
成，而另兩桌則是緩慢的學習者（slow learners）。前者被期待成功，後
者被期待失敗，更重要的是，座位安排不僅止於座位，也決定了剩下來的
日子學童所得到的差別對待。

（三）第三章：幼兒園的三個季節

　　本章的呈現方式仍是非常民族誌式的，亦即詳述厚描，占全書將近三分之一的篇幅（頁 100-179），聚焦於學童在幼兒園這一年所經歷的社會組織模式與社會化的過程。整章依照季節分成三個節次，因為 Mrs. Caplow 的考量是每個季節都有兩項重要節日：秋季是 Halloween 和 Thanksgiving，冬季是 Christmas 和 Valentine's Day，春季則是 Easter 和 May Day。Rist 指出從秋天到冬天到春天，教室活動的例行性、模式和可預期性大致穩定，只有少數例外，他還指出所描述的雖是片段的教室生活，但仍精準地建構出一位教師與其學生如何度過一年，有些細節刻意重複是為了傳達學童本身所經歷的重複性。

　　1. 秋季這個節次裡包含了 14 天的紀錄，最短間隔一天（如 10/26, 10/27），最長間隔 12 天（如 11/9, 11/21）。

　　Rist 認為在幼兒園的教室裡，學童同時積極參與兩個彼此交織的過程：決定身分與評估價值；在 Attucks，兒童很早就習得黑人比白人次等，幼兒園教室總是出現白人的圖片，且被引介為校長、護士、圖書館員，不符學童所認知的事實。在師生互動方面，Rist 再度捕捉「像幽靈的表現」的場景；語言教師 Miss Allen 要求學生朗誦一首詩，沒有任何學童發出聲音，她的回應是：「好，很好，我們下星期再做一次。」（頁107）秩序的強調也頻頻出現，如當學童彼此低聲交談，Mrs. Caplow 就說：「我們來看看今天誰可以很安靜？保持安靜的人才是聰明的。」（頁105）

　　在教學內容方面，Rist 觀察到 Mrs. Caplow 的中產階級預設。如教導萬聖節時使用許多中產階級兒童所熟悉的角色，但來自黑人貧民窟的兒童未必有所接觸；又如在引介「家庭」這個單元時，問及家庭成員，一位名叫 Mike 的學童回答：「我媽媽、我姊妹。」Mrs. Caplow 回應道：「是

的。媽媽、爸爸、兄弟、姊妹，甚至寵物，組成我們的家庭。」（頁
122）Rist 認為 Mrs. Caplow 意圖告訴孩子，家庭不僅由母親和小孩組
成，還包括爸爸、兄弟與寵物，但這個 30 人的班級裡有 19 位學童的家庭
的確只有母親和小孩，而在後續的課堂談論家庭成員分工時，Mrs.
Caplow 再度強調父親必須外出工作賺錢才能養家。另一方面，在與 Rist
的非正式對談中，Mrs. Caplow 多次抱怨家長對孩子和學校的活動缺乏興
趣、極少參與，使她總得從零開始教導，因為父母沒有任何作為。然而她
也表示喜歡教幼兒園，因為可以及早教育、看到孩子成長，並鼓勵 Rist
進行整年的觀察以發覺孩子的改變。

在教學方法方面，Rist 注意到一項顯著的改變，從 10 月 17 日那天
起，班級裡學童的社會組織有所不同；Mrs. Caplow 不再對全班進行教
學，而是分成兩組，一組由第一桌學童組成，另一組由其餘兩桌學童組
成。無論是閱讀、算數或發音，都是分組教學，而且教導第一桌那一組所
花的時間是另一組的二到三倍，最後兩桌的學童常被用來做為教導第一桌
學童的「替代道具」，如要對第一桌學童說明「加」的概念時，就讓其餘
兩桌學童到教室前充當「數字」，設計加法問題讓第一桌學童解題。也在
這一天，Rist 觀察到兩起第一桌學童輕視或嘲諷其餘兩桌學童的事件；其
中之一是坐在第一桌的 David 走到 Rist 的座位旁要他看坐在第三桌的 Lily
的鞋子，因為她的鞋子既舊又髒。

2. 冬季這個節次包含八天（12 月一天、1 月兩天、2 月五天）的田野
筆記，也是 Rist 的觀察焦點轉移之際。

從耶誕假期後，Rist 的觀察焦點不再是教師，而是四位學童的行為與
活動。Mrs. Caplow 應 Rist 的要求於 10 月 17 日那天選出四位學童，表現
好的是第一桌的 Laura 和 Frank，表現差的是第三桌的 Lilly 和 LeRoy，自
此 Rist 開始定期造訪他們的家，以理解學校和家庭如何交互作用影響孩

子的學習與表現。為了脈絡化四位學童的教育經驗，Rist 分別簡述四位學
童的住家與家人。

　　Laura 是家中唯一的小孩，雙親都有工作，都是高中畢業，母親有些
大學經驗，他們住在一棟四房的公寓裡，雖然小但很清潔，設備是新的，
父母一直提及想要搬到郊區，但在本研究的三年期間並未實現。Laura 的
床就在父母房裡，床的上方是布告欄，擺放學校文件，客廳有張小桌及各
項學用品專供 Laura 使用，父母也買給她一些教育的玩具和材料。Frank
的家庭背景和 Laura 相似，不同之處在於母親和外祖母都是大學畢業，一
起住在一棟七房的屋子，裝潢精美，家具看來昂貴，家裡井然有序，他的
父母也提及要搬離，在幼兒園那年結束時，Frank 和家人搬到郊區一個更
寬敞的家；而在市區的家，Frank 有自己的房間，堆了各式物品，諸如模
型飛機、卡車、手提電視、唱機、無數的書、一套百科全書、一大箱的玩
具，還有一個充滿各式文具的小架子。

　　Lilly 是家裡 11 個小孩其中之一，和媽媽以及兄弟姊妹依賴公共福利
金過活，母親沒工作，在美國南部鄉村地區完成小學四年級學業，8 歲時
輟學到棉花田工作，10 年前才搬到聖路易市。Lilly 的居住條件極差，亟
待修繕，冬天沒有暖氣，而那是向社工租來的，母親每個月拿到 330 元美
金，其中 150 元要付房租。Lilly 睡在改裝的廚房樓上，與三個姊妹共用一
張床，她的衣物堆在一個角落的地上，家裡看不到任何 Lilly 和其他手足
的學用品，遑論書籍、玩具。LeRoy 的家也靠公共福利金支持，共有六個
小孩，包括一個耶誕節前才出生的寶寶，媽媽在聖路易市公立學校讀完八
年級，中輟以幫忙家計，19 歲結婚。這家人住在五房的公寓，乾淨且有
暖氣，設備雖然不新，但是狀況良好，舅舅住在附近，替代父親的角色。
LeRoy 和唯一的兄弟共用一房與床，學用品在一個角落，也有些許玩具和
書，家裡訂閱黑人報紙。

　　接著 Rist 以「贏家與魯蛇的課室經驗」為標題分日書寫。就「贏家」而言，課堂往往是展現的機會與舞台，以每日例行的「講故事秀圖片」（show and tell）活動為例，幾乎都以第一桌的學童為主；Rist 觀察到 Laura 和 Frank 上台分享後，不只獲得 Mrs. Caplow 的讚賞，而且她經常會與他們交談以鼓勵他們對著全班講話，同時也強化他們的學術能力。這樣的機會與舞台延伸到教室之外，在一次當地農場戶外教學前，Mrs. Caplow 任命 Frank 為「警長」，要他監督並確保人人都排隊，但她漠視 Frank 為了讓同學服從指令而推、擠、踢一些同學的行為，當一位第三桌的男生回推 Frank 時，Mrs. Caplow 嚴加指責並威脅不帶他去農場，後來的戶外教學都由第一桌的男孩擔任「警長」一職。

　　在學習內容與進度方面，贏家與魯蛇的差距越來越大；前曾述及，Mrs. Caplow 從 10 月中採行分組教學，隨著時間分配落差的累積，到 2 月第一週時，Rist 發現第一桌的學童大約已領先兩週半，而且兩種互動模式明顯可見：其一是當學生集合時，教師只問第一桌學童問題，而那些問題多半與所教課程主題有關，但另兩桌學童尚未觸及；其二是其餘兩桌學童採行因應之道，當 Mrs. Caplow 對著第一桌教學時，其餘兩桌學童試著聽講，進行 Rist 所謂「二手學習」（secondary learning）（頁 148）。

　　在這季裡，Mrs. Caplow 常和 Rist 聊學童的家庭狀況，有一次她提到：「這麼多年來其他老師也知道，無論教室發生什麼，家庭才真正影響孩子的學習，你可以有世界上最好的老師，但是假如家庭生活貧困，孩子無法學習任何東西。」（頁 142）另一次她詢問 Rist 是否留意到 Lilly 或 LeRoy 的家庭有所不同，因為她發現這兩個孩子比耶誕節前的穿著更邋遢、更骯髒，尤其 Lilly 身上一直有尿騷味，頭髮好幾天都沒梳，她表示不了解班上大多數孩子的家的情形，只曾造訪 Frank 的家。

3. 春季這個節次也詳載八天（3 月二天、4 月三天、5 月一天、6 月二天）的田野筆記。

整個班級的運作至此已經例行化，從秋天就建立的社會組織模式也持續。大致來說，每天始於一項開場活動，之後 Mrs. Caplow 要求學童到鋼琴椅旁並圍成半圈，以討論當季的主題，如春天的主題是關於花園、植物。當學童自行成組時，Laura 和 Frank 就會在最前面，幾乎要碰到鋼琴椅，Lilly 大約在中間，和 Susan 牽著手，LeRoy 則在邊緣，隔壁是 John，而 Laura 和 Frank 總會積極地向 Mrs. Caplow 表示「有東西要分享」，她也往往給予機會，接著帶領學童做其他的活動，結束後讓學童觀看與主題相關的電視影片，看完節目，學童排隊準備如廁。

Rsit 在 3 月 8 日記錄到一個特殊現象，Mrs. Caplow 讓 LeRoy 到圓圈的中央領導學童進行名叫「每個人都這麼做」的遊戲，每個人都模仿其動作。遊戲到了尾聲，Mrs. Caplow 告訴學童接下來看電視，LeRoy 去關燈，節目結束，他又開燈。Rist 注意到 LeRoy 在遊戲中顯得很高興，搖擺手臂時伴隨著笑容，他的積極參與還展現在負責電燈開關，這個行為的特殊處在於，自耶誕節以來，都由坐第一桌的學童負責開關，而這也是整年來 Rist 首次觀察到 LeRoy 在教室活動中成為焦點。

除了例行的時間表，也有偶發事務，如 3 月 28 日一位八年級男生到教室轉達九位學童要接受醫療檢查，Mrs. Caplow 告訴 Rist 這已是第二組，其中包括 Laura、Frank 和 LeRoy。她把九位學童的醫療記錄都給 Laura，要她拿給護士，並要 Frank 帶隊，Rist 隨行，和 LeRoy 一起走；4 月 16 日來了一位實習教師 Miss Brush，Mrs. Caplow 向大家介紹後，告訴 Rist 她要讓 Miss Brush 按她的計畫帶整堂課，只要讀故事書、讓孩子們著色，因為她要為當天晚上的活動再度整理教室。然而實習教師無法掌控秩

序，Mrs. Caplow 只好接手進行下一個教學活動，一如以往，第三桌學童看不到她在黑板上所寫的。

4 月 22 日那天起 Rist 更仔細地觀察四位學童，每一位約維持 10 至 20 分鐘，忽略教師與其餘的學童，除非他們接觸被密集觀察的個別學童。歸納幾天的密集觀察結果，Rist 得到一些暫時的結論：每位學童都在調適教室環境，一般而言，第一桌學童 Frank 和 Laura 所展現的行為模式不會出現在第三桌學童 LeRoy 和 Lilly 身上，反之亦然。對前者而言，教室是不需恐懼之處，他們常被容許自由移動、被當作全班的榜樣，他們懂得如何和成人打交道、不遵守規定或要求；而後者的行為模式則很不一樣，在活動時位居邊緣、少與成人互動、和同桌的其他學童常在一起。不過 Rist 宣稱，在家裡時 Lilly 和 LeRoy 都表示喜歡學校和教師，提到一些課堂活動和同學時顯得興奮、愉快。

4 月 24 日 Mrs. Caplow 發給學童「進步報告」（Progress Reports），在每十週結束之際提供家長了解子女的學習情形及有待改進之處，評量規準共 15 項，如第 1 項：我和別人一起工作和玩耍，教師給的成績包括 Y（是）、S（有時候）、N（否），Frank 和 Laura 全是 Y，因而得到金色星星；Laura 因為全勤還拿到藍的星星，教師給予非常正面的評語；而 Frank 的媽媽也回以文字；LeRoy 有 11 項 Y、四項 S，Lilly 則有 12 項 Y、三項 S，評語是「需要協助、鼓勵」，兩位學童的家長沒回應。6 月 13 日學生不用到校，教師準備正式成績報告，Frank 和 Laura 仍全是 Y，仍得到正向評語，Lilly 的與「進步報告」完全相同，LeRoy 則顯得退步了，八項 Y、七項 S，評語是：LeRoy 需要更多準備，請持續提供可能的協助。

此外，Mrs. Caplow 拿到智力測驗成績：Frank 120、Laura 111、Lilly 82、LeRoy 78，Rist 認為得分的差異至少有三種可能：教師差別對待的結

果，證實了自我實現預言；測驗本身對中產階級孩子的知識與經驗較有利；分類並非完全主觀，而是依據 19 年的教學經驗，只是並非所有第一桌學童的得分都比其餘兩桌學童還高。當 Mrs. Caplow 把所有學童的成績都唸一遍後，Rist 提問並與之討論，她的想法主要是：教學的影響不大，有些人就是低成就者，有些人非語言部分的成績高於語言部分，應該是環境中語言刺激太少，父母不夠關心，而孩子通常不會比父母好到哪裡。最後 Rist 向 Mrs. Caplow 道謝並告別，她回道：「當你發現這些孩子如何學習的秘密時，請讓我第一個知道。」（頁 179）

（四）第四章：模式持續的一年級

Rist 四次非正式地造訪一年級的教室。這班共有 33 人，18 位來自幼兒園班、九位留級生、六位新生；18 位之中，七位來自前年的第一桌，六位來自第二桌，五位來自第三桌，Laura 和 Lilly 在其中。一年級教師是 Mrs. Logan，她把學生分成三組，A 桌、B 桌、C 桌。A 桌學生在幼兒園時都坐第一桌，幼兒園時坐第二、三桌的學童都在 B 桌（只有一位例外），C 桌的學生包括九位留級生和 Susan（幼兒園時坐第三桌）；至於六位新生，二人在 A 桌，其餘四人在 C 桌。Mrs. Logan 的座位安排邏輯與 Mrs. Caplow 的相同，於是在幼兒園階段憑著教師所定義的哪些孩子具備或缺乏在學校成功的特質所做的座位安排，到一年級幾乎成為無法向上流動的種姓制度（caste system）。更重要的是，一年級教師不必再依賴行為或態度的特質之出現與否，而可根據幼兒園教師留下的指認學童準備度的「客觀記錄」進行分組。

（五）第五章：增加標籤的二年級

幼兒園那班的學童持續在 Attucks 並有所表現的人數隨著年級的增加而萎縮。幼兒園那班的 30 人中 18 人在 Mrs. Logan 的一年級班級，到了 Mrs. Benson 的二年級班級只有 10 人，另外八人中三人留級、五人離開學區，Laura 和 Lilly 在 Mrs. Benson 的班，LeRoy 不在。

　　本章仍然始於開學的第一天，9 月 4 日，Rist 以 The First Days 為次標，描述教室中的物理情境以及師生互動，他觀察到一個模式：當 Mrs. Benson 管教學生時，使用黑人英語，當她獎勵或只給訊息、提供指導時，使用標準英語。另一個模式是他在幼兒園的班級觀察到的，在二年級的班級裡的第一個小時再度出現，亦即教師沒有指正不正確的回應。9 月 5 日，Rist 觀察到 Mrs. Benson 的一種教學行為後來成為班級例行活動，亦即有關學業方面的指導都重複三至五次。

　　上課的第三天，9 月 8 日，當 Mrs. Benson 建制永久的座位安排，教室組織隨之浮現；全班分成三組：一年級 A 桌的成員除了 David 和 Anne 之外，全部坐在教室左邊，一年級 B 桌和 C 桌的成員與 A 桌的 David 和 Anne 坐在教室的後方，兩位 B 桌的成員以及六位留級者、二位復學者坐在教室的右邊。Rist 詢問她為什麼 David 和 Anne 分在中間組別，她回答：這樣那組才有人能正確回答。換言之，當學童升到二年級，座位安排似乎不再是根據教師對其表現的期望，而是根據過去的表現，因為當 Rist 詢問 Mrs. Benson 最關鍵的分組考量為何，她表示是依據一年級的閱讀成績，教室左邊是「最高分」、教室後方是「中等的」、教室右邊是「最低分」。至此可歸納出：分組基本上都與前一年相同，B 桌和 C 桌的學生未能提升到「最高分」組別，每一年會流動的是坐在能力最低的組別的學生，因為每年都會出現一個被視為能力最低也最沒潛力的新組別，一年級的 C 桌和二年級的「最低分組」。也在 9 月 8 日這天，Rist 記錄了 Mrs. Benson 開始考慮為某些學生進行特殊教育安置，根據的是學生資料中的 IQ 成績，如 Nick 的 IQ 分數 60，心智年齡 4.8、生理年齡 7.9，但是 Mrs. Benson 的另一位人選 Curt，學校尚未提供資料，兩週後才得知他的 IQ 成績 121。

Rist 繼續呈現五天（都在 9 月）的師生互動與教室活動細節，發現學生進出班級的情況持續著，9 月 11 日那天班上變成 31 位學童，也在那天，Rist 再度見證 Mrs. Benson 重複指令三次，然後她走到 Rist 座位旁嘆一口氣，說道：「你知道的，只是要讓這些孩子把名字寫在紙上就要花上整天的時間，他們的學習速度是如此緩慢！」（頁 201）9 月 22 日那天，Rist 指出一個在幼兒園班級中時就出現的現象，到了二年級時更加明顯，就是教師與課堂持續性地被打斷，總有人為了各種理由而走進教室，在當天觀察的前 20 分鐘裡，就有六次打斷。

逐漸地，贏家與魯蛇正式化。Rist 做了 11 次的圖書館時間的觀察，每星期半小時，他在 9 月 29 日這天更詳細地描述，並指其具有代表性；圖書館員 Mrs. Spring 總是要求學生安靜，在門口重複說：注意你們的嘴巴，其中有個片段，她問 Audrey 書在哪裡，Audrey 回答書在家裡，Mrs. Spring 開始對著孩子吼叫：「妳是哪裡不對勁？妳都記不住任何事情嗎？妳媽媽是哪裡不對勁？她也記不得任何事情嗎？為什麼妳不帶來妳的書？妳是打算怎樣？把我圖書館的書全部弄丟嗎？妳想讓整個圖書室難堪嗎？」（頁 211）

也是在 9 月 29 日這一天，Mrs. Benson 正式為三組命名：老虎（Tigers）、紅冠鳥（Cardinals）、小丑（Clowns）。10 月 6 日這天，Mrs. Benson 只對老虎組進行教學，因為她認為其他學生都還沒準備好；起因是這班有項例行活動，每週兩次，學生要把所有作業、文件帶回家，10 月 3 日週五那天 Mrs. Benson 提醒學生一定要把所有資料帶回去給媽媽，但是 10 月 6 日週一可以看出有些學生似乎誤解這個指令，應該也可以說是教師的指令不夠清楚，教師要學生帶回去的是已經批改過的，但是小丑那組很多學生是把所有的資料都帶回家了，以致當天上課沒有資料可用，其中一位男童說他在回家路上遺失，Mrs. Benson 非常生氣地說：

「好，你們都還沒準備好！你們之中沒一個是準備好的，你們最好全部在今天晚上找到那些資料，明天帶來打成績。今天我們不能讀，因為你們還沒準備就緒，我要到老虎組那邊和他們一起讀。老虎們，把你們的筆記本拿出來，老虎們有他們的功課，我要去那裡跟他們一起工作。」（頁213）接下來的 25 分鐘小丑組的成員看著 Mrs. Benson 教導老虎組，或把頭放在手臂上，後來幾個孩子開始塗色，那是 Lou 從家裡帶來的，他撕下幾頁與小丑組的其他成員分享。

為了更了解 Mrs. Benson 對班級、學生、教師角色的認知，Rist 在 10月的兩週進行四次訪談，其中有些 Rist 認為很有啟示，加以呈現；例如 Rist 問她「文化剝奪」是否適用於二年級這一班的任何學生？她回答那是肯定的，因為多數孩子的家庭沒有錢、沒有時間或沒有興趣帶孩子出去一些地方、與他們做一些活動，老虎組的孩子例外。其實從言談間也反映了 Mrs. Benson 對不同組別的學生持有不同期待；她向 Rist 表示老虎組的學生對未來有目標，大部分都想上大學，紅冠鳥組對教育的興趣不如老虎組，但大部分仍會繼續學業甚至上大學，只是父母未必支持，至於小丑組，教育對他們的意義不大，有些人再努力也沒辦法前進，有些很可能會中輟。

接著 Rist 繼續呈現從萬聖節到耶誕節教室中的情況（10 月一天、11月四天、12 月二天），期間 Rist 又觀察到 Mrs. Benson 常花時間對老虎組和紅冠鳥組進行教學，而給小丑組非學術性的作業。11 月中旬則是「進步報告」發與收的時節，Rist 發現代表學業表現優良的金色星星都給含 Laura 在內的老虎組學生，紅冠鳥組只有被 Mrs. Benson 特別分到該組的 David 和 Anne 收到，小丑組則無人獲得。也在這個期間，Rist 記錄到 Lilly 的課堂參與；一般而言，被分在紅冠鳥組的她常默默複誦 Mrs. Benson 所教導的，很少舉手回答問題，但當提問是在她的經驗範圍之

內，Lilly 想回應的動機很強，這從她在椅子上半站起來並揮著手希望被 Mrs. Benson 叫到可以看出。

（六）第六章：貧窮的孩子和公立學校

Rist 在本章提出結論與建議。根據長期而密集的田野研究，他發現了一個緊密聯繫的制度安排模式，從鉅觀的學校體系，到單一學校的社會文化氛圍，到教室裡個別教師使用的各種分流方法，體現在老虎組與其餘兩組學生的對比經驗；換言之，聖路易市教育系統各層次所共享的態度、預設、價值，使作為一種制度的學校維繫了不平等。

1.在 Attucks 的教與學

本研究發現教師的預設轉化成對個別學生的期望，進而形成差別對待，而影響教師的預設與期望的最關鍵因素是學生的社經背景；當 Mrs. Caplow 在開學第八天進行永久的座位安排，並無正式的學術能力或認知發展的測量協助其判斷，而是根據學童到校時的外觀、氣味、言談、舉止，是否來自結構完整的中產階級家庭屬性。

這種班級內的分流系統導致師生互動模式有所不同，結果是學生展現的某些初始行為樣態在教師的增強下，逐漸變成恆久的行為模式。具體而言，教師花費較多時間針對被賦予高期望的學生進行教學，有較多的語言交流，那些學生因知覺到語言表達是教師欣賞的能力而持續整學年，這又強化教師對他們的關注；相對而言，教師對被賦予低期望的學生花較少時間教學，較少語言交流，鮮少支持與鼓勵，常使用控制或排除的技巧，最終這群學生逐漸從課堂抽離。值得注意的是，在兩年半期間，被賦予高期望的組別地位十分穩固。

從另一個觀點來看，Attucks 的教師會在班級中進行分流並非因為她們認為學生差異很大，而是因為深諳整個黑人社區的條件將阻礙中產階級

生活形態的發展，為了「拯救」那些她們認為有可能成功（即使機會渺茫）的小孩，於是將之與被視為必然失敗者加以隔離。事實上，就有一位教師明言這所學校的學生可以分成兩種，「流有學校的血」（school blood）與「流有街頭的血」（street blood）（頁 245）。這種隔離形成的後果之一是，每組學生開始模仿教師對待其他組別的方式，被分在能力高的組別的學生跟著教師嘲諷、貶抑低成就者，甚至施加肢體凌虐、社交排斥，低成就組的學生則對高成就者展現尊敬與被動，幾乎未見他們反擊。於是中產階級學生很早就習得如何處理低下階級者，而低下階級的學生也學著如何敷衍，教室儼然成為廣大社會的縮影，文化價值被傳遞並運行，進而合理化鞏固不平等的態度與預設。

最後 Rist 下了結論：教師在建置並維繫教室隔離系統扮演重大角色，後果之一是自己處於矛盾的位置；一方面她們認為教師的職責在於協助學生學習，另一方面她們妨礙了某些學生的學習機會。而要讓教師與整個教育體系跳脫這個兩難情境，就是假設她們已經盡力而為，該譴責的是學生個別的缺陷、家長的失職、社區的惡化。Rist 的確也發現教師對不同組別的學生用了相當的讚賞與獎勵（如二年級教師 Mrs. Benson）、學生確實存在先天與後天及二者交互作用後的差異、進行有效教學培養學生能力，但是問題在於對「低成就組」表現較多控制導向的行為已有效瓦解其積極學習的動力，把初始的差異變成永久的並視為無可避免，只有被期望可能成功的學生能習得重要的能力，加總後就持續強化自我實現預言。

2.可以做些什麼？反思政策、優先順位與選項

在這節次，Rist 率先提出一個前提：為兒童的權利與自由而倡議凌駕合理化或維持與其生活息息相關的教育制度之需求。隨後提出三項主張，做為評鑑各項政策與方案的脈絡性參考：首先是儘管有人認為學校應廢除，但是公立學校及其官僚組織仍會持續存在，所以問題不在於學校是否

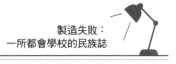

將萎縮，而是學校在服務誰？其次是學校並非創造不平等，而是予以合理化，就像在 Attucks 所發現的，如 Laura 和 Lilly 到學校時的不平等，透過學校教育得以強化。第三是在學校內的改革對於存在學校之外的不平等的效果很有限，若要降低美國社會的不平等，需要的是直接面對並處理，而非透過修補學校制度企圖改善。

最後 Rist 從上述三項主張延伸出幾點啟示：首先是不要再相信學校是一個「偉大的平等器」（great equalizer），可以提供每個人一樣的流動機會，而是要認清學校如何增強社會階級差異並固守現有的安排。其次，學校的組織可以嘗試不要惡化社會中的不平等，雖然學校可能很難克服經濟上與政治上的不平等，但是可以棄守合理化的功能。第三，開始思考學校本身的目的，而非為了發揮什麼功能，例如我們該問孩子在學校的時間要如何組織才能極大化其獲益。詳而言之，設定務實的目標，如果一個人被迫上學 12 年，學校就有責任達成使命，確保孩子學習閱讀、書寫、拼字、算數，即使學校無法改變社會中的職業層級，但它們被期待能讓低社經背景的孩子像高社經背景的孩子一般讀一本書。簡而言之，致力於言行的一致。

貳 重點評析

一、所採行的理論觀點

全書並未明言所採理論觀點，但從問題意識不難推測作者的核心關懷：學校教育的目的與功能為何？事實上這可謂教育學領域的恆久論辯，而 Rist 則以其學術背景之一的社會學觀點，探究學童進入學校機構後的經歷對其未來人生有何影響，結果發現學校的主要工作是透過測量與標籤學生以達成選擇與認證的任務，社會化代理人只是次要職責。若是僅止於

此，本研究堪稱結構功能學派主張的註腳，學校教育就像其他的社會子系統，發揮功能，維持穩定，但是 Rist 藉由揭露美國人不願面對的事實：學校發揮的功能是維持既有的不公平，戳破學校被視為「平等引擎」的迷思。如此一來，本研究較接近衝突學派，指陳做為社會體制一部分的學校系統鞏固了社會中不對等的權力關係，特別是美國的種族主義、階級複製，拆穿結構功能論者所宣稱的人盡其才、功績主義、教育機會均等的修辭與承諾。

值得一提的是，在「交織性」（intersectionality）這個概念尚未受到重視之際，Rist 就指出都會教育中能見度極高的諸多議題，如暴力、藥物濫用、學業失敗、基礎建設崩壞等，乃肇因於階級與種族兩大因素，然而他選擇聚焦於學校如何強化社會階級，因為當時聖路易市無論在教室、學校或鄰近社區都是單一種族，結果發現社會階級差異不只極為明顯，也形塑了兒童的學校經驗，社會階級與學術分流密切相關，深刻地左右了他們現在與未來在學校場域被對待的方式，「工廠」一詞則是 Rist 故意用以譬喻學校例行化確保窮人失敗的程序。儘管如此，他並非意圖主張階級比種族重要，事實上其田野發現使他無法迴避同時討論，並正視二者交互作用產生的強大影響。

二、方法論與研究倫理[2]

基於另一學術背景人類學的訓練，Rist 認為要了解學校藉由怎樣的過程創造出贏家與魯蛇，有必要讓研究者成為學校與教室的一部分，而這也是 1960 年代一些社會科學家的普遍信念：要了解社會問題，需要第一手的經驗與觀察，與當時做為主流的大型調查研究分庭抗禮，量化／質性

2　Rist 在 2002 年版新增了一篇導論，題為 Class, color, and continuity in American education(pp. xi-xxii)，此處參照該文所提供的資訊。

的論辯正浮出檯面。採用來自人類學與社會學的田野方法所做成的研究已成經典，對象都是社會底層，資助者主要是三個美國聯邦組織：國家心理健康研究所（National Institute of Mental Health, NIMH）、經濟機會辦公室（Office of Economic Opportunity, OEO）以及健康、教育與福利部（Department of Health, Education, and Welfare, HEW），公共教育也被納入。已有研究把學校系統描繪成扼殺學生的劊子手，而教師則是對窮人進行社會控制的代理人，而此更激發後續研究者對學生在學校裡的經歷之興趣，尤其是在都會學校裡的學生，本研究即其一。本研究獲得 HEW 三年經費補助，主持人是文化人類學家 Jules Henry，連 Rist 在內共四位研究生花三年的時間，詳細記錄黑人學生在聖路易市學校系統的社會化歷程。

Rist 表示從一開始 Henry 就指導他們採行密集的田野觀察／民族誌方法論，每週要做 15 小時，在學校和教室或是學生的家，每次都要有翔實的筆記據以編碼，編碼系統是由研究團隊逐步發展而來；也就是說，經由觀察在自然情境的行為，本研究完全依賴對質性資料的系統性蒐集。Rist 認為 30 年後觀之，這個方法仍然恰當，而且比起 1960 年代以田野工作為基礎的研究更普及，並被廣泛應用於其他學門領域。

另一方面，Rist 懷疑當今的研究環境是否容許這樣的研究？首先是有關守門的問題：當時的守門功能較粗糙，在大學端並未設置倫理審查機制，學校體系也無把關設計，計畫主持人只取得學區副督學的同意就啟動研究，未曾徵詢學生、家長、教師與行政人員的參與意願。研究者在開學第一天到學校，並被帶到可以開始觀察的幼兒園班級，且在三年研究期間，未經監督。其次是研究團隊的種族問題：四位研究生中有三位白人，研究主持人也是。雖然 Rist 回顧研究期間從未感到不受歡迎，甚至第三年時還被詢問是否加入親師會委員會，因為先前的兩年他幾乎未曾缺席，

但是如今種族關係更為複雜，Rist 不確定一個白人研究生在一所全黑人的
小學會發現什麼，而大學或學區的審查委員會會如何回應這樣的研究計
畫，事實上他找不到類似的研究。最後是有關政治的修辭與意識形態的問
題：如何研究少數種族的都會教育才是政治正確的？30 年前本研究採取
相當直接了當的取徑，指陳都會學校大大地欺騙了少數種族學生，亟需改
善，如今組織的守門功能更細緻，公立學校和大學都建置完整部門處理公
關事務，是否容許一個白人到 100%由黑人組成的內城學校進行民族誌的
研究？其分析又是否能被接受？都是未定之數。

參 反思啟示

一、教育研究方面

以謝國雄（2007）所稱「四位一體」來看，本研究的基本議題、技
法、認識論、存在論都能適配契合，值得借鏡。簡而言之，基於探究學校
是否公平對待所有學童這個初始謎題，Rist 進入田野，在教室和學校密集
觀察，並延伸到學童家庭，得以蒐集並累積厚實的資料；加入當時社會科
學的認識論運動，挑戰主流的調查研究或實驗設計，深入學校教育現場，
了解行動者包括師生認識世界的方式，運用人類學與社會學的雙重學術訓
練，檢視終極關懷：美國社會的階層化以及學校教育在其中的作用。

儘管如此，就像其他的批判民族誌，本研究也難免「受理論驅使」的
質疑，亦即雖然民族誌研究可望掀開學校這個黑盒子，但是若研究者持既
定的理論觀點進入田野，可能形成偏見，有失客觀（Anderson, 1989）。
對此可做二點回應：其一是如果在田野時間夠久，可能有充分的資料來源
互相檢證，如 Rist 觀察到教師分配座位的行為後立即或適時詢問其緣
由，因而得知教師對學生目前的看法與未來的期望，而且是從學童初入學

校機構幼兒園階段就開始，延續到二年級，並造訪 4 位焦點學童的家庭。
誠如 Willis（2004）所言，民族誌學者的責任涉及採取某種程度的認識論
上的實在主義（epistemological realism），根據所見所聞詳加描述並予以
脈絡化，乃有客觀事實基礎；其二是社會科學包含教育領域的研究如何保
持中立？批判民族誌就是不滿傳統的民族誌研究流於非理論與中立的研究
取徑，事實上，一如行動者，研究者也置身於特定的情境脈絡，從特定的
關懷領域提問，進而蒐集資料並試圖使理論有所進展（楊巧玲，2017），
就像 Smeyers 和 Smith（2014: 15）所說的：「一旦我們概念化一個特定
部分的真實（reality），這一定出現在我們已經有所理解的範圍中。」因
此問題不在於是否持特定理論觀點，而是研究結果能否協助讀者關注先前
未曾留意但卻值得重視的連結或從中得到啟發。

　　另一方面，要從事長期的田野工作並非理所當然，Rist 當時是以博士
生的身分加入研究團隊，並獲得聯邦政府組織三年的經費支持。儘管如
此，他仍在第二年因接受教職而中斷田野觀察，不難想像所需耗費的時
間、精力與資源。反觀我國教育領域學位論文，幾乎仍以量化研究尤其是
問卷調查為大宗，即使非研究生，民族誌的研究還是少見，這樣說並非貶
抑或否定量化研究、問卷調查，而是反思何以如此？如果不同的研究法自
有其貢獻與侷限，民族誌研究的稀少對整體的教育研究可能有何影響？
Rist 在本書出版 30 年後仍相信民族誌取徑的價值在於：讓少被聽見的得
以發聲，使決策者不再只根據自己狹隘的認知制訂政策。McRobbie
（1991）曾經表示 1960 年代末到 1970 年代中對「活生生的經驗」（lived
experiences）所進行的研究，使社會學成為令人期待並投入其中的學門，
而且最經典、最廣為引用的著作大多都採取像民族誌這種互動式的研究取
徑，McRobbie 所言大致也適用於教育領域，問題是回顧本土的教育研
究，是否也曾或已出現「民族誌運動」（the ethnography movement）
（Anderson, 1989）？產出經典且廣為引用的著作？

　　同樣有待反思的是，當研究者持批判的理論觀點進入田野，從中看到教師對學生的不當對待，甚至是學生之間的粗暴言行，應該如何自處？或如何與田野中的成員互動？經歷什麼樣的情緒起伏、掙扎甚至改變？Rist 並未明言，無論是 1973 年初版，或 2002 年版所增寫的導論。相對於取得知情同意、保護研究參與者此類研究倫理守則，以上提問對研究者可能是更為嚴苛的挑戰；就有後現代主義與後結構主義學者視批判民族誌為一種霸權形式，父權的、歐洲中心的及白人的（Adkins & Gunzenhauser, 1999; Noblit, 2004）。回歸本書，Rist 當時的身份是白人男性博士班研究生，而其所再現的教師皆為黑人女性，他的觀察、理解、描述、詮釋是否精確？當她們或主動或被動地自我揭露教育理念，例如將學童的成敗歸因於家庭社經背景時，Rist 如何回應？而若她們讀到這份研究結果，又會有怎樣的反應？儘管本書始於鉅觀的體制與系統，結論處也呼籲改變必須超越學校之外，但全書大篇幅且鉅細靡遺地刻畫課堂場景，強調教師期望所發揮的效力，如此一來，是否流於歸咎教師而使學校及廣大的社會免於責難？

二、教育實務方面

　　做為一份「微民族誌」，Rist 對教室中教師的言行舉止之厚描令人嘆為觀止，有的幾乎令人髮指，最「膾炙人口」的莫過於幼兒園教師 Mrs. Caplow 在開學第八天就將初入學的全班學童分成三組，而且整個年度都很穩定，甚至到一、二年級換了教師後也沒什麼改變，以致 Rist 用「種姓制度」形容之。值得深思的是，分組規準和依據與學童的學術潛能並無直接相關，學生家庭社經背景最為關鍵，從何判斷？家長所提供的關於孩子、自己與家庭的各種資訊，以及教師的觀察與認知。這裡出現一個弔詭：一方面「教師要了解學生的成長背景」已是教育圈的「共識」，另一方面，這些「先前理解」很可能刻板化進而成為標籤，如二年級教師 Mrs. Benson 將第三組命名「小丑」。而教師同儕間也習於交換學生及其

手足、家庭的相關資訊，若不謹慎，欠缺反思，學生在教師心目中的地位
將難以翻轉，「學習迅速者」與「學習緩慢者」就在教師的期望與相對應
的互動下益形穩固，這又回過頭來合理化教師的態度及作為，即 Rist 所
稱的自我實現預言，為人師者豈可不慎？即使無法為學生的「成敗」負起
全責，但所扮演的角色之重要性也難以否認。

批判民族誌所要檢視的當然不僅止於教師，事實上已有許多批判教育
學者呼籲教師成為轉化型知識分子，然而這又如何可能？師資培育亟待努
力。Rist 指出聖路易市學校師資主要來自 Harris Teachers College，該學院
的課程目標對文化多樣性的敏感度、創意的激發、營造讓孩子可以選擇自
己的學習環境，付之闕如，畢業生任教後只認定一種正確的言說方式，不
只師生溝通出現鴻溝，教師也不允許學生用他們唯一知道的方式說話，且
因教師缺乏黑人研究、黑人歷史、或非裔美國人歷史的素養，往往繼續呈
現不完整且錯誤的教材。對照臺灣當代情境，多元文化社會固然已是事
實，也納入十二年國民基本教育新課綱的三面九項之一，但是師資培育是
否跟上腳步，有待觀察。

教育實務也包括政策的制訂。在本書出版 30 年後 Rist 沈重地指出美
國低下階層（underclass）的處境比 30 年前更加惡化，就以師資而言，當
時的都會學校至少還有中產階級的黑人專業人士任職，如今她們不再囿於
內城學校，那麼誰會想留下來？而忽視惡化的不平等使美國陷於險境，儘
管諸多改革策略不斷出現，成效有限，Rist 認為那是因為擁有決策權者並
不了解窮人、被邊緣化者的信念、想法、需求，而批判民族誌的資訊與分
析有所助益。對照臺灣，也有學者批評，儘管歷來諸多政策企圖改善弱勢
者的教育，卻未見弱勢根源被徹底檢討，呈現了弱勢議題越被論述，弱勢
學童越顯弱勢的弔詭（如李玉蘭，2011），所謂「弱勢根源」應非限於學
校，但學校至少可致力於避免變成製造失敗的工廠。

延伸閱讀

Rist, R. C. (1970). Student social class and teacher expectations: the self-fulfilling prophecy in ghetto education. *Harvard Educational Review*, *40*, 411-451.

Rist, R. C. (1978). *The invisible children*: *School integration in American society*. Cambridge, MA: Harvard University Press.

Rosenthal, R., & Jacobson, L. (1968). *Pygmalion in the classroom: Teacher expectation and pupils' intellectual development*. New York: Holt, Rinehart & Winston.

 參考文獻

李玉蘭（2011）。夜光天使點燈計畫專案政策分析：以傅科考古學、系譜學批判觀點。**學校行政，73**，184-199。

楊巧玲（2017）。學習做勞工，同時做男人：反學校文化中階級與性別的交織之民族誌研究。**教育研究集刊，63**（4），1-36。

謝國雄（2007）。以身為度、如是我做：田野工作的教與學。載於謝國雄主編，**以身為度、如是我做：田野工作的教與學**（頁 3-35）。臺北市：群學。

Adkins, A., & Gunzenhauser, M. G. (1999). Knowledge construction in critical ethnographies. *Educational Foundations, 13*(1), 61-76.

Anderson, G. L. (1989). Critical ethnography in education: origins, current status, and new directions. *Review of Educational Research*, *59*(3), 249-270.

McRobbie, A. (1991). *Feminism and youth culture: From "Jackie" to "JustSeventeen"*. London, UK: Macmillan.

Noblit, G. W. (2004). Reinscribing critique in educational ethnography: critical and postcritical ethnography. In K. deMarrais & S. D. Lapan (Eds.), *Foundations for research: Methods of inquiry in education and the socialsciences* (pp. 181-215). Mahwah, NJ: Lawrence Erlbaum Associates.

Smeyers, P. & Smith, R. (2014). *Understanding education and educational research*. Cambridge, UK: Cambridge University Press.

Willis, P. (2004). Twenty-five years on: old books, new times. In N. Dolby & G. Dimitriadis (Eds.), *Learning to labor in new times* (pp. 167-196). New York, NY: RutledgeFalmer.

下一代：

一個都市郊區的教育民族誌

經典研討書目：*The next generation: An ethnography of education in an urban neighborhood*
作　者：John U. Ogbu
導讀與評析：張盈堃

壹 全書導覽

一、關於作者與本書

　　John U. Ogbu（1939-2003）是美國加州大學柏克萊分校人類學系的知名教授，甚至可說是美國或全世界最有影響力的教育人類學家之一。Ogbu 的研究涉及美國弱勢族群地位和學校教育、弱勢族群的文化和認同、教育人類學、人類學研究方法和理論、非洲人類學、城市人類學等。教育社會學相關研究也常常引述 Ogbu 的論點，特別是他解釋為什麼弱勢族群學生學業失敗的理論框架，成為相關研究很重要的參照架構。整體而言，Ogbu 從事教育民族誌研究以來，發表大量對弱勢族群學校教育研究頗具啟發性的成果。其中《下一代：一個都市郊區的教育民族誌》（*The next generation: An ethnography of education in an urban neighborhood*）（1974）和《弱勢族群教育與種姓：跨文化視野中的美國制度》（*Minority education and caste: The American system in cross-cultural perspective*）（1978）這兩本書最為經典，他對美國弱勢群體兒童在主流學校教育中的地位和他們在學業上所面臨的困難進行了詳實的民族誌分析。特別是《下一代：一個都市郊區的教育民族誌》一書開啟相關研究的濫觴，這也是教育中的批判民族誌經典研讀選讀本書的主因。整體而論，Ogbu 的研究主要涉及三個方面：

（一）城市工業社會中弱勢民族地位和學校教育：他早期曾提出「階層化社會理論」，借用「卡斯特」的概念（常見的翻譯如種姓制度），強調從宏觀的角度分析族群社會階層，研究弱勢族群學生的低學業成就問題。隨著研究的進展，Ogbu 又對其理論進行修正，進而提出文化模式理論，將弱勢族群分為自願移民和非自願移民兩大類。

（二）集體認同：Ogbu 研究人們的自我認同感，如他們是誰，他們屬於什麼或是如何感覺，特別是著重社群力量，指出黑人學生在學校的策略；黑人學生在學校裡取得好的學業成就要假扮白人，並要採用一定的策略與其他黑人群體周旋，不然的話會被群體排斥。

（三）文化和智力：Ogbu 著重從跨文化的角度研究文化和文化改變對認知能力和智力的影響，以及文化如何塑造和重新塑造人們的思想。他還提出文化生態理論，強調文化環境的重要作用。

《下一代：一個都市郊區的教育民族誌》一書乃依據作者於加州大學柏克萊分校完成的人類學博士論文改寫，1971 年完成學位，於三年後出版本書，共分十一個章節。為了討論的方便，我試圖將全書拆解成三大部分，第一章到第四章主要描述田野中的相關面向，而第五章到第八章解釋學業表現低落的結構性因素，最後第九章到第十一章提出理論觀點。

第一部分：田野相關面向

第一章 學業的失敗：有限機會下的教育適應
第二章 Burgherside 鄰近的 Stockton 區域
第三章 納稅人與 Burgherside 居民的恩庇侍從關係
第四章 教育的態度與 Burgherside 居民的志向

二、問題意識與研究目的

　　本書的核心主題：為什麼住在都市中的弱勢族群孩子學業表現如此低落？作者強調弱勢族群的學業表現失敗，比起貧窮的孩子更為明顯。全書關注底層的階級、貧窮與種族或族群上的弱勢，其研究田野是在加州的 Stockton，作者一開始是在 Stockton 的 Burgherside 區域的學校，檢視社區對於雙語教育實驗的回應。這個區域的組成大多是黑人、墨西哥裔美國人或是亞裔美國人（前二者的人口數占小學學生人數的 92%），多數的居民是從美國南方、墨西哥、亞洲的鄉村地區遷移至此。多數人的學校表現乏善可陳，從事低薪的非技術性職業，比較好的出路是投入職業軍人行列。換言之，這個社區充斥低社經地位的階級、貧窮與弱勢族群。

　　Ogbu 把 Stockton 的弱勢族群分為兩類：附屬團體（subordinate group，指違反其意願被納入美國社會的人，即本書所指的黑人與墨西哥裔美國人，後續 Ogbu 稱此為非自願移民）與移民團體（immigrant group，即認同白人的意識形態，文中用 dominant white 來指稱）。作者批判這些附屬團體弱勢族群（subordinate minorities）的學業失敗，常被歸咎於家庭與居住區域的環境、天資等因素，但是其實這些人的共通點是希望他們的子弟可以在學校表現良好，以至於可以得到報酬較優的工作，好擺脫過度身體勞動的粗重工作。再加上教育的相關當局[1]主要站在白人中產階級的立場看待教育，認為兒童首要之務是學會中產階級世界的價值，才會促使他們學會好工作所需要的技能，這符應弱勢社群所追求的目標。

作者在多處指出美國公立學校的手段與目的，使用標準化與刻板化的知識、技能、價值、態度，強調學校是為了職業位置做準備。Ogbu 批判：(1)美國的公立學校並沒有替這群弱勢族群的需求提供服務，(2)學業失敗的極高比例是缺乏從教育中獲利的機會（換言之，教育機會不均等），(3)目前的制度無法更改，僅能更動家庭與鄰里社區的環境，或廢除或改變傳統學校的組織，但本質上仍無法撼動。本書提到常見解釋學校表現不利的理由：(1)採用文化剝奪的概念（即文化不利、文化差異、社會拒斥等概念的同義詞），認為因為缺乏文化刺激，可能在語言、心理與社會發展上較為遲緩，而缺乏文化刺激的原因正是其成長的文化不同於白人中產階級或主流的文化。(2)這群孩子責難學校，因為他們在學校體制中本身就是次等的，對此本書提出相關的解決之道，包括表現拔擢系統（performance contract system），以及另類學校（alternative schools）與自由學校（free schools）兩大管道。(3)第三種解釋來自附屬團體的觀點，特別關切黑白之間的差異，黑人附屬於白人的文化價值體系，對學校表現失敗的解釋往往會歸因黑人天生智能較白人更為低等。Ogbu 一開始就表明受到結構功能主義的影響，如 Durkheim 與 Merton 認為社會秩序來自文化

1　在本書稱 taxpayer，字面翻譯可以是納稅人，但文中提到的 taxpayer 往往不是個體的納稅人，因此本文直接譯成「教育的相關當局」。

結構（社會鼓勵成員追求的目標，以及透過正當的方法）與社會結構（眾多社會成員之間的各種關係，像是社會階級、種族團體）兩個面向，但教育的難題是這群弱勢族群的小孩被預期跟白人一樣努力於課業，作者認為這不只是個人的問題，而且是團體的問題，根據本書第 14 頁的圖，作者提出一個辯證性的假設：一開始因低職業地位導致高學校失敗率，或者認同白人為主的教育方式，但因白人學校的藩籬導致高學校失敗率，經過結構的再生產，高的學校失敗率導致低的職業地位，而高學校失敗率與低職業地位造成附屬團體的知識與文化上的劣勢。

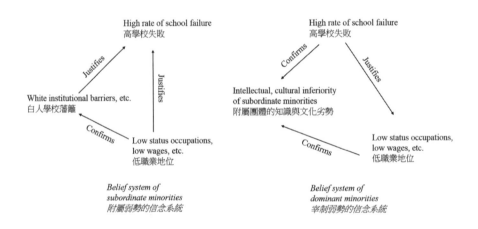

三、研究設計與田野相關面向

為了回答研究問題，採取民族誌的方法，前前後後花了 21 個月（1968.9-1970.5）訪談五大類的受訪者，包括：(1)Burgherside 區域的居民這個標的團體（以家庭為單位）；(2)附近的居民，曾經就讀過當地的初中、高中（這些人實際上不住在 Burgherside 區域）；(3)相關組織與機構的發言人；(4)學校裡面的人；(5)納稅人（含教育當局與個人）。作者清楚交代進入田野的手法，包括參與教會禮拜活動、參與相關的社區活動，並與其他人交談，來增加自己的知名度，最後才是寫信詢問有小孩的

家長。總計訪談超過 100 個家庭，提問包括：(1)祖籍／故鄉與童年經驗；(2)報導人、其父母、手足的教育；(3)報導人的遷移史；(4)報導人、其父母與手足的教育與職業上的經驗；(5)婚姻狀況；(6)政治、社會、宗教的參與；(7)親屬關係、家庭組成等問題。1969 年的春天再次訪談相關受訪者，著重背景訊息、對雙語教育的態度、學校方案的參與、在學區內討論的相關議題。針對學校裡面的人，訪談 225 位五年級到十二年級的學生，內容包括家庭的背景、教育與職業的目標、父母、教師與同儕團體的影響、如何看待自己與他人需要對學業負起責任。同時也訪談鄰近區域的教育會議等，該區域的白人可以區分為兩個團體：西班牙背景（作者所謂的 Anglos of Southside）與歐洲背景（Anglos of Northside），彼此對弱勢族群教育的看法明顯有別。

　　從教師或納稅人的觀點來看，小孩課業失落是因為其父母沒有受到良好教育，同時也沒有鼓勵小孩追求學校的表現。作者為了探究教育的態度，透過問卷訪談祖父母（前一個世代）、父母（未受良好教育的失落的世代）、小孩（即標題的下一個世代，不只是學業表現失落，同時也反學校）三代。完成訪談之後可見以下趨勢：(1)朝向都市化；(2)有更多的教育提供機會（特別是小孩這個世代，相較於前一個世代、失落的世代）；(3)教育獲得好工作、好工資的機會逐漸增加。在這樣的前提下，家長期待小孩完成學業，使出手段包括：(1)協助學習；(2)緊盯功課；(3)經常詢問學校事務；(4)用錢獎賞；(5)強調教育的重要性，特別是他們相信成功的意味就是同化，因而獲得平等並整合到白人的社群。

四、田野發現與立論主張

　　Ogbu 提到現實中普遍而言學生的課堂表現獲得 C 或 D，只有非常少數的人在小學階段得到 A。從教育追蹤系統可見（分為高、中、低三個區

塊），高區塊是歐洲背景的白人，中區塊為西班牙背景的白人，與多數本書所指的黑人與墨西哥裔美國人，低區塊就是部分西班牙背景的白人，以及黑人、尚未被看見的墨西哥裔美國人，但與黑人相比，墨西哥裔美國人被視為比較聰明。作者指出學校失敗的主因在於缺乏認真（lack of seriousness），而非沒有能力。

作者從很多面向解釋為什麼他們適應了學校的失敗，包括：

1. 社群努力的延宕（a lag of community effort）：教師把學生分成想學（conscientious）與不想學（restless）的兩群人，通常教師視懶散的學生為行為的問題。懶散的學生與學業表現的組成，可以再次區分為四種狀況－懶散但是功課好、懶散功課差、非常活躍但表現一般、懶散但是有能力做得更好的人。此外，學生面臨家長的推力與同儕的拉力這兩股力量的牽扯。

2.教師與委託人的表達（Teachers and the expression of clientage）：強調教育的目的是為了得到好的工作、領到高的薪水、搬到優良的社區環境。然而當地居民與教育相關當局之間對問題的定義明顯不同，產生溝通的落差（communication gap）。為了解釋何以產生如此的社會距離，作者使用恩庇－侍從理論（Patron-Client Theory），可說是國家機關和公民社會互動的模式之一。「恩庇－侍從」是一種「垂直互惠結構」，低階的侍從者被整合在更高階的恩庇主之下，此一現象形成經由非正式的人際（interpersonal）或特定主義（particularistic）所連結。

3.學業問題的臨床定義（The clinical definition of academic problems）：作者指出學業成功的三個根本迷思－家長參與才會學業成功、這些人家裡缺乏父親（親職角色的缺席，但不同背景的人解釋不同，如墨西哥裔美國人認為婦女的英文較流利，因此媽媽處理學校的事務）、這些人陷入福利的循環（但現行相關輔導與諮商的機制只會限制未來的機會）。

自從柯曼報告以降，相關大型調查研究早已指出影響學童學習成效最有效的因素在於家長的態度。非正式教育系統中的諸多資源，其影響力可能比正式教育還來得更為重要，舉凡社區文化、課外讀物、文化活動、大眾傳媒等，都形成非正式學習環境，其成效不見得比正式教育要來得差。與其他因素相較，家長態度與家庭社經條件對兒童學習成效的影響，可能是諸多因素中的最關鍵。許多批判意識的教育研究也指出學校教育不是在一個孤立的環境中開展，會受到社區文化相當程度的影響。柯曼報告所引發的教育改革運動，如作者特別指出的雙語教育、學校整合這兩大類「解藥」，真的可以解決問題嗎？最後作者提出教育機會均等的二元意義，以黑人為例，處於長期受壓迫的社會體制下，黑人發展出有別於白人主流階級的、另一種成功的定義：單純靠黑人自身的文化、語言或條件根本無法躋身白人社會「成功」的階級，於是轉向「自我認同」、排斥學校教育。作者特別提出扮演白人（Acting White）這樣的假說，意指黑人小孩比較不認真唸書，是因為認真唸書，會被其他黑人同學認為是一種扮演白人、背叛黑人社群的行為，進而遭到排擠，也就是「文化不利學生」，主要是因為其家庭文化與學校文化、社會文化的「不連續性」所產生的「主流文化不利」現象。

本書的結論僅提出主流文化不利現象，但並未建立自成一格的理論框架解釋這個現象的成因與發展，Ogbu（1998）進而提出「文化－生態理論」（Cultural-Ecological Theory）。此理論不僅關注鉅觀的社會環境和學校機構中的各種因素，也注重弱勢族群內部的因素。在 Ogbu 看來，生態是指弱勢族群生活的場所或環境，而文化則是弱勢族群觀察自己的世界和行為的方式。「文化－生態理論」主要包括兩個層面：一是 Ogbu 稱為制度（the system），弱勢族群在教育政策、教學，以及教育回報等方面所遭受的不公待遇或誤解；另一層含義是弱勢族群對待主流學校教育的態度（the attitude）。一個族群如何和為什麼成為弱勢的歷史經歷，會影響

該群體對學校教育的態度，Ogbu 把這些因素稱為社群力量（community forces）。理解制度對弱勢族群學業成就的影響，需要全面檢視少數族群在學校教育中所面臨的各種障礙。為了解釋弱勢族群對主流學校教育的認識和反應，「文化—生態理論」強調社會的主流族群，其對待少數族群的行為態度，具有影響性的作用，這種影響可以從弱勢族群對社會問題的反應或解決現實問題的群體態度中體現出來。根據 Ogbu 的研究，弱勢族群受到的限制主要包括功利性歧視（如就業和工資待遇等）、交往歧視（如社交和居住隔離等）以及象徵（符號）歧視（如詆毀弱勢族群的文化和語言等）。而從弱勢族群在學校教育中所遭受的歧視，即可看出他們在社會中所遭受的不公待遇。總體而言，不公待遇主要表現在三方面，都會影響弱勢族群兒童的學業成就：其一是弱勢族群教育政策與實踐方面的歧視，如教育隔離政策、非相等的教育投資，以及弱勢族群學校的職工安置等；其二是弱勢族群學生在學校和教學中所受的待遇，如教師對他們的期待、教師與學生的互動模式等；第三是弱勢族群學生畢業後在社會上的待遇，尤其是就業和工資等。根據 Ogbu 的研究，他所觀察過的弱勢族群學生都面臨類似的歧視問題，雖然如此，Ogbu 早就注意到弱勢背景學生跨越結構性障礙的可能性，即後續 Ogbu（1992）所言的積極性參照架構。

Ogbu 認為社會與學校的結構性障礙或歧視，是造成弱勢族群兒童學業成就低下的決定性因素，但並非唯一因素，因為所有弱勢族群兒童都面臨同樣的問題，但只有部分人的學業成就低下。Ogbu 研究發現，弱勢族群兒童在學業上的差異可能與他們的社群力量之間的差異相關。對社群力量的研究，實質上是考察弱勢族群對學校教育的認識和反應。Ogbu 提出構成社群力量的因素主要包括：弱勢族群學校的對比架構（如白人區的弱勢族群學校）、對學校教育功利價值的信任度（如學校教育對向上流動所起的激勵作用）、對學校教育的關係解釋（如對學校和學校教職人員的信

任度）以及對學校教育象徵（符號）的信任度（如是否認為學校的課程、教學的語言等會危及弱勢族群的文化與語言認同）。

為了檢驗文化－生態理論，Ogbu 又提出一個新的分類概念，即移民社會（settler society），此概念進一步強化了他的分類架構的闡釋價值。在移民社會裡，社會群體由來自其他國家的移民組成，他們為尋求更好的經濟、政治和社會地位而移民定居，如美國的主群體白人幾乎都是移民，澳大利亞、加拿大、紐西蘭等也都是移民社會。這些族群移民到其他的社會，在信仰和期待方面有共同點，他們相信在新的家園會有更多的發展機會，多少認同文化和語言上的同化。簡言之，「文化－生態理論」強調在一個多元的社會中，弱勢族群的形成歷程以及他們自己適應主流社會的態度與行為，是我們理解其學業成就的關鍵性因素。同一弱勢族群因所處的社會文化環境不同，可能採取不盡相同的調適行為，而這些社群力量往往是造成他們學業成就低下與否的重要因素。學校系統被視為一種社會機構，與其他社會機構相互聯繫，特別是經濟機構。他認為當代社會中，學校教育與勞動力市場的參與牢固地聯繫在一起，考察學生、家長、教師和納稅人之間的相互關係後，他指出弱勢族群的低學業成績是兒童面臨社會有限的就業機會，所採取的對付教師、同儕等衝突壓力的適應性策略。

貳 重點評析

一、所採行的理論觀點

自 1970 年代以降，美國人類學家開始進行多元族群學校和社區的學校民族誌研究，強調使用文化差異（cultural difference）而不是文化匱乏（cultural deficit）或智力低下解釋少數族群兒童學業失敗的根源。在這之前，為數不少的教育學者認為，地位低下的弱勢族群兒童學業失敗主要是

因為他們的文化落後和遺傳基因等方面的原因所致。這種將學校教育的失敗歸因於兒童自身的因素，而未考慮其所在的整體環境之影響的研究，明顯帶有種族中心主義傾向，反映強勢族群文化對弱勢族群文化的歧視與偏見，而此歧視與偏見是文化殖民與生活世界再殖民的必然結果。族群中心主義必然導致我族優於他族的觀點，我族的觀點、價值是正確或自然的，他族的樣式是非道德與不自然的，不同族群間的偏見於是產生。此種我族與他族優劣的觀點一旦確立，將會透過族群內部的集體意識建構與集體行動，影響成員的意識與行為，並烙印成員的身分，而族群中的個人也經由繼承而被社會歸類與定位。

為什麼會採用這樣偏頗的立場看待弱勢族群的小孩？主要是當時從事學校教育研究的學者大都來自主流社會，他們從事異文化研究時，難免會透過自身文化的視角觀察所謂落後的、與都市文化截然不同的文化現象，也就難免提出小孩能力匱乏（within-child deficit）之類的荒謬學說，認為弱勢族群學校教學的失敗主要是兒童智商低下或文化低落等自身因素所致，而不考慮兒童所在的社會環境的影響。與其相對立的學說－民族誌特寫（ethnography-close-up）立場則認為要理解弱勢族群學校教育失敗的原因，民族誌學者必須到行為發生的文化場景中進行研究，否則就會得出荒謬的結論。

Ogbu 最大的貢獻在於從文化非連續性和文化差異的論點，批判過往研究的偏頗。持這種觀點的學者嚴厲批評那些使教育過程完全脫離其社會文化背景的做法，認為文化是人們的生活方式，不應有高低優劣之分，弱勢族群兒童學業上的失敗是因學校強求他們學習主流文化所致。Ogbu 的研究也批評教育人類學界過度強調教室裡面教師與學生之間的互動，他稱為微觀民族誌的研究，這類研究忽視更為寬廣的歷史與社區背景，因此提倡一種更為宏觀的學校民族誌研究，是多層次的，根植於歷史和生態的文化觀念。奠基於初期的研究之後，Ogbu 亦對文化差異論提出質疑：如果

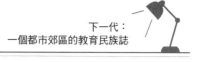

表述和互動的模式如此重要，為什麼有些弱勢族群（如美籍華人）即使在文化和語言上都有障礙，卻能在學業上比其他弱勢族群（如美籍墨西哥人、印第安人）成功？他的研究發現，只有在一定的歷史條件下，家庭文化與主流學校文化才會凸顯出來。

某種程度而言，我非常同意 Ogbu 對微觀民族誌分析的批評，這與近期一些後現代學者對一般民族誌實踐的批評有異曲同工之處。這些學者認為，民族誌研究不能脫離社會歷史而只聚焦於田野報導人的文化與語言行為，應該看到背後複雜的結構因素。如同 Ogbu 一再指出，教育人類學家必須使用蘊含弱勢族群經歷的文化概念，因為各個弱勢族群的歷史經歷不同，在社會中所處的地位不同，必然影響其學業成績。在他看來，弱勢群體如何感知同化的經歷及其對主流學校教育的態度，是影響其學業成就的關鍵性因素。Ogbu 的文化傳統觀比較強調實踐者（或行動者）對其族群被迫同化歷史經歷的心理和文化調適過程，他所描述的是具有情感和動機的活生生的人們，這種活生生的文化傳統（lived culture，或也可譯成生活經歷的文化）在大多數社會語言學者和人類學的微觀民族誌中相對闕如。

綜觀教育人類學界有關文化非連續性和文化差異論的討論，焦點主要集中於學校與兒童接受初期教育的社區之間的關係，探討文化價值、生活實踐和兒童在家庭養成並帶入學校的語言表述方式與學校表述方式之間的差異。雖然近年來文化非連續性理論和文化差異論亦受到挑戰，但此論述關注弱勢族群兒童在社區的生活環境所習得的傳統，和主流學校教育所鼓勵的文化行為之間的差異和非連續性的重要性，強調兒童在心理上的斷裂感，提倡學校教育應盡可能地了解弱勢族群的文化背景，主張多元文化的學校教育的觀點，是值得肯定。雖然在多元族群的國家，各族群都有各自偏好的文化模式，但又有各自對社會生活的理解、看法與態度，而這些在在都可能會在一定程度上指導他們的價值取向與社會行為，從而影響成員對學業成就的態度。

　　我認為本書的最大問題就是 Ogbu 把群體視為均質，並未看見同一群
體內部的差異。正如 Pieke（1991）指出 Ogbu 的民族成功理論無法解釋
教育行為與社會地位不同的族群之間的差異性，也無法解釋同一個族群的
不同次群體在教育行為上的區別，尤其重要的是，民族成功理論無法理解
教育行為的變遷過程。弱勢族群對主流教育體制並非機械地做反應，與其
他社會行為一樣，教育行為不能用靜止的解釋架構予以描述，而要運用靈
活多變的文化邏輯。我們必須清楚，表面上看似整齊劃一的教育成功或失
敗現象的背後，存在著極為複雜、充滿矛盾的社會現實問題，單憑民族成
功理論或其他任何單一的理論，都無法充分解釋弱勢族群學校教育成功或
失敗的原因。

二、方法論

　　有關具體的資料蒐集方法，如同前述 Ogbu 批評教育人類學界過度強
調教室裡面教師與學生之間的互動（微觀民族誌的研究），卻忽視更為寬
廣的歷史與社區背景，所以倡議宏觀的學校民族誌研究，因此本書不像其
他教育民族誌研究，陳述田野鉅細靡遺的資料，相反地，比較著重解釋研
究關切的結構面向，並搭配相關對話、訪談與統計等資料佐證。有關方法
論，一般研究文化可以分為結構主義與文化主義兩個陣營，前者關心生產
文化意義的形式與結構，認為結構對行為者具有決定的力量；後者主張人
類的社會作用（agency，也可以稱作施為）力量比較強大，遠勝於歷史和
意識型態的作用，各種決定力量都可能遭遇反抗（葉啟政，2000）。很明
顯地，Ogbu 比較站在結構主義的立場，如同一開始已經提及受到結構功
能主義的影響，在這本書中很難看到田野中報導人抵抗學校的細節。相似
的論點，如文化社會學者把文化視為一種充斥著不同的信念、意向與集體
生活的複雜結構，其論述大致上分成文化的結構（cultural structure）（如
Alexander & Smith, 1993）與文化的行動（cultural agency）（如 Ann

Swidler, 1986）等等。葉啟政（2000）也指出社會學的基本問題一直在辯證結構與行動，因而也可分為社會取向的論述 vs 文化取向的論述：前者強調人的行動受到結構所引導，而後者強調人做為行動主體，在透過其意向營造而展現的種種社會行為或關係裡，如 Weber 以利益做為軸線，同時藉著理念為引子定位人類的社會行動，強調對人類行為背後的動機進行詮釋。

若結合結構面與行動面來思考這本書，或可帶出幾個值得延伸思考的問題：

1.文憑是否無用？

本書帶出的問題是教育與文憑所帶來的知識，對大部分弱勢族群的子弟而言不是一個有意義的等價物，其文化認為他們對就業市場的真實狀況有更深刻的認識。獲得文憑需要付出巨大的犧牲（不管是時間、行動等等），教育與文憑並不見得能創造向上流動的機會。西方資本主義制度的各個階級早已結構化並長期存在，對工人階級內部而言，各種文憑無助於翻轉階級的結構，反而用來掩蓋工作的無意義本質，構築虛假的階級制度並用意識型態綑綁人們。制度化知識以及文憑主義的重要性在於排斥階級上的他者，讓階級社會的區隔得以合法化，透過教育體制實現階級地位和特權的再生產；反學校文化、對學業競爭的拒絕，反而落入這個階級教育壓迫體制的圈套，雖然本書提到下一代的反學校文化，卻也凸顯出教育價值的階級矛盾與不正當的利益再生產。

2.結構決定行動還是相對自主性？

特定族群的文化相對穩定，其過程、意義、生產和創造都與自身的狀況、教育等情境有關。也就是說，社會環境對於內部的角色而言，某一方面是確定而永恆的，其中存在目標、行動、矛盾等，構成意義，繼而匯聚

成團體的文化。但現實中，弱勢族群真的是穩定的集體嗎？許多低下階級的孩子部分受到這種文化的影響，有時表現叛逆，有時不會，這都體現結構可能會決定行動，也可能具相對自主性。對獨立的個體來說亦然，經歷不同文化形式的個體在反學校文化中來回穿梭，文化層面針對的不是某群貼了標籤的個人、不是某一種嚴格遵守的制度，而是在這樣相對剝奪或文化不利的前提下，個體選擇納編或是抵抗這樣的結構。

3.抗拒可能嗎？

在教育社會學的理論中，無論 1976 年的機械式再製論（如 Bowl & Ginitis），或 1977 年 Willis 的抗拒論，某種程度上都在說，學校教育與資本主義結構共謀，造成最終的階級再生產。本書不像 Paul Willis 的 *Learning to labour* 一書，企圖扭轉再製理論忽略社會轉化可能性的問題，強調勞工階級學生的能動性，這群青少年不容於學校的日常行為被認定為抗拒，並以此展開抗拒論述，做為轉化結構的基礎。抗拒理論引領某種學術研究的潮流（特別是批判教育學陣營的 Henry Giroux），被視為與壓迫是如影隨形的一組辯證。然而到底用何種方式壓迫？壓迫的具體作為有哪些面向？被壓迫者能否洞悉壓迫？採取何種策略進行抗拒？抗拒的結果又為何？教育社會學論述常常用異質同形化（isomorphism）的概念加以解釋。異質同形化是指勞動階級不論在工廠、學校或其他場域，皆面對資產階級的壓迫，這些場域發展的文化內涵雖然有別，卻有相同的風格，都是抗拒資產階級的文化創造。但這樣藉由微觀的做為直接跳到鉅觀的階級結構，忽略中間層次的脈絡，即組織或家庭內社會化的動態歷程。

三、作者的後續延伸

本書未談弱勢族群也非同一樣貌，後來 Ogbu（1991）依據文化模式理論族群認同的基本架構分為兩個向度：一為對自我所屬族群（或本族傳

統文化）的認同，一為對強勢族群（或主流文化）的認同。這兩個向度的
正負取向交錯成以下四種認同類型：

1.調適者（acculturative）：對於本族傳統文化和主流文化都採取接受
的態度，並且有能力加以整合調適。

2.同化者（assimilative）：拋棄自己的母文化而完全接受多數族群的
文化規範。

3.邊緣人（marginal）：既不接受多數族群文化的涵化，也喪失了本
族傳統文化的認知與接納。

4.分離者（dissociative）：排斥並抗拒多數族群的文化，唯獨對於本
族傳統文化產生強烈的向心力和依附感。

高↑自我族群認同↓低	分離者（dissociative）	調適者（acculturative）
	邊緣人（marginal）	同化者（assimilative）

低 ← 對多數族群的認同 →高

資料來源：Obgu（1991）

　　根據上述論點，值得探討的是 Ogbu 後續提出的民族成功理論（Folk Theories of Success），這是 Ogbu 在比較自願移民弱勢族群（voluntary minority）和非自願弱勢族群（involuntary minority）時提出的理論觀點，解釋不同族群學業成功與失敗的原因。這個理論認為，如果弱勢族群認為他們能透過教育獲得成功，並且確信主流社會能為他們提供向上流動的機會，他們便會設法克服因文化和語言而造成的各種障礙；反之，如果他們認為教育制度只會威脅或削弱他們的傳統文化與族群認同，而在較廣的生活範圍內沒有為他們提供與主流群體均等的工作、學習和就業的機會，他們就會有意識地去對抗主流學校教育。

　　Ogbu 對美國不同族群學校教育的研究發現，自願移民和非自願移民弱勢族群學業成就的差異，可能不只限於文化、人際溝通、權力關係等問題，有部分原因可能是不同的歷史經驗所造成的適應反應之差異。他提出一個問題：自願移民弱勢族群和非自願移民弱勢族群的學生，雖然都面臨主流社會文化與語言的藩籬，為什麼前者比後者在學校表現得較為成功？他指出，自願移民和非自願移民弱勢族群的學校經驗成敗和歷史經歷有所不同。舉例來說，自願移民因為相信移民可以帶來更好的政治、經濟和生活機遇，憑著這種期望來回應他們在主流社會上受到的各種不幸遭遇，相反地，非自願移民則不同，他們痛恨失去自由，認為主流社會在剝削、壓迫他們。前者如美國的亞洲移民，而後者如美國的黑人與印第安人等等，彼此有著不同的移民經歷和歷史記憶，自願移民弱勢族群為尋求比故鄉更好的生活機遇而移居異鄉，對在異鄉所遭受的不公待遇能持樂觀向上的態度，認為自己所面臨的經濟、政治和社會障礙會隨著時間的流逝、勤奮的工作和文化層次的提高日趨改善。對自己的不利處境，他們參照的不是主流族群，而是自己的原先價值，亦即雙重參考架構（dual frame of reference）使他們確信在異文化社會裡面，他們及其子女會有更好的發展

機遇。他們還能比較樂觀地認為自己是老外，因此不會講或講不好客居社會的語言而在社會上受到冷落是預料中的事，客居他鄉不應抱怨，而應努力工作和學習。自願移民弱勢族群總結出，在異鄉新的生活環境中，教育是向上流動的最重要途徑，對他們而言，參與主流社會的學校教育，並不等於屈從，而是發展自己的一種明智選擇。他們確信，只有在保持母體文化認同的同時，努力學習主流社會的文化和語言，積極適應主流社會，才能不斷地改善自己在他鄉的社會、政治和經濟地位，最終進入主流社會。

相反地，非自願移民弱勢族群是因為被奴役、征服或被迫離開家園而成為移民，痛楚的移民經歷和歷史記憶使他們認為主流社會自始至終是在剝削、壓迫他們，因此以一種對抗的心理面對自己在社會上的遭遇，認為其處境是永久性的、制度化的，根本無法通過自己的努力或學校教育而改變。這種由歷史造成的對立心態植根在族群成員的心靈深處，致使他們反對接納主流社會的文化參考架構，以免減損或瓦解他們族群的認同感和群體凝集力。基於此態度，他們以與主流族群相對立的文化架構界定其文化與認同，消極地對待主流學校教育，認為主流學校不可能為弱勢群體學生提供向上流動或升遷的機會。他們深深地意識到，無論他們在學業上表現得多麼優秀，也無法逃脫被邊緣化和從事低等職業的命運。族群的對立心態與消極的行為模式，最終使他們陷於一種惡性循環的教育困境。

自願移民與非自願移民弱勢族群

族群類別 / 文化模式	自願移民	非自願移民
參照架構	積極性參照架構 態度樂觀	消極性參照架構 態度悲觀

族群理論	社會歧視是暫時的，應以教育改善個人社經地位	社會歧視是長期而制度化的壓制，受教育也不能改變
生存策略	涵化而不同化	消極順應或集體抗爭，不重視教育
社會認同	認同並保存本族文化，但不排斥主流文化	認同並保存本族文化，但排斥主流文化
與強勢族群之關係	認同強勢族群，信任社會制度與學校教育	與強勢族群對立，不信任社會制度與學校教育

資料來源：Obgu（1998）

　　簡言之，Ogbu 的理論試圖說明，只有那些被迫參與社會和長期以來備受歧視和就業困難的弱勢族群才會在學業上失敗。這些弱勢族群往往以主流族群為參照，雖然承認自己是所在國的公民，但卻是社會、政治與經濟地位極其低下的公民。這與自願移民形成明顯對比，自願移民參照的不是主流族群，而是故鄉的同齡階層，他們常認為客居他鄉應努力工作，勤儉持家，從而進入主流社會。但這並不意味他們完全接受主流文化，而是從主流文化中吸納他們認為有價值的成分，摒棄其他，同時還竭力保留自己的傳統文化。在這樣的框架下探究不同弱勢族群學生的學業成就，關注他們對待自己家庭和社區環境與主流學校環境之間的語言和文化差異的態度與適應對策，強調從弱勢族群自身（族群歷史及心理因素）去尋求學業成功與失敗的根源，正是本書最大的貢獻，亦即我們應從主流社會及社會制度去探究致使弱勢族群學業失敗的政治與社會原因，而非個人或家庭歸因。

 反思啟示

本書的反思可以涉及階級與種族兩個面向：

一、階級與教育的反思

關於家長參與教育過程的研究早已指出階級差異的事實，而且通常以兩種理論解釋－「家庭缺失論」（Family Deficiency Theory）與「機構歧視論」（Institutional Discrimination Theory）（何瑞珠，1998）。家庭缺失論以個別的特質解釋不同模式的家長參與，強調缺乏文化資本的家庭由於缺少教育的傳統，父母不注重教育，對語文掌握不足，加上沒有足夠動機追求長遠的教育成就，因此趨於較少參與子女教育，即文化資本及物質資本造成對學生學習成效的影響。機構歧視論則把家長參與的差異追溯到制度的因素，而非將責任推到個別父母身上，這理論指出教育機構對來自低下階層的父母和學生存有偏見，抱持歧視態度，予以疏忽，即校內一些隱晦的歧視作風或排斥措施，把條件不利的父母排拒於外，使他們不能參與子女教育。

過往的研究（如 Lareau）往往認為中產階級採用精心擘劃的教養方式，父母主動支持、強化小孩的才能、意見和技能（由成人安排多樣化的休閒活動），而勞動階級採用自然長大的教養方式，父母關心小孩，允許小孩成長（和親戚朋友外出遊蕩、由小孩自己主導），也因為教養方式與介入機構方式的不同，產生了有自尊自信或是有拘束感的小孩。或如 Bernstein 比較中產階級與勞動階級在文本層次、傳遞層次與鉅觀制度層次的差異，產生了精緻型與限制型符碼的語言表達、個人型與地位型的家庭等等的區隔。此外，Bourdieu 的研究指出父母的社會階級不只提供文化資本，還有各種不同的資本方便家長參與子女教育，如打扮及談吐為教師與家長的交流提供「象徵資本」（symbolic capital），而象徵不只包括文

字和語言，更包括姿勢、衣著、儀態等外貌，每種象徵亦可使人確認社經身分。簡而言之，社會階層出身給予父母不同形式的資本，使其對子女的教育有不同程度的參與，父母擁有不同形式及數量的資本，很大程度地決定了參與的模式。Harker 等人指出低下階層的父母與教師互動時缺乏自信，甚至逃避某些與教師會面的機會，形成家長選擇「自我淘汰」（self-elimination）的現象（Harker, 1990），特別是教師對文化背景不同的家長做相同的要求，可能無意中使低下階層家長感到無力，例如學校要求文化水平低的父母為子女閱讀英文故事書，又或條件欠佳的家長被委以不那麼受重視的義務工作，因為教育機構不知不覺地貶低低下階層家長的參與潛力，被忽視的家長多數變得被動，最終可能對參與子女教育失去信心和興趣，甚至採取放棄的態度。

然而這兩種觀點的分析仍有若干不足，如家庭缺失論低估了條件欠佳的家長對協助子女成才的意願，如美國亞裔父母雖無豐厚的經濟資產，亦未必熟悉當地文化，但會為子女悉心安排適合的作息，並願意花時間與子女溫習課業；而教育機構歧視論忽視有些教師的確能鼓勵一些條件不佳的家長，有效地協助子女學習。Lareau（2003）指出美國的教師無論面對何種階層的父母，均希望家長在家中為子女提供有利的教育環境，支持並尊重教師的專業知識，她更指出：教師要求不同階層的家長協助的次數和方式沒有實質上的分別，學校或教育機構本身並無任何意圖歧視低下階層父母。換言之，擁有較少資本的低下階層父母對參與子女教育並不必然採取消極的態度，學校也不必然排拒這些家長參與。

英國學者 Ball、Bowe 與 Gewirtz（1994: 19）也提到：「中產階級的父母更有可能擁有知識、技巧與門路，解碼、操控、選擇與補充這個逐漸複雜與鬆綁的體系，越多的鬆綁也包括了更多非正式程序的可能性。就整體而言，中產階級更能夠在這個體系裡移動他們的孩子」。換句話說，中

產階級的父母可以接近隱藏的文化資源，以確保其子女能成功地吸收這些教育資源，包括請家教到府教學、上常態性的課後補習班或安親班、為了更精進的學習購買相關的教材等等。我們可以看到文化資本是這些策略的核心部分，往往用來維持與補充社會地位。Vincent 與 Ball（2006）在 *Childcare, Choice and Class Practices: Middle-class parents and their children* 一書中，關切中產階級在托兒、教育上的價值、生活風格、政治偏好與社會關係，並且區分中產階級中的不同職業類別，包括專業工作者、管理階層、國家或私部門的受雇者等。他們採取關聯主義的立場看待階級，一方面從結構的面向看待中產階級，指出中產階級是許多因素的交織，包括職業、居住地點、社會價值與社會再生產的策略，亦即中產階級不是一個固定的集體，中產階級內部存在著矛盾與類型上的差異；另一方面從行動的面向切入，關注如何取得中產階級的過程、如何在特定的社會秩序內建立與維持地位，亦即中產階級各類型的家長面對教育、托育有著不一樣的行動與策略。

雖然普遍認為階級間存在差異的事實，但教育參與的型態或許很多元，何瑞珠（1998/1999）提出「學校為本」和「家庭為本」這兩種家長參與模式，前者指家長與學校溝通，參與親師會，在子女就讀學校擔任義務導師和以物資捐贈學校等；後者包括支持子女學習，增進親職教育、功課督導和對子女訂下規條等。總體來看，二者對學童的整體自我觀之影響同樣重要。何瑞珠的研究指出在亞洲的文化裡，很難把家長視為重要的教育夥伴，強調家長的「決策者」及「監察者」的角色，不像相關論述裡提出的教育機構排拒家長機制，只發生於低下階層的家長身上，對亞洲社會而言，任何階層的家長都同樣地被學校拒於門外，家長參與仍是十分有限。

二、族群與教育的反思

種族或族群一直是教育社會學或多元文化教育的熱門議題，在這本書的脈絡強調美國的黑白分野的問題。批判教育學者 McLaren（1995: 33-63）對多元文化主義以建構（construct）和參與（engage）兩個向度進行區分，兩兩象限切割成四類多元文化主義：保守派、自由派、左派自由派以及批判派。對 McLaren 而言，保守派的多元文化主義、自由派多元文化主義、左派自由派的多元文化主義，都不是他的理想。他批評保守派的多元文化主義落入殖民觀點，呈現白人至上的侷限演化論，其多元是在有人看守之下維持，近似一種動物園圈養的獵奇蒐怪。在這種多元中，白人至上不容侵犯，而多元裡的族群只是附加上去的，附加之前先得成為客體、其操持語言為單一、成就標準以白人為準。自由派的多元文化主義的確談到資本主義社會中的公平與自由競爭，也加以檢討，但是有些族裔豈只受到文化剝奪，簡直是苦無機會，其所謂的族群平等反而會將差異悶死。至於左派自由派的多元文化主義，雖然比自由派多元文化主義進步，但仍存在問題；例如強調文化差異並視之為政治認同的源頭，McLaren 認為當這種論點將差異視為一種意義的形式，它同時也去除了社會及歷史的規制，是一種民粹菁英主義（populist elitism）的政治想法。綜合以上缺失，McLaren 提出他心中理想的多元文化主義：那是一種更基進、理想、革命色彩的，但仍與民主理想非常一致的批判性多元文化主義。

對於這樣的基進理想，Ogbu 的研究顯然從不同觀點切入。他對美國不同族群學校教育的研究發現，自願移民和非自願移民弱勢族群學業成就的差異，可能不只限於文化、人際溝通、權力關係等問題，有部分原因可能是不同的歷史經驗所造成的適應反應之差異。彼此雖然都面臨主流社會文化與語言的藩籬，自願移民和非自願移民弱勢族群的學校經驗成敗和歷史經歷有所不同。如同前述，自願移民是因為相信移民可以帶來更好的機

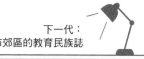
會，憑著這種期望來回應他們在主流社會上受到的各種不幸遭遇，相反地，非自願移民則不同，他們痛恨失去自由而認為主流社會在剝削、壓迫他們。但我要說的是即便如 Ogbu 的民族成功理論的看法，透過教育制度翻身，黑人或弱勢族群的勞動階級多晉升到新的階級位置，離強文化的白人主流的中產階級仍有一段無法望其項背的距離。

本書出版的脈絡正逢美國種族隔離教育政策解放後的 10 年，因此 Ogbu 關切的焦點還是在弱勢黑人議題上比較多一些，特別著重在結構面向的論述與解釋，然而從現今的角度來看，種族／族群與階級的交織往往更為複雜，結構與行動者之間也相互影響，許多現象很難斷定誰為因誰為果。若從這樣的角度來討論，本書結論提到平等的教育機會（equal educational opportunity）做為理想的取徑，顯然有點浪漫，透過教育制度真的能夠解決文化不利或文化剝奪嗎？這一直是教育社會學中的大哉問。

反思臺灣的現況，各界開始關注弱勢學生課業落後的問題（如原住民、新住民、貧窮等等）。民間許多社團走得快，紛紛投入協助弱勢學生課後輔導工作。教育部也從 2006 年起，將弱勢學生的「課後輔導」納入體制，推出國中小學「攜手計畫」，鎖定家境弱勢（低收入戶、單親或隔代教養）、學業成績在全班後段 20-35%的學生，由學校提供每週約三到四節課的時間，在放學後給予課業指導，每班輔導人數約六至 12 人。換言之，「搶救弱勢學生課業」已成當前教育的重要價值觀，攜手計畫是主要政策之一，把目標設定為：針對「有需要的學生，進行有效的補救教學」。但誰是有需要的學生？補救教學該教什麼？補救教學的本身，如同本書的討論情境，用誰的強勢標準來衡量弱勢表現？同樣的，被迫參與跟自願參與者，面對補救教學也可能有積極性與消極性的參考架構，讀者不妨透過 Ogbu 的主張分析這個議題。

延伸閱讀

Ogbu, J. U. (1974). *The next generation: An ethnography of education in an urban neighborhood.* New York, NY: Academic Press.

Ogbu, J. U. (1978). *Minority education and caste: The American system in cross-cultural perspective.* New York, NY: Academic Press.

Ogbu, J. U. (1981). School ethnography: a multilevel approach. *Anthropology and Education Quarterly, 12*(1), 3-29.

Ogbu, J. U. (1982). Cultural discontinuities and schooling: A problem in search of an explanation. *Anthropology and Education Quarterly, 13*(4), 290-307.

Ogbu, J. U. (1987). Variability in minority school performance: A problem in search of an explanation. *Anthropology and Education Quarterly, 18*(4), 312-334.

Ogbu, J. U. (1991). Immigrant and involuntary minorities in comparative perspective. In M. A. Gibson & J. U. Ogbu (Eds.), *Minority status and schooling: A comparative study of immigrant and involuntary minorities* (pp. 3-33). New York, NY: Garland.

Ogbu, J. U. (1998). Voluntary and involuntary minorities: A cultural-ecological theory of school performance with some implications for education. *Anthropology & Education Quarterly, 29*(2), 155-188.

Ogbu, J. U., & Simons, H. S. (2000). Understanding cultural diversity and learning. In B. A.U. Levinson (Ed.), *Schooling the Symbolic Animal: Social and Cultural Dimensions of Education* (pp. 190-206). Lanham, MD.: Rowman & Littlefield.

參考文獻

何瑞珠（1998/1999）。家長參與子女的教育經驗：文化資本與社會資本的闡釋，**Education Journal**，**26**（2）/**27**（1），233-261。

葉啟政（2000）。**進出「結構－行動」的困境**。臺北市：三民書局。

Alexander, J., & Smith, P. (1993). The discourse of American civil society: a new proposal for cultural studies. *Theory and Society*, *22*, 151-207.

Ball, S. J., Bowe, R., & Gewirtz, S. (1994). Markets forces and parental choice. In Sally Tomlinson (Ed.), *Educational reform and its consequences* (pp. 13-25). London: IPPR/Rivers Oram Press.

Harker, R. (1990). Education and cultural capital. In R. Harker, C. Mahar, & C. Wilkes (Eds.), *An introduction to the work of pierre bourdieu: The practice of theory*. London: Macmillan.

Lareau, A. (2000). *Home advantage: Social class and parental intervention in elementary education*. Oxford, UK: Rowman & Little.（此書 1989 年初版，2000 年第二版）

Lareau, A. (2003). *Unequal childhoods: Class, race and family life*. Berkeley, CA: University of California Press.（此書 2003 年初版，2011 年第二版）

McLaren, P. (1995). White terror and oppositional agency: towards a critical multiculturalism. In C. E. Sleeter & P. L. McLaren (Eds.), *Multicultural education, critical pedagogy, and the politics of difference.* (pp. 33-70). Albany, NY.: State University of New York. Press.

Pieke, F. N. (1991). Chinese Educational Achievement and 'Folk Theories of Success'. *Anthropology and Education Quarterly*, *22*(2), 162-180.

Swidler, A. (1986). Culture in action: symbols and strategies. *American Sociological Review, 51*, 273-286.

Trueba, H. T., & Spindler, G. (1989). *What do anthropologist have to say about dropouts?* New York, NY: Falmer.

Vincent, C., & Ball, S. J. (2006). *Childcare, choice and class practices: Middle-class parents and their children.* New York, NY: Routledge.

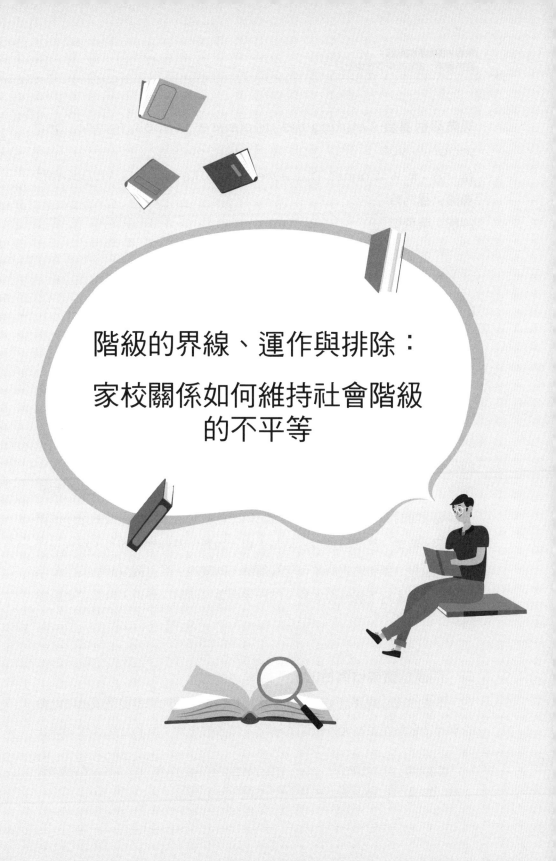

階級的界線、運作與排除：
家校關係如何維持社會階級
的不平等

經典研討書目：*Making the difference: Schools, families and social division*

作　者：R. W. Connell, D. J. Ashenden, S. Kessler, & G. W. Dowsett

導讀：楊巧玲

評析：張盈堃

壹 全書導覽

一、關於作者與本書

　　本書由四位作者合力完成，學者與教師各兩位，於 1982 年出版。基於長期合作的信任關係，他們試圖打破學界的科層慣例，在不同出版品中以不同作者順序出現；除了本書，他們也用其他管道發表相關著作，並羅列在本書最後附的「閱讀指南」（Reading Guide, 頁 219-224）的最後一部分。[1]本書源自一項名為《學校、家庭與職場》的研究計畫，旨在探究三個場域間的交互作用，以及形塑它們的社會結構，同樣重要的是，個體的生活、希望、恐懼與熱情也納為主題，因為作者群相信唯有了解大規模的社會過程，個體的生命才可望被理解，同樣地，唯有揭露個別的生命如何受影響，才可了解社會過程，因此本書兼具傳記、歷史，以及二者的交織。

二、問題意識與研究目的

　　本書的核心關懷是：澳洲的中等學校教育體制究竟是促進或阻礙社會的平等？聚焦在家庭與學校間的關係，作者群想要了解為什麼家校關係在

1　「閱讀指南」分成四個部分：Part A 有關澳洲教育不平等的論辯、Part B 有關澳洲背景資料、Part C 則是一般文獻、Part D 有關本研究的其他出版。

有些族群運作良好，在有些族群則不然，此處所著眼的乃是社會階級。作者群指出在澳洲已經累積大量的文獻陳顯一個事實：家庭社經地位較高者較傾向繼續就讀後期中等學校，而此事實也出現在所有先進國家，甚至是以西方教育體系為發展模式的第三世界國家。本書以澳洲為標的，探究何以儘管歷經各種改革，追求教育機會均等，但是社會階級的不平等仍然持續？具體而言，勞工階級家庭被學校體系傷害到什麼程度？

三、研究設計與實施方法

作者群想親臨人們所處情境，透過長談，以知曉在其工作生活中所發生的，及其與學校教育之關聯。而要如此實施，樣本一定小於一般的調查法，但又慮及推論所需，作者群決定聚焦於兩組定義相當明確的家庭，彼此的社會位置與關係及各自與學校體系的關聯，大致容易理解；一組是從事體力勞動與半體力勞動以賺取工資的家庭，另一組是管理者、商人、專業人士的家庭。基於方便與便宜的考量，他們鎖定所居住的兩個城市，阿得雷德（Adelaide）和雪梨（Sydney），選取 12 所學校中 100 位 14 和 15 歲的學生，女孩和男孩各半，半數是送貨員、工廠工人、卡車司機、店員的子女，另外半數則是經理人、企業主、律師、醫師的小孩，取樣規準還包括家裡有雙親並講英語。

基於問題意識與研究目的之需求，從一開始作者群就知道他們想訪談的學生會就讀不同的學校類型，於是他們就到坐落於勞工階級郊區的公立綜合高中以及收取學費的私立中學尋找。在撰寫本書時，作者群採行澳洲慣用的學校名號，前者稱為「某某高中」，後者稱為「某某公學」。另一有別於一般的調查研究之做法是，作者群認為要徹底了解青少年的教育處境，必須也認識其重要他人，家人、朋友、教師，但是後來放棄與青少年的朋友訪談的想法，只與他們的家人和教師長談，不像既有的調查研究多

只涉及學生、家長或教師。本研究以 100 位學生為中心，並與其雙親及一些教師訪談，最後完成的訪談有四種：100 位學生、196 位家長、118 位教師、10 位校長，共計 424 人。這 100 位學生的性別、居住城市、就讀學校類型之分布如下：

	女孩		男孩	
	雪梨	阿得雷德	雪梨	阿得雷德
私立公學	13	12	13	12
公立高中	11	11	13	15

資料來源：原書附錄（頁 210）[2]

　　田野工作程序大致如下：首先是研究團隊主動接洽擁有高比例符合問題意識與研究目的的家庭之學校，八所私立公學及六所公立高中，除分別各一所學校，其餘 12 位校長都同意本研究的開展，提供研究團隊聯繫管道以及所需空間、設備；其次藉由封面附有校長短簽的信函接洽學生與家長，簡要說明研究計畫並尋求合作，由作者群之一在教室中讓有意願的九年級與十年級學生填寫篩選性的問卷，決定訪談樣本；接著以信函或電話聯繫家長，作者群之一親自造訪，更進一步解釋本研究計畫，假如家長有意願，留下問卷給每位家長，一周左右後去電詢問問卷是否完成，若仍有意願，才徵詢是否同意學生受訪，進而安排訪談時間，包括與雙親中的每一位。

　　作者群也知道，不像問卷由固定的問題組成，訪談必須詳細而有彈性，讓受訪者有機會表達想法與分享經驗，讓研究者有機會進入他們的生活世界，因此所有訪談都由四位作者其中之一親自進行，從 1977 年中到 1978 年末，為時超過一年。家長的訪談在家裡完成。一般而言，雙親分

2　雖然作者群在第一章簡要説明本研究（頁 29-34），仍於附錄交代方法上的細節（頁 209-216）。

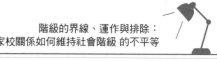

開進行，學生的訪談在學校完成，所用的空間包括生涯導師與諮商師的辦公室、沒被使用的會議室或教室，學生訪談完畢或在特定學校幾近完成學業之際，研究團隊邀請教導該年級的教師進行訪談，多數應邀，並在學校個別受訪；只有一所學校，因已非常接近期末，時間極為受限，於是在教師辦公室舉行團體討論。所有訪談頗為歧異，有的比較害羞，有的對談論個人的事情有所保留，因本研究透過學校招募，有些學生保持警戒，然而一旦受訪者感受到研究者認真地嘗試理解，他們多數都會誠實以告，而且頗為詳盡，有些訪談為時兩小時，有的長達三小時。

四、田野發現與立論主張

本研究的核心是要探究澳洲的中等教育如何不利於勞工階級家庭，就像多數的民族誌學者一樣，作者群認為在呈現研究結果之前必須先行討論脈絡，第一章正發揮了此功能，第二至四章詳述研究發現，第五章則做成結論、提出建議。為了適配民族誌研究法，以下摘要力求忠於原書架構。

（一）第一章 不平等與教育

作者群撰寫本書之際正是澳洲中等教育一個時期的尾聲，因此他們認為需針對其脈絡加以說明。

1.大規模的中等學校教育簡史

二次大戰後幾十年間澳洲的中等教育擴張可謂史無前例，新建高中數以百計，許多建於市郊、新的鄉鎮，學生數從 1945 年大約 18 萬 1 千人到 1965 年的 77 萬 1 千人、1975 年的 110 萬人，教師數也從 1945 年的 6 千人到 1975 年的 7 萬 4 千人。戰前半數的小孩不會就讀中等學校，到了 1970 年初絕大多數會讀四年中學、約三分之一會讀完六年。這種成長也出現在許多國家，但是在澳洲這並非政府重大決策的產物，而是源自 1950 年代地方官僚，且受到各種不同的利益聯盟支持；例如 1940 年代教

育評論家與研究者認為提供更多學校教育給過去被排除在外的人們，乃為
消除階級偏見之道，經濟成長的提倡者相信越多教育越能養成有效率的勞
動力及越快速的國家進步。另一方面也廣受大眾的支持，對 1940 年代多
數人而言，經濟大恐慌的記憶使其視教育為免於失業的保障，尤其到
1950 年代，就業普遍、大量移民、經濟擴張，令人覺得若不加入就會落
後。

　　順此局勢，澳洲政府取消入學限制，於是高中學生大幅成長，隨之而
來的則是組織的變動，主要管道乃是設立新型學校：綜合的、男女兼收
的、都會地區的高中，以期消弭既有的分野，但也因此導致過去 40 年來
勞工運動所引以為傲的技職學校系統聲勢下滑。然而學校教育的組織並無
顯著的改變，首先是競爭的學術課程依舊，進步主義教育者提倡的課程改
革接受度並不高，反而是舊有的學術課程內化到新型的學校，結果綜合高
中變成「多邊學校」（multilateral schools）（頁 20），內部存在分流現
象，父母較富有的學生集中在學術性組別，父母較貧窮的則多在非學術
組；其次是三種學校體系的區隔亦未改變，公立、天主教、獨立（多為新
教），後二者皆為富有者的子女就讀之私立學校，自從戰前就已占據優
勢，唯一的競爭對手是極少數來自明星公立學校的學生，只是隨著教育擴
張，公立學校也生產了越來越多的學術表現優異者。

　　由上可知，戰後幾十年間的教育革命並不如某些支持者所言的徹底，
甚至出現了某些意想不到的後果。其一是學校的權威問題加深，課程革新
失敗意味著非學術組學生的紀律變成特有的問題，而從兒童到成人的過渡
期展延，出現「青少年」社會類別，自成一種文化，成人權威式微。另一
方面，期待學校訓練有用的勞動力者也感到失望，技職教育被邊緣化，學
習成就好的學生不會選讀，而在工作中學習各種實務技能的人則對以書本
學習為本的學歷抱持懷疑，學校教育所面臨的壓力與日俱增。至於教師本

身也在為其工作條件奮戰甚至罷工，諸如過度擁擠的教室與辦公室、暫時的校舍、官僚作為，中等學校教師尤然。

至此澳洲的學校教育首度成為國家的主要難題之一，這個難題少被明言：如何處理勞工階級的教育？更廣泛地說，在分層化的社會中如何辦理教育？1973 年 Karmel Report 首度公開坦承教育擴張策略失效，置許多兒童於劣勢處境，必須給予特別支持，同時要求教師要讓課程與不同族群的兒童有所關聯（relevant）。該報告雖以強調平等的理念聞名，然而幾年之後，學校教育停止成長，教師短缺轉為失業，政策的焦點從如何處理不平等轉移到如何使學校更有效率地服務產業。

2.在教育研究中不平等的問題

作者群指出儘管已經累積了不少研究，對於何以家境好的學生成功、家境差者受困，社會科學迄今尚未提出具說服力的解釋，遑論採取行動加以改變。這與問題如何提出有關，社會科學中對此議題首先產生顯著影響的是教育心理學，在 1930 年代於澳洲取得穩固的地位，宣稱每個人與生俱來有其固定的心智能力，且呈常態分配，於是教育的不平等基本上被視為乃因個人天賦不同。不過早在 1930、1940 年代就有研究指出，兒童所受學校教育的程度與其雙親收入的多寡緊密相關，只是很少人質疑內隱於教育心理學中的「能力」之理念，最後的共識是擴張中等教育，保障機會平等，教育階梯的競爭與分層則繼續維持。

接下來的四分之一世紀學校體系快速擴張，教育研究並無作為，即使有些研究者藉由方法的改進致力於挖掘不平等，但對教育政策毫無影響。直到 1960 年代末要求平等的呼聲再起，一本名為《平等的迷思》（*The myth of equality*）的書贏得廣泛注意，教育社會學突然備受重視。不過由於深受 1950 年代美國社會學對不平等的研究取徑影響，缺陷理論（Deficit Theory）在澳洲被提出用以解釋教育的不平等，認為處於不同社

會階層者有其不同的態度、價值、教養方式、人格特質等等，較底層的家庭環境不利於子女的發展，故須改善、強化甚至補償。然而這種解釋明顯有所偏頗，亦即問題比較不是家的缺陷，而是家庭與學校之間的差異甚至衝突，有些研究者開始納入學校，嘗試測量並計算各種家庭與學校面向對教育成就的相對貢獻。

這樣的改變雖然挑戰了缺陷理論，但仍有些問題，首先是過度依賴問卷調查及統計，雖有助於描繪不平等，卻難以深入理解，以致 Karmel Report 所提出的方案類似美國 Headstart 和英國的教育優先區此類補償措施；這也延伸出第二個關鍵問題：社會學家只向下研究卻不往上看，亦即都著眼於公立高中和勞工階級家庭有何問題，卻很少探究私立公學和中上階級家庭做對了什麼，甚至鮮有研究者一開始就質疑為什麼有一個層級分明的學校教育系統，如此一來，補救行動也就理所當然地指向處於劣勢者及其學校。到了 1970 年代，一種聲音開始浮現，而且橫掃整個領域，主張學校教育再製不平等的結構。以上種種，作者群統稱不平等取徑，最後一種則為「再製取徑」，不責備受害者，而是責備體制，可惜的是，這個新典範雖在理論上帶來革命，但是對實務的影響甚微，這正是本研究企圖突破之處。

3.本研究的概述

前文「研究設計與實施方法」已局部簡介本研究，這裡特別要提的是有關資料的分析。作者群表示要詮釋如此豐富的田野資料並不容易，大約花 2 年的時間完成系統性的整理，也積極投入消化證據的過程；到 1981 年後半則把結果帶回 3 年前參與研究的學校與家庭進行討論，雖然對研究者造成壓力，但是作者群強烈推薦這麼做，因為可以測試研究者的想法是否對研究對象有意義，也能帶出隱藏在原始訪談中的新想法或主題。

這個與證據搏鬥的過程甚至強迫研究者精煉原先的概念，例如階級，基於不平等取徑與再製取徑的啟發，本研究原視階級為類別，但隨著研究的進展，作者群越來越體認到階級並非抽象的類別，而是真實生活的分組，並經常在建構中。同樣重要的是，作者群被迫更努力思考研究之初就意識到但並未置於核心的性別關係，然證據顯示要了解家校關係，性別位居關鍵，且並不僅限於男女這兩種人，而是人際關係的一種模式。

（二）第二章：家庭及其孩子

1.為何家庭事關重大

作者群從一個家庭出發，深描各種社會與經濟的經驗與兩難如何在真實生活中綁在一起，對了解一位在學的青少年又何以重要。

Kevin Jones，15 歲，就讀 Greenway 高中十年級，那是一所位於郊區、勞工階級學區的綜合中學。根據他的自述，「不聰明也不笨」，是一個平凡的學生，只是開始覺得學校有點無聊，且他已達多數同學都會離開正式教育的年齡，但他仍不清楚去處，所以可能會留下來，甚至參加升學考試。學校的說法是他可以試讀十一年級，意指他必須在第一學期有所改進，否則就要重回十年級，然而他的老師表示在這所學校，沒人「試讀」後又回原年級。換言之，只要 Kevin Jones 想要留在學校，就會升級。

為什麼 Kevin 還留在學校？重要原因之一是他的家庭關係緊密，而且父母希望他能受到好的教育，因為他們自己缺乏教育機會。Frank 和 Elizabath 夫婦的受教經驗都很殘酷，一旦到達法定離校年齡（14 歲），就毫不猶豫地離開學校到工廠工作，在那裡遇見彼此。從二年級就浮現的閱讀困難一直跟著 Elizabath，而對寫作的焦慮則從未遠離 Frank，也因此錯失許多更好的工作機會。儘管如此，或說正因如此，Jones 夫婦強力支持 Kevin 得到足夠的學校教育，Elizabath 甚至希望 Kevin 可以參加大學入學考試，兩人都會出席親師會，如果孩子行為不妥，會支持學校的權威。

為何父母自己的學校教育經驗及其反應對 Kevin 的學校教育有所影響？這與親子關係息息相關，而親子關係則來自特定的家庭史。Jones 夫婦藉由緊密與忠實的關係，建立了學校不遺餘力予以摧毀的尊榮感與成就感，過去 20 年來他們住在親手建造的房子及後續加蓋的空間，每個孩子有自己的房間，Frank 有個車庫，Elizabath 有個庭園，一旦生活過得去，Elizabath 就辭職成為家庭主婦和兼職的建造勞工，孩子出生就當全職母親。親子連結極為堅實，Elizabath 表示從未不帶小孩自己出門，Frank 則放棄待遇較好的工作，而非舉家遷就。

事實上 Frank 從事過各種勞動工作，從剛開始的工廠技術性勞工，到目前擁有證照可以駕駛一家大型營建公司的各種車款，就是無法擔任監督性的職務。但他把障礙轉化為創意，無論在家或在職場，雙手萬能，多才多藝，這對 Kevin 的學校教育產生既強大又分裂的影響。一方面學校教育與 Frank 的工作幾乎無關，即使在學表現不佳，仍能白手成家；另一方面在家庭與職場的成功無法抹滅 Jones 夫妻因教育匱乏引發的羞愧感，也無法提供 Kevin 實質的協助。結果是儘管父母與教師都引導 Kevin 朝學術課程發展，但長期耳濡目染，Kevin 已經習得學術課程外的能力，了解多才多藝而非學歷的重要性，也體認實際創造有用的東西的愉悅，於是父母、了解他的教師和他自己，會認為某項手工技藝最適合，不過 Kevin 和他母親也把白領工作放在心上。

比較確定的是，Kevin 並不投入競爭行列，無論在學校或在就業市場皆然，父母也未用力推動，這與他們如何詮釋其生命經驗及隨之建構的世界觀有關。Jones 夫婦對子女有期待，但並非要他們富有或具影響力，他們歷盡艱辛從貧窮往安穩移動，而安穩正是他們希望給下一代的，這也促使他們支持學校教育，確保孩子不必再經歷他們所經歷過的。Kevin 的成長環境一直告訴他：守本分、勤努力，對他而言，「領先」意味著存夠

錢，提早退休，而非超前其他的人，因此強調競爭性成就的學校很難把 Kevin 從成長的氛圍中獨立出來，適應功績主義。此乃作者群所稱「集體的實踐」（collective practice）（頁 42），用以表達家庭並非靜止的存在，而得經常設法克服變動的情境。

2.歷史

作者群主張要了解家校的關聯不能不從歷史的角度切入，尤其是發展的方式，最生動的莫過於關係陷入危機並出現改變。此處的主角是 Owens 家，家裡情況依賴丈夫的工資維生，居住社區屬性與 Jones 家相似，Owens 先生的求學經驗與 Frank Jones 雷同，早早離開學校，至今對教育毫不尊重，完全無涉三位女兒的學校教育，甚至認為學校教育對女孩是一種浪費。不同的是，Owens 先生在家裡的地位不如 Frank 在 Jones 家的，婚姻開始不久，Owens 先生就無法規律地供給家用，太太變成家裡的中心，負責重要決定，並與女兒建立緊密的關係，她的求學經驗較為正向，早早離開學校非她所願，而是母親強迫，如今她仍感到悔恨，所以積極支持女兒的教育，監督家庭作業，與學校保持聯繫，激烈反對她先生對女孩子受教育的看法。

Owens 家大女兒 Ruth 成績一直很好，剛完成十年級，想成為教師，然就在學年結束前，Ruth 決定放棄並開始求職。為何決定離校理由並不清楚，Owens 家給的說法包括教師失業的前景，努力許久最後仍無法獲得 Ruth 想要的教職，另外則是對學校本身失望，抄襲 Ruth 作業的、遲交功課的都未受到懲處，為何需要這麼努力？無論理由為何，後果卻很明確，Owens 家女性的集體實踐受挫，教育的價值被重新評估，現在連 Ruth 的妹妹們也將在學校最多讀到十年級。

正是在此看到家庭史的建構，有些議題要回到更早的過去，更系統地檢視不難發現，很多父母帶著自己的求學經驗與記憶涉入其子女的學校教

育。勞工階級學校教育的多數記憶是好壞參半，至於為何年紀一到就要離開學校？主要是因為父母的經濟壓力，或是孩子想要開始賺錢。從訪談的豐富語料來看，1940、1950 年代的勞工階級子女大多在 14、15 歲離校，並非因在學術的競爭上失敗，而是家庭與社區面對經濟需要的集體實踐。儘管如此，仍然不能忽視學校教育帶給勞工階級子女的創傷，即使不是多數，但也不在少數。在很多受訪者的回憶裡都出現一種失望的語調，難怪當他們被問及從離校後這些年間是否發現所受教育有用，通常都是否定的。至於富人又是如何？就像 Young 太太所言：「只有富有的人看起來會繼續。」（頁 48）雖然也有例外，但本研究私立公學的樣本中多數就是如此，儘管他們的求學經驗與勞工階級子女相差不遠，但往往被送往較菁英的學校、繼續去上大學，事實上學校為他們提供的是一個社會網絡的起點；例如 Graves 太太就讀一所有名的私校，並未特別用功，但仍完成升學考試，並與一位年輕律師結婚，那位律師就讀鄰近一所男子私校，三個世代都讀那所學校。

顯而易見，這些本身就讀私立公學的受訪家長，對學校教育的記憶與勞工階級父母所陳述的求學經驗非常不同，較不疏離、較少暴力、涉及較少的壓迫性師生關係。簡單地說，統治階級的家庭與學校之間的目的與方式比較契合，本研究中多數的私立公學家長自己的學校教育極為實用，使他們成為專業人士或協助他們結下對的婚姻。討論這些 3、40 年前的事件是因為，這個歷史的向度往往在探究當代的學校教育時未受重視，但是的確重要，畢竟無論好壞，沒人可以從他們的歷史走開。

3.來往與關係

家校之間的連結主要來自家裡成員與學校員工的接觸，而學生本身的日常來往是最重要的，成為家庭其他成員獲取學校資訊的主要來源。有些接觸透過正式管道提供，如附屬組織從家長處招攬志工、募款；有的活動

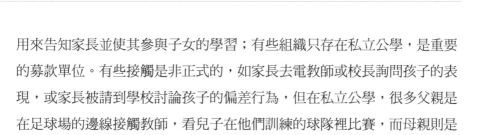

用來告知家長並使其參與子女的學習；有些組織只存在私立公學，是重要的募款單位。有些接觸是非正式的，如家長去電教師或校長詢問孩子的表現，或家長被請到學校討論孩子的偏差行為，但在私立公學，很多父親是在足球場的邊線接觸教師，看兒子在他們訓練的球隊裡比賽，而母親則是在學校的販賣部幫忙，會和教師及其他職員談話，有時候教師會出現在某地方性的組織，家長也是該組織的會員。

在家校日常往來的背後可看見更持久的關係，其一是子女教養的性別分工，其二是參與和排除的階級模式。前者反應在照顧子女是已婚婦女的主要責任，連帶地她們也與其他的主要教育機構如學校關係緊密，家庭的組織和學校的實務都維繫了如此的性別分工，不管什麼性別的孩子都習慣看到母親處理學校的事，母親也認為當孩子從學校回家看到她們是很重要的，這也就影響了她們可以選擇的工作種類。就後者而言，勞工階級家庭要和中等學校建立關係面臨較多困難，其實並非勞工階級家長對升上高中的子女的教育失去興趣，而是學校的運作方式使他們難以參與其中。在訪談中，作者群聽到各種家長如何被學校「凍結」的故事，又召喚出他們不愉快的求學經驗與記憶。至於私立公學，整體而言都對家長比較開放，家長比較容易把子女的學校教育整合進家庭的集體實踐。

4.家庭與學校如何看待彼此

(1)互不知情：除了少數活躍份子，多數家長對學校內部所知有限，主要訊息來源是孩子轉述，雖然學校會設計一些機制嘗試克服，如親師之夜，但是這種活動通常無關痛癢，家長覺得時間太短，教師感嘆該來的都沒來。另一方面，教師對家庭的了解更為有限，只能從親師之夜、學生記錄卡、家長職業等看出一些蛛絲馬跡，主要仰賴學生是否願意談論。然而多數學生不會談自己的家庭，尤其是意識到自我揭露可能帶來風險的勞工階級子女。

(2)跨越學校圍牆的看法：彼此知道的不多，並無礙於對彼此持有強烈的評論，勞工階級家長對教師的評價一般來說並不正向，甚至會嚴厲批評特定的教師，而教師也傾向區分家庭的好壞，以是否有助於其維持紀律、讓孩子學習的任務為判準。基於對彼此的所知有限，這些看法與其說建立在客觀事實，不如說更多是雙方對彼此的整體想像。令人驚訝的是，勞工階級家長很少視教師為勞動者，有其工作模式、職場限制；統治階級的家長比較能從雇主的觀點出發，視教師為勞動者，屬於專門技術人員。普遍來說，私立公學的家長對教師的能力多持正面評價，因為不好的教師無法久留，而且因為彼此較常相見，個別的特質比整體的意象還要鮮明。

(3)教育的模式：即使再和諧的學校，教師與家長的教育哲學都不會一致，關於教育的目的與方式之爭論總是永無休止。儘管進入「兒童的世紀」已80年，受訪的勞工階級家長未曾聽聞兒童中心的教育觀，多數都支持鐵的紀律、教師中心的教學、工作導向的課程。何以如此？原因之一是缺乏消息來源，自己的求學經驗則多是威權的、以教師為中心的，有趣的是這樣的教育使他們失敗，為何不尋求其他的可能？因為那些後悔13歲就從學校中輟的父母責怪的是自己，而非學校制度，他們要的不是不同的選擇，而是更多一樣的教育。另一重要的原因是他們憂心紀律崩毀，很多家庭經歷青少年的叛逆，更感社會化的重要，認為應該透過學校教育教導尊重合法的權威、尊敬長者與智者、謹守本分。在私立公學有關哲學的辯論樣貌不同，主要的爭議圍繞在現代化的方法，有些學校非常傳統，引來自由派與效率派的批評，但私立學校的本質就是家長用腳投票，所以通常比公立學校有更多樣化的教育理論與教學實務。

5.家庭來自何處

當代對家庭所做的研究之主要結論是，家庭被更大的社會結構形塑，而且有些與教育高度相關，欲了解學校教育的社會脈絡，必須了解學生的家庭何以變成現在這樣。

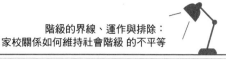
(1)工作的組織：私立公學的樣本家庭中，父親的職業大約有經理人和專業人士兩種，前者以 Walker 先生為代表，他在高科技產業公司擔任高階主管，每週花將近 90 小時工作，所接觸的大抵都是與他類似的管理者。這類工作對家庭的重大影響是帶來許多財富，同時也大量吸走扮演丈夫與父親角色的時間。有趣的是，這種家庭父親的工作走在時代的前端，但他們為子女買的教育類型卻極為傳統守舊。這種落差在父親是專業人士的家庭較不顯著，如醫師、律師、牙醫、教授等，其工作圍繞著知識體系，透過高等教育才得以進入，所以從一開始就和學校教育緊密連結，但當專業人士越往統治階級生活的組織型態靠攏，他們的行程就越來越像 Walker 先生的。

勞工階級家庭，因為處於階級結構中巨大分水嶺的另一邊，依賴一份工資對家庭影響深遠，無法住在富有的社區、送子女就讀好的學校，因為財富難以累積，也無法預見或避免因景氣蕭條導致裁員，或因意外而無法工作，或因新科技使其既有技能無用。事實上一份工資通常不夠，若生養小孩，這個家可能瀕臨貧窮，所以母親多有工作，有些甚至是主要的經濟來源。其實勞動階級女性就業並非新的現象，但與她們母親那個世代不同的是，她們有學齡的孩子，有的媽媽擔心這會對孩子產生不好的效應。另一方面，勞工階級父母最大的資產之一也令他們引以為傲的是，在勞動市場中充滿彈性，多數從事過各種勞動，多靠自學或在職場學習，在受訪時他們強調實際的知識才真的有用。

(2)空間與城市：因為訪談都在受訪家長的家進行，其間差距非常顯著。幾乎所有的勞工階級家庭都住在 2-3 房的平房小屋，家具老舊，牆面斑駁，有的稍好一些，但是對比統治階級家長的家，都顯得很陽春。而城市的空間規劃本身就是一種重要的社會組織形式，人們如何安排家庭生活與休閒活動端視所住地區，這又端視個人能支配的資源。有些家庭懷著有

個自己的家的澳洲夢，政府當局也的確提供了住所，但是多在戰後擴建的
新郊區，與世隔絕，資源欠缺，對婦女與兒童影響最鉅，為什麼還要住？
因為沒得選擇。統治階級的家庭沒有上述問題，因為他們可以選擇要住哪
裡，考量的範圍包括與職場的距離、接近親朋好友、方便休閒娛樂、周遭
有樹木和花園、安靜、沒有空污、有學校可選擇，從諸多考量中取得平
衡，最後往往出現群集；當城市區隔人們的私領域生活，也就區隔了他們
的學校教育。

(3)性別關係：前已述及，育兒、就業、家務、學校組織改革，在在
呈現性別分工。此處作者群另強調三點：①性別是一種體制（system），
並非家庭、學校、職場各有一種性別模式，而是三者環環相扣成為一個整
體；②這個體制是男尊女卑的，儘管有些例外，這個陳述仍適用於各個層
面；③結構可以改變，因為這些關係是社會建構而成的，從歷史的角度考
察，的確歷經變動，而且速度加快。有趣的是，從訪談中得知很多家戶性
別關係確實已有改變，但是他們所認知的何謂適切仍然「維持」。於是在
思考性別關係時，必須警覺其中的緊張與矛盾，也必須留意性別關係如何
與其他的社會關係，如階級，交互作用，這對了解學校教育極為關鍵，也
是本書持續的主題之一。

6.家庭如何生產人們

人會成長成什麼樣深受社會結構影響。核心家庭的主要組織原則是年
齡，過去只有成人與小孩二種，但在晚近的歷史中浮現了青少年這一類
別，的確引發困擾與麻煩，親子之間總有些經典的挫折，例如很多父母控
制孩子的性生活，雖然他們視青少年還是孩子，但其實都清楚並非如此，
因為青少年會懷孕。這裡出現階級差異，勞工階級子女的成人之路在學校
以外，一旦進入職場，在家裡的地位就不一樣，父母對其性生活的管控也
會逐漸減弱；而對統治階級子女來說，透過進階培訓才是通往成人之路，

15 歲想離開學校會被父母視為孩子氣的表現。手足關係的重要性較常為人忽略，他們在家裡面對父母的管教，在學校則常被視為一個單位，兄姐與學校的關係會影響後來入學的弟妹。當然夫妻關係仍是核心家庭組織基礎，儘管婚姻樣態多元，共通之處在於都是一男和一女獨占的性與家庭關係，傳達給成長中的子女一種自然與適切的家庭生活模式。

父母帶給子女的不只是模仿的榜樣，往往還涉及強烈的情緒與焦慮，例如認同父親的青少男會去讀爸爸的母校，對女性和爸爸持相同的態度，複製父親的想法、強項、生涯進路。值得注意的是，也有家庭背景類似的孩子公然叛逆，作者群認為或許沙特所言「人會做選擇」可以局部說明，無論多麼模糊或難以理解，我們的確在成長中做出選擇，而那些選擇就建構出了個別的人。作者群想要強調，只有檢視在社會關係脈絡下個人的選擇及其動機，而那些社會關係又構成個人的生命，才能理解運作的過程，家校關係亦然，兩者並非各自獨立，家庭是成員持續行動與改變的實踐，當孩子入學，那個實踐會圍繞著學校重新組織，而學校的組織也因所處學區及其集體實踐而異。

（三）第三章：孩子及其學校

1.什麼是學校？

學校甚為不同，勞工階級子女就讀的公立高中吵雜、混亂，學生或著制服、或著部分制服、或著非制服地擠在一起，有的顯得懶散，下課時間常聽到各種吼叫聲；相對地，私立公學給人一種未經努力的良好秩序之印象，地板潔淨，學生都著制服，除了國中部的男孩，很少聽到吵雜聲音，連下課期間的休憩區都沒有太多動靜。在此差異的背後存在著一項事實：多數私立公學的學生穩定地完成十二年級，而多數公立高中的學生則在九或十年級就離開學校。有些公立高中學生本來學業表現不錯，但隨著年級增加，覺得難度遞增，連父母也認為孩子不夠聰明。事實上並非難度提

高，而是學校更具選擇性，勞工階級學校的重要特色之一就是，把制度面的事實轉譯為相信學生能力不足。教師則以地區劃分學校，而且多希望在好的地區任教，本研究的公立高中樣本就不是教師心目中的好學校，年輕的教師一有機會就會轉走。不過無論他們去哪裡，雇主不會改變，工作有保障，不像私立公學相對而言較不安全，而後者的脆弱性也影響學校運作及在階級關係所扮演的角色。只是學校終究還是學校，最明顯卻也常被遺忘的特點是由大量的孩子組成，第二個明顯的特點是以知識為組織核心。

2.孩子如何附屬學校

當學生有很多方式，大抵上最常見的是好學生和麻煩製造者。

(1)抗拒：作者群描述了四位麻煩製造者，二女二男，並指出其家庭與學校並非如一般所想像的，有的來自富有的專業人士家庭、就讀私立公學。若不要習慣性地把製造麻煩視為非理性、病態的症候群，而是一種特定的關係，一種抗拒傳統的學校教育之形式，就能理解這類學生何以如此；如就讀 Milton 公學的 Chris 指控學校三點：壓制性的管教、教職員的道德水準不佳、教學劣質；就讀 Rockwell 高中的 Heather 對學校也有類似的批評，但更強調她希望被尊重。無論實際情況如何，類似的評論一再出現，作者群認為這是對做為一種體制的學校一個嚴肅且重要的批評，理由有二：同樣的批評來自不同的受訪者，包括在校表現良好的；反抗的行動有賴於其餘學生的支持與鼓勵，但總被解讀成少數的壞學生帶頭把好學生引入歧途。

以公然抗拒之姿與學校連結的學生是少數，但仍有階級差異，在公立高中遠比在私立公學的還多，何以如此？其實無論如何，私立公學的抗拒者某種程度總有家庭財富保護，勞工階級學校的抗拒者風險很高。作者群的解釋是此乃表達普遍的階級憤怒，例如 Heather 與教師互動的經驗和她

的父母與行政當局、老闆、官僚交手的經驗一致，只要他們認為女兒未被公平對待，就全力支持女兒與學校抗爭；Bill 是工會鬥士之子，他吸納了父母對政府、老闆或專家不尊重的態度，用來反抗學校，然而學校教育卻是他的父母所相信的。作者群於此直言他們的證據支持英國的研究發現[3]：學校中的抗拒是階級鬥爭的結果或形式，但是他們提醒對此洞見謹慎以待，避免斷論是勞工階級孩子與中產階級教師之間的鬥爭。

還有其他的關係在學校的抗拒中起作用，如性別，作者群問道：也許對學校的抗拒是男子氣概的宣示？勞工階級男孩藉由壓迫女孩支撐自尊？可以確定的是，在像 Rockwell 高中這種地方常見性別對立，男孩之間充滿沙文主義。但作者群提醒我們不要忘記女孩也會反抗學校，她們違反傳統的性別期待，言行舉止展現對陰柔氣質的反抗。在統治階級的孩子之間，抗拒的展現與勞工階級風格雷同，女孩表現得像男孩，男孩傾向高度陽剛。總的來說，抗拒是一種與學校的關係，由學校的權威結構與階級和性別的動力交互作用而成。

(2)順服：如同抗拒，順服的意義也因情境而異。在私立公學如 Auburn，學生想上知名大學，一直努力不懈，急切追求高分，爸媽都是大學畢業的 Colleen 就說：「除非我在學校表現良好，否則我什麼都不是。」Alison 每晚用功數小時，週末花更長的時間，「因為學校最後幾年設定了你餘生的步調」。一個由這樣的女孩組成的班級應是教師的夢想，「順服」在此意味熱中學習，但實際上卻引發教師的不安。一位在 Auburn 公學任教的教師表示，這所學校是學生管的，教師的工作表現若不符合學生的期待，就得離開，而這期待是全班 100%通過升學考。相對地，公立高中雖然也有成績優秀的 A 段學生，但是沒有強力監督教師教

3　此處應為 Paul Willis 的知名著作 *Learning to Labour*，作者群在第一章末了提及一些國外的相關研究對本研究多所啟發，*Learning to Labour* 是其中之一（頁34）。

學成效的校長，也沒有成群能言善道、充滿自信的大學畢業家長要求解聘不適任教師，教師的壓力在於管控非 A 段班的學生，而非致力於讓 A 段班學生通過升學考試。於是儘管公立高中揀選了優質的學生，但並未成功地讓他們像私立公學的學生全力爭取成就，「順服」在此只是為了和身邊其他的「失敗者」區隔。

(3)實用主義者：在多數教師眼裡，絕大多數學生既非明星，也不是麻煩製造者，而是介於其間，是教師主要的支柱，他們對教師沒要求，學科也都及格。然而學生在訪談中表達對教師的諸多看法，只是不會表現在課堂裡，例如 Ellen 深諳受越好的教育將導向越好的工作，所以預計完成高中文憑。類此與學校維持實用主義關係的，就像抗拒和順服，不分男女、學校類別，只是其意義也隨情境而異；例如統治階級女校有些學生把學校教育視為婚姻市場的籌碼，男孩則用學校教育確保在未來勞動市場的頂層。

作者群沒忘記重申：上述與學校的關係並非獨立存在，而是相對性的，且這些關係是形式上的種類，而非個別學生類型，事實上多數學生會視時間、科目與教師而採取不同的策略。

3.學校之內的關係

(1)製造女孩和男孩：上述學生與學校的附屬關係多少已經呈現性別差異。事實上學校一直對學生的性別多所留心，處處可見隔離與分殊，而且不僅針對生理性別，還深深涉入性別氣質，並因階級而異。統治階級男子學校長久以來致力於把他們變成男人，最顯著的實踐之一是運動，以足球為甚，類此競爭性的運動是生產特定種類陽剛特質的重要手段，而這種陽剛特質是這群男孩未來在其階級情境與工作職場所需的，家庭也很重視。值得注意的是，結果並非單一類型的陽剛特質，有些男孩投入學業、辯論、戲劇，但在學校中不同類型的陽剛特質被層級化。另一方面，女子

公學傳統上的主要任務是生產可以與主流陽剛特質互補的女性特質，培養和善而非競爭的人格，為進入婚姻相夫教子做準備，然而晚近另一種女性特質正在形成，重視個人成就與掌握知識，雖也期待婚姻，但會希望兼顧生涯進展。

　　勞工階級學校也製造女孩和男孩，但是相對比較間接，雖然研究結果某些部分支持 Paul Willis 的論點：勞工階級男孩抗拒學業成就，使其斷絕白領階級工作，把男子氣概與體力勞動連結，不過階級與陽剛特質的關係並不單純，而是充滿緊張與矛盾。不像在統治階級男子中學，男子氣概的生產是家庭、學校、個人活動的同步進展，勞工階級學校的男孩透過抗拒學校生產主流的陽剛特質，但另一種從屬的陽剛特質，競爭性的成就，則需與階級的實踐斷裂。勞工階級女性特質與學校之間也存在類似的斷裂，只是相對於勞工階級男孩透過抗拒學校強化主流的陽剛特質，勞工階級女孩抗拒學校則違反傳統的陰柔氣質。也有少數女孩追求學業成就，但是她們往往面臨更大的難題，一方面在她們的母親輩所立下的模範與「職業婦女」之間拉扯，一方面在她們的家庭處境與未知的未來之間掙扎。

　　(2)師生實務的建構：師生關係是學校教育的核心，但是教育社會學領域常視之為給定的。本研究發現恰恰相反，師生關係是互動的，由雙方持續建構而成，學校不能假設學生總是想學習教師認為值得學習的，要讓學生參與其中，不是藉由說服，就是透過強迫，當說服不成，學生的體驗通常是「無聊」。值得注意的是，放棄管教並非教師受歡迎的條件，但是多數學生無法與必須依賴強迫的教師相處愉快，尤其對接受學校課程的正當性但成就平平的學生而言，好教師要能夠成功說服、促進參與。對於在勞工階級中等學校任教的教師而言，權威不是源自職位，而是必須贏得，於是學生的抗拒、挑戰或顛覆對他們個人形成威脅，結果多數教師藉由抽離以自保。

(3)學校裡的權威與霸權：無論學生在校表現如何、就讀什麼學校類型，都能感受到學校是一種具有權力結構的機制，也常製造怨懟與抗拒，有時發展成嚴重的權威問題，其重要性在家長和學生的言談間表露無遺，只是所用語彙不太一樣。家長最常提到紀律問題，勞工階級家長會對比他們年幼時期所經歷的鐵的紀律，統治階級家長則聲稱紀律問題是他們偏好私校的理由。對學生而言，最重要的權威問題在於教師未能公平對待學生，又因學校階級屬性不同而異，統治階級學校中成績優秀的學生不僅在同儕間享有聲譽，幾乎也為學校運作定調，而教職員所定義的學校教育目的廣為學生接受，因而其權威被視為具正當性；但在勞工階級學校，只有少數學生認可官方定義的學校教育目的，學業成績優秀並未享有很多聲譽，教師因為各自採行存活策略，反而有礙於霸權的建立。

4. 學校實務的社會組織

(1)性別與學校的組織：澳洲過去 30 幾年來，教育工作者傾向反對學校教育中的階級與性別隔離，力主綜合高中、男女合校，但是晚近有進步的教育工作者開始質疑男女合校的成效。私立女子公學正在生產一些挑戰傳統女性特質與地位的女性，因素之一在於教職員與管理者主要由女性組成，而且多為高學業成就、生涯導向、經濟獨立，多少形成模範。而男女合校對勞工階級女孩的利益提升並不顯著，雖然勞工階級女性特質也有改變，但是學校整體氛圍仍是性別主義，儘管有些女孩學業表現優異，然而並非主流，所幸女教師占半數提供了不同的角色模範，其中少數是極具性別意識的女性主義者，只是校長、主任、學科主席仍以男性為主。換言之，性別區隔在男女合校中以隱微且綿延的方式維持。

(2)分流與擷取精華：所有樣本學校都有某種形式的分流，依據「能力」將學生分組，導致標籤化的效應；多數教師對學生所知不多，但其所在班級屬性往往成為教師如何看待他們的參照點，分流也對學生和家長傳

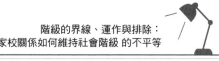
達清楚的訊息：他們是什麼樣的學習者。值得注意的是，分流不只是一次的標籤，也是持續性的社會生活實踐場域，且其意義常因階級而異；在勞工階級學校，擷取菁英是把少數被視為有天賦者與多數被視為會失敗者分開的手段，無關成功，而在菁英私立學校的「擷取」，除了成功，沒有其他，致力於創造高度競爭、充滿壓力的情境，把最好的學生推向最好的大學，回過頭來穩固學校的學術聲望。

(3)霸權的課程：分流所依據的「能力」是由特定的學習內容型態所定義，在此稱為「霸權的課程」，強調層級化的知識組織、高度個人競爭，其他種類的知識、技能與情意被邊緣化。在勞工階級的高中，有心的教師試圖藉由另類的課程激發學生學習動機，於是擷取片段的學術課程結合實務學科，以期對多數會提早離校的學生有意義，只是如此一來，惡化既有的課程區分。也有教師試圖讓某些學生依附學術成就的路徑，但是這與學生重視互相支持的家庭實踐有所矛盾。對統治階級的子女而言，學校教育就是讓人保持領先，父母也會密切監督學校作為。由此不難看出，學生及家長對外在世界和學校教育的想法反應特定的階級經驗，中等教育擴張後，學術課程霸權並非基於勞工階級經驗與需求，而是使之失序、分解，同時也抗拒霸權課程的宰制，於是霸權課程成為階級霸權運作的一部分。

（四）第四章：學校和社會生活的組織

學校教育不只攸關對個人的生命做了些什麼，也是一種組織那些生命的方式。

1.學校與階級體系

(1)教師與家長：親師關係本身可被理解為階級關係。統治階級家長視教師為具有專業技能的有給代理人，例如 Carpenter 先生指出：「我們

雇用教師，不聽他們的通常是浪費我們的錢。」（頁 128）教師也持同樣
觀點，言及家長介入導致有教師被解聘，或是新的課程提議無法實施。儘
管教師抗拒介入，然而多數家長的確較富裕、有權勢、高學歷，能有自信
地與教師互動。相對地，教師比勞工階級家長受過更多教育，也較優渥，
在學校中擁有權威，所以會毫不猶豫地傳達對孩子的評價。儘管教師希望
勞工階級家長參與子女教育，但專業的意識型態使其清楚畫界，社會距離
往往使親師的互動由對教育的看法不一，演變成家長在教育上的無能。

(2)市場與官僚：學校與階級結構最立即的關係在於親師、師生的互
動，最大的差別在於統治階級學校透過市場、勞工階級學校透過官僚清晰
展現。私立公學猶如市場運作，從一開始家長就在選擇，但受限於諸如家
庭傳統、宗教信仰之考量，雖然晚近擴張的公立高中造成衝擊，但有些家
長經過縝密評估，仍將子女送往私立公學，唯恐致力於平等的公立學校無
法投入更多資源給聰明的小孩。由此看出教育市場化的深刻效應，計算和
評估的態度滲透家校關係，私立公學面臨強烈競爭，必須有所調整以回應
統治階級家長的需求，包括撤換校長。相對來說，勞工階級家長透過官僚
體系與學校產生關連，國家制訂政策法規、雇用學校教職人員，家長頂多
在學校與教育人員互動，尤其是校長。就像私立公學，公立高中校長是家
校關係的樞紐，但他並非提供市場的服務，雖然不是雇主，在教師口中卻
是「老闆」，而教師也是國家的代理人，導致與學生、家長間較高程度的
緊張與衝突。就像市場，官僚體系也是改變的手段，但常基於專業理念提
出革新，而非由勞工階級家長提出要求。

(3)教育與社會流動：作者群認為過去文獻所言及的「流動」令人困
惑，因為人們的處境會變動，可能變好，可能變差，他們主張流動既被階
級關係形構，也形構階級關係，切記資本主義社會是動態的，沒有人的位
置固定不動，除向上流動，也可能向下、水平流動，無論統治階級或勞工

階級，都致力於避免個別家庭向下流動。差別在於如前所言，當勞工階級小孩學業表現成功，往往需與家庭集體實踐斷裂，統治階級小孩較少遇到此類困擾，但是統治階級內部也有歧異；專業者比資本家較依賴學校，因為專業與學科知識和競爭緊密連結，所以學校的革新對他們較為重要，反之，學校也對他們較有影響。

2.統治階級教育與統治階級

(1)「統治階級」與「中產階級」的問題：作者群起初和家長與教師說明本研究時，「統治階級」這個語彙引發困惑。作者群認為階級是一種關係，而非一種「位置」（location），與其問一個人在什麼階級，不如問一個人進入什麼階級關係。而「統治階級」並非同質，但其共通性在於，有進入權力與特權的管道，包括學校在內的許多機制致力於維持其共同的利益與情勢，當說人們處於那個階級，是指涉這種複雜關係模式的簡化說法。那麼能否分出「中產階級」？作者群指出的確有一群人不像各有穩定利益的統治階級、勞工階級，也缺乏成熟的文化機制以彰顯與捍衛其共享的價值。

(2)分享的空間與自主的問題：從本研究浮現出的顯著階級對比之一是，中等學校為統治階級家庭所擁有，對勞工階級家庭卻有如化外之地。統治階級家長在學校覺得很自在，「老男孩」和「老女孩」的網絡被積極培育，為學校引入許多資源，募款與財務委員會只是參與形式之一。就各方面來看，學校成為綿密的關係網絡之焦點，是家長、教師、學生共享的空間，也可以說統治階級學校是階級的工具，扮演積極主動的角色。

(3)學校做為階級組織者：學校組織階級最立即的方式就是透過組織親朋好友。首先，學校建置聯絡人並成立網絡；其次，定義誰是「我們」，排除「他們」，劃清界線；第三，言談間常出現「他們」，並與

「怠惰」連結，意味懶散、失序、服儀不整、說話習慣不佳、沒有禮貌、對未來不在乎；最後，這不只是一所學校如此組織，而是一整群的私立公學皆然。

(4)私立學校校長：統治階級學校校長發揮兩項重大作用，其一是透過市場進行教育改革的核心，其二是圍繞著學校的社會網絡之焦點。階級形構除了政治的組織、經濟的動員，同樣重要的是文化的說服。私立公學校長是過程中的文化勞動者，可類比統治階級的「有機知識分子」（沿用Gramsci 用語），他們本身並不富有，但其職務、功能與社會關係都必須被視為統治階級的一部分。只是隨著外在情勢的改變，私立公學校長承受的壓力與日邊增。

3.勞工階級教育與勞工階級

(1)勞工階級與勞動市場：這一代勞工階級父母幾乎都在可以離開學校時就投入勞動市場，但他們卻都期待子女能在學校越久越好。為何有此轉變？即使在校經驗並不愉快，這些父母在職場時，文憑主義已經掛帥，取得工作並得以升遷的往往是持有文憑者。就像統治階級，澳洲的勞工階級是一多樣且分化的團體，此處所指是依賴工資為生、無法藉由擁有資本、組織中的權力或專業壟斷獲益的一群人，同時也指涉展現共同利益或形塑共同身分認同的組織與實踐，諸如工會、政黨、自助團體或是家族和鄰里的網絡。這些組織與網絡旨在對抗分化，然而分化的趨勢越演越烈，因為大量的新族群移入、產業多樣化、有增無減的經濟不平等，加上文憑主義擴張，使教育的競爭和越趨分殊化的勞動市場得以連結。父母由此學到越多的學校教育意味著越好的工作，但子女則抱持懷疑，他們很清楚就算留在學校久一點，並不保證在離校時工作還在那裡等著。

(2)同儕生活與青少年文化：子女和父母對學校的看法有所衝突，因為現在的青少年有一種身分認同與支持，是他們的父母在他們這種年紀時

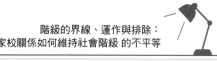
所沒有的。學校裡有兩個世界，一個是由教師控制，一個則由小孩控制，後者是更大的校內外青少年網絡的一部分。值得注意的是，同儕生活自外於成人的控制，並不代表未受成人影響，最重要的影響力來自於供應青少年市場的商業，幾乎不具反對色彩，反而與主流的資本主義緊密相連。同樣重要的是，青少年的狀態也持續消解中，無不渴望被視為成人。同儕生活與商業的青少年文化以兩種方式支持這個需求，一是當消費者，二是成為性的存有，於是勞工階級學校的學生少有勞工階級的身分認同，事實上熱中於青少年市場的資本家正竭盡所能加以防範。這種介入導致深刻的對立與分裂：其一是孩子與父母的斷裂，其二是女孩與男孩的區隔。

(3)國家教育與文化介入：學校不只是侵犯勞工階級生活領域的文化機制之一，可能還是最重要的；一所高中常是勞工階級社區最大的建築物，與其學區小學、社區設施比鄰，組織著他們的生活及同儕關係。這種入侵影響深遠：①在文化與心理層面，父母的求學經驗多為疏離、恐懼，備感受傷，等到以家長之姿回到學校，學校似乎記得他們，在訪談中許多勞工階級家長批評不好的教師與校長不在乎他們的小孩，背後潛藏著階級羞辱：「他們不認為我們的小孩值得在意」。傷害也頻繁出現在學生的訪談中，不只是教師如何對待他們，學校的分流結構說服很多孩子他們是愚蠢的；②在階級的形構方面，學校仍有其可信度，雖然階級傷害相當普及，仍有教師善待勞工階級學生，被牢記並感謝，更重要的是，學校代表知識，而廣大的勞工階級尊重知識，儘管他們未必全盤接受學校權威，甚至會批評或抗拒，但是勞工階級所擅長的在學校不被認可，甚至被貶抑，勞工階級意識因國家教育的文化介入而分裂。

(4)學校做為階級破壞者：就像私立公學在統治階級的組織上扮演重要的角色，公立高中對於勞工階級的凝聚和自我了解也發揮了關鍵作用。如前所述，中等學校並非被強加的，而是回應勞工階級的要求，代表一種

平等主義的改革；「綜合高中」意指為所有的孩子提供共同的學校教育，
也常被稱為「社區高中」，但這理想並未實現，當整個城市空間明顯地因
階級而區隔，新的公立高中就被創設為勞工階級綜合高中，而非如理想中
的所有孩子共同的學校。同樣重要的是，勞工階級內部的歧異性擴大，就
經濟上而言從貧窮到小康，就族群上而言因移民而越顯多樣。然而整個中
等學校教育改革並未徹底撼動霸權課程，於是勞工階級內部分成「粗
魯」、「可敬」兩個部分，學校成為各自表達並合理化的機制，勞工階級
學校的異議來自於抗拒權威、權力，傾向反智，把智能視為分隔的象徵，
而非參與和團結的工具。

4.學校教育與性別關係

性別與學校教育的討論主要都關注在女孩和男孩的機會不平等，以及
學校如何再製女性的從屬地位，然而兩個路徑都不完整，甚至形成誤導。
作者群主張性別關係就是權力關係，陽剛與陰柔並非生理性別的單純後
果，而是社會建構而成，且會隨著時空改變。

(1)性別的建構與再建構：澳洲政府 1975 年發布的學校委員會報告，
題為女孩、學校與社會，指出整個學校的課程與組織都在區隔男女學生，
強化刻板的性別期待。此現象在本研究的訪談中亦為真，不過作者群也發
現，陽剛氣質、陰柔特質都是複數，來自不同的家庭模式、成長軌道、個
人選擇，反應在不同的社會情境，而高中階段正值性心理發展的重要時
期，學校對性別的建構影響甚深，不僅層級化不同的陽剛氣質、陰柔特
質，同時也層級化男孩和女孩的關係。

(2)女人的和男人的工作：澳洲的勞動市場上個世代最劇烈的改變是
大量已婚婦女走入職場，只是性別隔離仍舊。對勞動市場的頂端而言，學
校教育體制極為重要，並非二者可以輕易連結，而是 1950 年代接受過高

等教育、進入專業行列、為了家庭放棄自己的生涯的女性，可能會鼓勵女兒追求生涯，因而形塑一種新的婚姻模式。學校教師本身也參與了改變性別分工的過程，不少年輕女教師深受女性主義影響，支持女孩追求生涯，在學校提供反性別主義活動的平台。然而這種影響很少發生在教師與勞工階級家庭之間，多數勞工階級家庭的已婚婦女從事底層工作，繼續維持傳統所定義的「女人的位置」。儘管如此，越來越少家庭禁得起讓女性成為全職主婦，即使在訪談中沒有任何勞工階級女性表示接觸婦女運動，但是她們的就業提升了經濟實力，也就較能與男性抗衡。

(3)學校組織：性別關係做為政策標的最顯著的莫過於男女合校，但是研究顯示性別主義並未鬆動。綜合高中的女孩和男孩相遇比過去自由且容易，然而也比過去以更開放且明顯的方式成為性的存有，學校教育的重組與同儕生活的改變交互作用，衝撞禁忌，使父母常擔憂，也是學校的長期問題。在其他方面，高中的結構極為保守，行政的層級鮮明，最上層的校長擁有最高權威，這種權威是統治階級父親在家裡行使的，而很多勞工階級男性希望擁有，於是絕大多數的高中校長是男性一點也不令人驚訝。不過有個非預期的效應是，抗拒學校的紀律與課業的包括男孩和女孩，包括統治階級和勞工階級，而且多數活躍的學校抗拒者是強壯的年輕女孩，的確挑戰了女人的從屬地位，但是學校在這方面能給予的協助幾乎是零。

5.學校教育、階級與父權體系

社會科學中最困難的問題之一是，了解階級關係與性別關係的交互作用，但此議題不斷出現，作者群不得不努力面對，嘗試指出這個交互作用如何影響學校教育，又如何受學校教育影響：(1)階級和性別的確交互作用且持續進行，不像一般所想的，階級關係限於職場，性別關係限於家庭，而是職場裡有性別關係，家庭中有階級關係，學校教育之所以重要，因為兩者出現在同一範疇；(2)性別與階級都是權力結構，當權力被行使、被

角逐，社會關係被組織，就是一種體制，是系統性的，而非隨機的；(3)
階級和性別都是歷史的系統，應被視為結構的過程，而非靜止的體制。

結合階級與性別的影響最單純的形式就是二者交織、共同形塑的學校
教育，然而性別和階級並非同種類的結構，不能等同視之。作者群認為性
別與階級的交織意指過程之間的關係，例如對一位勞工階級男孩而言，他
的陽剛氣質的建構是在一種經濟不安全的情境中進行的，他父親的陽剛氣
質與權威因在職場的底層有所減損。易言之，要掌握當代學校教育中階級
與性別的交織必須注意其不同的動力，思考「交織」並不足夠，它們彼此
摩擦、激發、擴大、抵銷，通常透過學校強而有力地互動，對學校帶來重
大的後果，若想改變教育中的階級關係或性別關係，必須了解我們也都參
與其中。

(五)第五章：不平等以及可以做些什麼

1.原因與概念

教育何以不平等？文獻裡充斥各種聲音，甚至彼此矛盾。以本研究的
主要論點及所得資料，答案可分四種類型：

(1)個體間的差異：這是最普遍的解釋，許多受訪的學生、教師、家
長都抱此想法。但作者群認為這個解釋誤將個人的技能、興趣、外表視為
固定不變且可測量，根據本研究的田野資料可以看出，個人技能、興趣、
外表都是被發展出來以回應其所處的情境，故對個體性真正的理解不能脫
離社會脈絡。同樣地，「個別差異模式」裡的許多「差異」也有社會相關
因素，例如 IQ 總與社會地位的測量相關，期望、興趣、自信程度往往男
女有別。

(2)家庭與學校的特質：這種解釋傾向把家庭視為形塑子女教育的主
力，指出學校失敗肇因於家庭的缺陷。本研究的證據也清楚顯示家庭是強

而有力的制度，對其年輕成員的影響無所不在、無遠弗屆，但並不表示作者群支持「缺陷理論」，明顯的理由是：同樣的家庭對不同的孩子會生產不同的教育生涯。只是有關教育不平等的原因之作品中，學校的能見度低了許多，但仍有如「學校效能」之文獻主張學校的狀態與特質的確有所影響，而本研究的田野資料也顯示學校是教育結果的生產者。另一方面，學校無法自外於其脈絡而被測量、理解，於是「制度的特質論」無法對教育的不平等提供比「個人的特質論」更充分的解釋，兩者的問題相同：透過不斷累加變項予以複雜化，測量越趨精緻、抽象，統計越趨詳盡，離真實處境越遠。

(3)家校關係與階級風格：若要超越家庭與學校的屬性，著眼於其關係，如何配對？一種熟悉的解釋為：家庭與學校文化符應的程度，亦即前文所稱「再製路徑」。然此路徑也遭逢嚴峻的困難：抹殺了個人乃是家校關係主要建構者的事實。本研究的田野資料顯示，學生不只是文化資本、各種能力、知識與態度的承載者，他們既涉及抗拒、模稜兩可、誤解、選擇，也可能涉及支持、複製。另一方面，「文化資本」這個概念並非毫無洞識，有些教育工作者訴諸「貧窮的文化」與勞工階級子女互動，此論點的長處在於以正確的規模面對教育不平等的問題，缺點則是把階級視為一群由聲望或財產所定義的個人。事實上，要了解階級屬性應該問人們日常生活所從事的活動，否則就會導出與事實不符的論點，例如宣稱勞工階級的生活方式導致他們輕忽知識或教育，然而本研究受訪者在言談間流露對知識與教育的景仰，即使他們的求學經驗不愉快，也會批評某些教育措施。由此可見，勞工階級學校可以有所作為，不能因對勞工階級的負面刻板印象而迷失方向。

(4)社會結構中學校教育的位置：為什麼教育不平等？最簡單的回答是：學校正是被設計來達此結果。然而本研究的田野資料與這種功能論的

主張並不一致，雖然學校的確發揮上述功效，卻也做了很多與此矛盾的
事，假如「再製」在特定的案例明顯適用，是因為一邊的勢力贏過另一
邊，而非因受某社會學的鐵則所支配。作者群的主要論證之一便是，要理
解當今的教育不平等，必須嘗試掌握新機制之影響，既有的研究文獻對此
機制持完全不同的看法，彰顯其本身矛盾的性質；有的認為新機制提供所
有人機會，有的則認為新機制並未改變不平等。易言之，平等主義理念提
出功績的中等學校教育以對抗行之有年的為不同族群利益服務的學校系
統，結果是學校教育既複製也轉化階級關係；此亦適用於學校教育與性別
關係，男女合校被提出作為提供女孩相同機會的手段，但此平等的理念與
家庭和職場中的性別隔離相互矛盾，男女合校並未終結學校裡的性別主
義。

2.一種學校教育的民主策略

(1)平等的機會：關心教育的民主人士主要的訴求有二：①關乎排他
性，指出社會不正義的主要措施之一就是特權團體壟斷好的教育；②關乎
教育的內容，資本主義國家的勞工運動要求更多的教育以提升勞工掌握自
己的未來的能力。然而教育機會仍不平等，而且幾乎各國皆然。儘管勞工
階級與社會主義政黨力推機會均等，但對勞工階級卻已產生負面的後果，
例如從學生和其家長的觀點，機會均等意指追求個人在學校系統中晉升、
透過學校教育在經濟與社會生活晉升的機會，但本研究顯示，對勞工階級
學校而言，意味著分流的學校組織、父母的知識與判斷被貶抑、缺乏信任
的師生關係。至於機會均等策略對整個勞工階級結構的影響，則是更深的
分化與對立，也加重教師做為合法知識與晉升的守門員之角色。然而並非
所有教育工作者與勞工階級都照單全收，當機會均等合理化不平等的學校
教育與社會，就會引發質疑與批評。

(2)好的學校教育：教育機會均等傳統的失敗促使人們重新思考學校教育的目的與內容，可惜的是「回歸基礎」類的保守倡議成為主流，加深了勞工階級學校教育的困難，應該回到早期由勞工階級發起的教育改革運動的訴求：知識確實有用、知識就是力量。怎麼做？方法很多，但都很困難。有關勞工階級孩子需要知道什麼，在戰後的中等教育大概出現三種答案：①認識學科知識以近用普遍的文化，然而強迫孩子學習產生難以克服的動機與控制之問題；②教師尋找學生覺得相關且有意義的知識，但結果往往是個人偏好的內容，反映孩子立即的世界，而非解釋與拓展；③結合既有的學校知識與勞工階級的已知，加以組織，直接討論真實處境，諸如經濟的存活、集體的行動、因失業而帶來的家庭破裂等等。

作者群進一步釐清，並非主張學校可以成為當今勞工階級目標的代言人，恰恰相反，學校必須與勞工階級保持批判的關係。勞工階級學校到底要教什麼？需要論辯，排出優先順位，原則之一是促使勞工階級學校對其階級是有機的，其實本研究已發現一個模式可供參考，統治階級學校對其階級正是如此；它們協助組織統治階級成為一種社會力、提供認同感與目的感、建立整合性的網絡、引導年輕人進入特定的實務、親師之間有共同的目標與清楚的分工。這樣說並非意指統治階級的學校系統適用於勞工階級，在現實中，教育市場只會使富者獲益，於是公立的教育系統是唯一的選項，只是需要更深刻地思考如何組織和運作，才能對勞工階級形成有機的學校體制。

(3)澳洲教育的現況：本書始於一項斷言，澳洲中等教育的某個時期已經終結，轉捩點很清楚：停止成長、機會均等的驅力耗竭、勞工階級高中從社會問題的解決方案變成重大的社會政策難題。這些變化對教育工作者帶來困惑和沮喪，當抱持保守意識型態者利用勞工階級對教育的不滿，譴責學校導致青少年失業，教師雖感憤怒，但卻無法提出其他解釋；教育

決策者也無法有效反對保守的中央政府提出的策略，1970 年代後半各種活化與支持公共學校教育的方案大量緊縮。然而緊縮並非一個策略，它只是更大的策略的一部分，其核心旨趣與保守聯盟整個經濟政策一致，即經由擴大財富與收入的不公平、提升對資本家的誘因，使經濟復甦，類似的邏輯適用於學校體制，對於有望進入勞動市場頂層的人，鼓勵他們更加努力、追求卓越，對於無望的人，提供較好的訓練使其成為受雇者。

最被廣為宣傳的莫過於為勞工階級子女設計的「過渡教育」（transition education），這個方案毀譽參半，好處是重新連結勞工階級學校與勞動市場底層，學校教育變成特定行業的訓練所；但也難以說服學生，因為並未為他們創造體面的工作，同時不平等的政策與改變的經濟情勢也威脅到學校教育對女性的用處。在國家的層次，熱中評鑑與績效以回應勞工階級家庭憂慮學校對其子女做了什麼，但卻可能鼓勵課程的標準化以及對學校更嚴格的管控，諸多變革都會加諸教師身上，故須精確了解教師的社會處境，他們在什麼限制下工作，以及有哪些可能性。最重要的是一項明顯卻容易被忽略的事實：公立學校教師是公僕；雖然在許多保守的修辭中「公立」儼然等同沒有效率、停滯、浪費，但是做為「公僕」仍具意義，貼近教師對自己的看法，多數教師進入教職並非因為有機會成為富者，而是因為教職真的可以做些善行，公共教育值得捍衛，正因為它是公共服務。

然而上述需要落實在社會關係中，以擴大教育的解放潛力，否則只是流於抽象的理想。對於社會關係的落實，作者群提出幾點建議：①公立學校教師應視自己為勞工階級的教師，而且引以為傲；②教師無法獨力完成，需要各種力量的支持；③教育不只是反映既有的社會生活，本研究的結果顯示學校教育是一個有力的制度，透過它，人及其關係被生產。教育工作者應看到這個行業最深的根，教育和人的解放有著根本的連結，在一

個被階級剝削、性別與種族壓迫、長期的戰爭與環境破壞扭曲的社會中，
名副其實的教育應促使人參與自己的解放，就最基本的意義來說，教育的
過程與解放的過程是同一的。只是 1980 年代起有些勢力往相反的方向
走，而且是全球的，力量強大，於是教育變成一種充滿風險的事業，教師
也必須選邊站。

貳 重點評析

一、所採行的理論觀點

　　本書的核心關懷是：澳洲的中等學校教育體制究竟是促進或阻礙社會
的平等？雖然教育社會學的相關研究很多，本書很大的貢獻在於新教育社
會學傳統以降，多數研究喜歡探究教室裡面的互動這樣微觀面向的觀察，
然後提出不同階級之間的對比，但本書轉向家庭與學校間的關係，特別以
社會階級為焦點，納悶為什麼某些階級的家庭家校關係良好，但某些階級
則不然。具體而言，本書探究澳洲的中等教育如何不利於勞工階級家庭，
發現對大多數的勞工階級家長來說，過往的求學都是痛苦的經驗，其中嚴
重的不見得是體罰，而是清貧學子的身分就如同壞小孩一般的污名，學校
則成為排除這群人的機制（mechanism of exclusion）。

　　雖然本書並未闡述具體的理論觀點，但可以看到兩種不同立場的轉
變，亦即從缺陷理論轉向再製理論。1950 年代流行的缺陷理論，主張處
於不同社會階層者有其不同的態度、價值、教養方式、人格特質等等，較
底層的家庭環境不利子女的發展，故須改善、強化甚至補償。然而這樣的
解釋有偏頗之處，不管是上層或底層的家長，對待子女未必有明顯的差
異，作者群指出真正的關鍵在於家庭與學校之間的差異。

　　1970 年代之後，主張學校教育再製不平等結構的主張慢慢成為主流。但本書要問的是：儘管歷經各種改革，追求教育機會均等的目標一直沒有改變，但是為何教育場域的階級不平等仍然持續？具體而言，勞工階級家庭與其子女不但沒在學校體系獲利，還被學校體系傷害，用學術的語言來說，學校教育的本身與階級文化的再生產關係密切。然而再製理論容易淪為統治（中產）vs.勞動階級這樣口號式的對比，但作者群在本書的確試圖彰顯階級的複雜性，尤其是階級內部，例如統治階級家庭的異質性、勞工階級家庭的差異性，以及不同階級間的性別差異，不同變項的交織讓家庭與學校產生更多元的情境。舉例來說，作者群一再強調不同階級居住的差異，空間規劃正是一種組織的重要型態，都市的空間規劃也是階級區隔（class separation）的象徵過程。

　　雖然本書未刻意吊書袋，引用具體的理論框架來解釋，但整體而言仍有 Bernstein 與 Bourdieu 的影子。符碼是英國學者 Bernstein 的理論架構之核心，在社會結構與心靈意識之間扮演著轉載及傳遞的中介角色，在整個系統過程中，不僅運作於無形，且具有統合及調控的功能，因此只要能佔有符碼的操控權，就能決定符碼的形式、運作方式以及預期對整個社會系統可能產生的影響。Bernstein 在 *Class, Codes and Control* 一書中解釋社會階級如何透過符號的規範作用，達到社會控制的目的，因而再生產社會的不平等階級結構。換句話說，符碼是一種社會結構所傳遞的媒介，包括語言與教育知識，不同的教育知識符碼背後的深層結構，往往導致不同的社會化經驗與社會結構的再生產現象。第二位是法國的 Bourdieu，其文化再生產理論分析學校系統對下層階級的影響，而宰制階級能成功維持其地位是因為他們擁有控制教育系統的資源，以及他們的文化教育行動已經排除被宰制階級的文化，學校以及教育只不過是宰制階級控制被宰制階級的場域及工具，Bourdieu 稱之為「教化工作」（pedagogic work）。讀者亦可結合這兩位學者的論述思考教育場域的階級再製。

以時間序來看，本書某種程度延續 Willis 的經典研究（參見林郡雯導讀與評析的 *Learning to Labour* 一書），但細讀之後還是有些許差別。儘管本書第四章與 Willis 的研究發現有異曲同工之處，亦即勞動階級的家長從過往的經驗學到「更高的教育就等於更好的工作機會」，下一代卻對此存疑，因為他們知道學校教育不一定學以致用，早點投入職場反而比較有機會，這一群人類似 Willis 筆下的 Lads。但我認為 Willis 比較看重施為者（Lads）的能動性，舉例來說在 *Learning to Labour* 一書，Willis 很堅持在日常生活去發現創造力，強調其本身就是一種政治的過程，相對而言，有關抗拒，本書著墨較少。

本書提出三個不平等的面向，從微觀的個體面向，到中介的家庭／社區／學校與階級風格，再逐步轉向鉅觀社會結構與學校的關係。在微觀個體差異面向，作者群提醒個別差異這樣的解釋，往往誤將個人的技能、興趣、外表視為固定不變。在中介的家庭／社區／學校與階級風格面向，本書一開始就指出過去往往以家庭缺失論加以討論，慢慢則轉向「再製路徑」的觀點，但作者群主張要了解階級屬性，應該問人們日常生活所從事的活動，只是很多研究常常妄下定論，認為勞工階級的生活方式導致他們輕忽知識或教育，然而本研究受訪者卻流露對知識與教育的景仰。最後從鉅觀社會結構與學校關係來看，本書點出矛盾的弔詭，作者群的主要論證之一便是，平等主義理念對抗行之有年的為不同族群利益服務的學校系統，但現實上學校教育既複製也轉化階級關係；此亦適用於學校教育與性別關係。跟其他相關研究不同之處，作者群關切性別關係即權力關係，陽剛與陰柔是社會建構而成，彼此都是複數，來自不同的家庭模式、個人選擇等，反應在不同的社會情境，學校對性別的建構影響甚深，不僅層級化不同的陽剛氣質、陰柔特質，同時也層級化男孩和女孩的關係。不過，作者群也提到性別和階級的彼此交織，往往透過學校裡的實際運作，因此欲改變教育中的階級關係或性別關係，必須了解我們也都參與其中。

　　至於如何解決不平等的問題，本書結尾提到平等機會（equal opportunity）與好的學校教育（good schooling）兩個策略，在我看來仍是非常結構式的討論，忽略了現實中的階級複雜性很難用這種口號式的主張化解不平等。某種程度而言，本書的作者群有點樂觀，平等的機會與好的學校教育兩者真的能夠解決階級差異嗎？既得利益者應該有各式各樣的招數，防堵其他人來分一杯羹，這樣的倡議顯得浪漫與天真，但做為具備批判意識的我們，好像也沒有太多的對策改善這樣的問題，階級似乎是難以撼動的一塊鐵板。

二、方法論與研究倫理

　　本研究的主要資料蒐集方法為訪談，但並非由固定的問題組成，而是讓受訪者有機會表達想法與分享經驗，讓研究者得以進入他們的生活世界，也就是從一個個微觀的生命敘事，推論至整個澳洲社會不同階級家庭與學校之間的關係之差異性。可能因為與 Willis 的關切面向不同，本書研究方法的選擇也不太一樣。Willis 的學校民族誌研究使用參與觀察進入當代學校體制之內，不像傳統的民族誌只重描述生活表象，而是有意識地運用各種理論概念進行批判性的分析與詮釋，他認為文化不只是一組可轉換的內在結構（這樣的觀點就是 Bourdieu 的基本論點），或是權威的意識型態宰制下的行動結果（這樣的觀點就是馬克思學派的基本論點）。相對地，本書多依賴訪談的方式，比較雪梨與阿雷德得兩地的學生與家庭。我臆測作者群比較偏好結構面的討論，因此第三章與第四章用頗長的篇幅告訴我們學校的組織結構或課程結構如何運行，導致階級之間的不平等；而 Willis 比較站在行動面，並提出穿透（penetration）與限制（limitation）兩個概念有助於我們對抗拒文化的深層理解。不管站在那個面向討論，結果大概一樣：階級存在差異。

　　不過，值得一提的是作者群所持階級分析的觀點，他們認為階級會經歷變動，而在變動與形成階級的過程中，容易看見某階級中成員間的衝突。本書挑戰傳統對階級的定義，以往都以父親職業、居住地點這樣的指標做為規準，但本書發現男性（父親）與女性（母親）的看法往往也存在差異，換言之，有關階級的定義與看法，過往並沒有太多性別思考的介入。本書是否可以算是批判導向的民族誌研究？我個人認為作者群對於階級間不平等具有高度的敏感度，相信研究應該揭露階級間的壓迫關係，比較可惜的是，很少看到作者群的自我反思，也沒有看到具體的抵抗行動。此外，早期研究並沒有 IRB 相關制度的規範，訪談弱勢者的生命經驗雖然可以揭露階級的差異與不公，但在訪談敘事的過程中，如何避免受訪者受到傷害，有待更周延的思考。

參 反思啟示

一、教育研究方面

　　本書點出家長與教師之間的鴻溝，絕大多數家長對學校所做所為所知有限，訊息來源是孩子轉述，雖然學校以相關機制如親師座談等試圖減少彼此的不了解，但實際上參與的家長仍然相當有限。不過從相關的表格可以窺見家長職業等訊息，特別是意識到自我揭露可能帶來歧視風險者，或許不會願意主動談論，但本書也發現：「勞工階級家長對教師的評價一般來說並不正向，甚至會嚴厲批評特定的教師，而教師也傾向區分家庭的好壞，以是否有助於其維持紀律、讓孩子學習的任務為判準。」放在臺灣的脈絡，親師之間的關係不必然存在明顯的衝突，讀者或許可以加入華人避免直接衝突的文化觀點進行理解，特別是相對弱勢的家長面對教師的時候，往往因自身資本較低，採取不同於中上階級家長的態度。或許教師並

不排斥勞工階級家長參與子女教育，不管臺灣或是澳洲，只是階級造成某種社會距離，讓勞工階級家長裹足不前。

為什麼勞工階級家長不太愛參與學校事務？過去教育社會學界往往用「家庭缺失論」（Family Deficiency Theory）與「制度歧視論」（Institutional Discrimination Theory）來解釋不同階級的家長參與教育。前者認為文化資本匱乏的家庭由於缺少教育的傳統，父母不注重教育，對語文掌握不足，加上沒有足夠的動機追求長遠的教育成就，因此趨於較少參與子女教育；後者則把家長參與的差異溯及「制度」的因素，而非歸咎於個別的父母，揭露教育機構階級歧視，對來自低下階層的父母和學生存有偏見，校內一些隱晦的歧視作風或排斥措施，把條件不利的父母排拒於外，使其不能參與子女教育。不管何者，大概都指出低下階層的家長自我淘汰的現象。

本書作者群也把階級區分為 ruling class 與 working class，不過我想提出反思，當我們快速地把階級二分的時候，很多脈絡性的討論往往會被忽略，甚至消失。階級真的是截然不同的對立面嗎？Lareau（2000）的研究（參見游美惠導讀與評析的 *Home Advantage* 一書）發現教師要求不同階層的家長協助的次數和方式沒有實質的分別，學校或教育機構並無意圖歧視低下階層父母，擁有較少資本的低下階層父母對參與子女教育未必消極。

本書的研究年代較早，後續類似的研究很多，推薦讀者進一步參考Vincent 與 Ball（2006）所著《兒童照顧、選擇、階級實踐：中產階級的家長及其子女》（*Childcare, choice and class practices: Middle-class parents and their children*）一書，該書關切中產階級在托兒、教育上的價值、生活風格、政治偏好與社會關係，並且區分中產階級內的不同職業類別，包

括專業工作者、管理階層、國家或私部門的受雇者等。Vincent 與 Ball 採取關聯主義的立場探究階級，一方面從結構的面向看待中產階級，主張中產階級是許多因素的交織，包括職業、居住地點、社會價值與社會再生產的策略，亦即中產階級不是一個固定的集體，內部存在著矛盾與類型上的差異，另一方面從行動的面向切入，討論取得中產階級的過程、如何在特定的社會秩序內建立與維持地位，亦即中產階級各類型的家長面對教育、托育有著不一樣的行動與策略。兩位作者強調托育／教育的機會與選擇和家庭的價值密切關聯，彰顯中產階級家庭代間傳遞的策略，但即便在泛稱的中產階級之內，其價值或生活風格往往也不必然相同，存在某種區辨的界線，如同中產階級與勞動階級之間的界線一樣。也就是說，兩位作者提出不同於以往的分類架構：專業的中產階級採取監控與失控的親職教養（parenting out of control），對比勞工階級與一般的中產階級採取設限的親職教養（parenting with limits）。若本書可以複雜化 ruling class 與 working class，或許田野資料能浮現更多有趣的對比。

儘管階級差異確實存在，面對這個議題，我認為理應跳脫階級的截然二分，如 Lareau 的發現就流於截然二分：中產階級採用精心擘劃的教養方式，父母主動支持、強化小孩的才能、意見和技能（由成人安排多樣化的休閒活動），而勞動階級採用自然長大的教養方式，父母關心小孩，允許小孩成長（和親戚朋友外出遊蕩、由小孩自己主導），因為父母教養方式與介入機構方式的不同，養成有自尊自信或是有拘束感的小孩。又如 Bernstein 的研究亦然，他比較中產階級與勞動階級在文本層次、傳遞層次與鉅觀制度層次的差異，產生精緻型與限制型符碼的語言表達、個人型與地位型的家庭等區隔。

如何跳脫階級二分的可能？藍佩嘉（2014）曾在〈做父母、做階級：親職敘事、教養實作與階級不平等〉一文，批評 Lareau 階級的劃分容易

淪為二元對立，她的 *Raising global families: Parenting, immigration, and class in Taiwan and the US.* 一書（Lan, 2018），可視為對此批評的補充；該書針對臺灣的勞工／中產階級家長、美國波士頓的華人（含臺灣與中國）移民勞工／中產階級家長這兩地的四個群體，以階級和社會脈絡兩條軸線為交織，提出更細緻的觀察。她在臺灣做過 80 次深度訪談（受訪者有 51 位媽媽、28 位爸爸，包含 57 個家戶，三分之二是中產階級和三分之一的勞工階級），和波士頓的 56 次深度訪談（受訪者有 40 位媽媽、16 位父親，包含有 48 個家戶），累積豐厚的訪談資料與多樣的家庭面貌。她還在兩個區域納入育兒的田野觀察，從這些同一出生世代的臺灣與華人移民家庭中，巧妙地展示華人父母的文化曲目（cultural repertoires）、教養腳本和策略如何在跨國背景下演變，並發現階級是理解差異的關鍵。該書強調家庭生活中的情緒政治、聚焦全球化脈絡，看見不同階級與地域的家長藉由各種教養實作面對所處脈絡的各種結構與制度性影響，而非一如美國主流社會對華人家庭的刻板理解。避免落入階級的二分，她強調要關切教養實作策略，即父母間如何運用自己的資本、權力位置施展議價能力（bargaining power），該書對家庭中的性別政治提出不同的辯證，究竟是爸爸比較有決定權呢？還是因為階級的差異，中產階級的媽媽更有決策性？這些都是讀者可以進一步延續的研究方向。

二、教育實務方面

有關教育實務的反思與啟示，我認為學校場域的抗拒與多元性的陽剛氣質兩大議題值得教育工作者留心。

針對到底什麼是抵抗這問題，本書第三章論及孩子如何附屬學校，提出三種型態：(1)抗拒：大抵上二種是最常見－好學生和麻煩製造者；(2)順服：就像抗拒，順服的意義也因情境而異；(3)實用主義者：在多數教

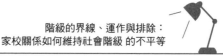

師眼裡，絕大多數學生既非明星，也不是麻煩製造者，而是介於其間，這種學生是教師主要的支柱，他們對教師沒要求，學科也都及格。然而現場觀察到的製造麻煩就等同於抵抗嗎？抗拒理論往往淪為口號式的論述，黃鴻文（2011）在〈抗拒乎？拒絕乎？偏差乎？－－學生文化研究中抗拒概念之誤用與澄清〉一文指出某些學生文化研究發現，運用抗拒的概念時，犯了名實不符的錯誤，將拒絕或偏差當成抗拒，使抗拒概念淪為浪漫的口號。他認為學生的抗拒不一定都與階級、性別與族群等鉅觀結構有關，而可能只是單純地抗拒學校師長，學生面對的壓迫可能與階級、性別或族群的結構有關，也可能只是抗拒微觀層次的人物與事件而已。具體而言，他質疑可否把學生翹課、搞笑、打架等日常作為全都視為抗拒的行動？或屬於偏差的行為？黃鴻文指出許多研究常聚焦於外顯而具體的學生違規行為，卻未把違規脈絡化，探究其象徵性意涵。換言之，應該具體描述行動者所遭遇的限制與障礙，才能看見行動與勞工階級母文化之間的關連性。若用黃鴻文這論點重新檢視本書，雖然作者群提到抗拒是一種與學校的關係，由學校的權威結構與階級和性別的動力交互作用而成，但也發現不必然跟挑戰宰制階級的勞工階級文化直接相關，往往只是私下的批評，缺乏對結構的質疑，如 Milton 公學的 Chris 與 Rockwell 高中的 Heather。

本書有關陽剛氣質的討論是我非常同意的，如第三章提到宰制階級男子學校透過競爭性的運動生產特定種類陽剛氣質，然而作者群也指出陽剛氣質並非單一類型，在學校中不同類型的陽剛氣質被層級化。具體地說，階級與陽剛氣質的關係並不單純，充滿緊張與矛盾，就像宰制階級男孩一樣，勞工階級的陽剛氣質也有形式之別，而且其間的高低層級逐漸浮現，與宰制階級的差異是主流的勞工階級陽剛氣質之生產透過抗拒學校而達成，另一種從屬的陽剛氣質，競爭性的成就，則需與階級的實踐斷裂。換言之，目前學界常常引用 Connell 所提出的霸權陽剛、從屬陽剛、共謀陽

剛與拒斥陽剛的類別，若不把描述脈絡化，探究背後意涵，恐怕誤用理論框架，落入套套邏輯。

 延伸閱讀

Connell, R. W. (1993). *Schools and social justice*. Philadelphia, PA: Temple University Press.

Connell, R. W. (2002). Making the difference, then and now. *Discourse: Studies in the Cultural Politics of Education*, 23, 319-327.

 參考文獻

黃鴻文（2011）。抗拒乎？拒絕乎？偏差乎？——學生文化研究中抗拒概念之誤用與澄清，**教育研究集刊**，**57**（3），123-154。

藍佩嘉（2014）。做父母、做階級：親職敘事、教養實作與階級不平等，**台灣社會學**，**27**，97-140。

Lan, P. C. (2018). *Raising global families: Parenting, immigration, and class in Taiwan and the US*. Stanford, CA: Stanford University Press.

Vincent, C., & Ball, S. J. (2006). *Childcare, choice and class practices: Middle-class parents and their children*. New York: Routledge.

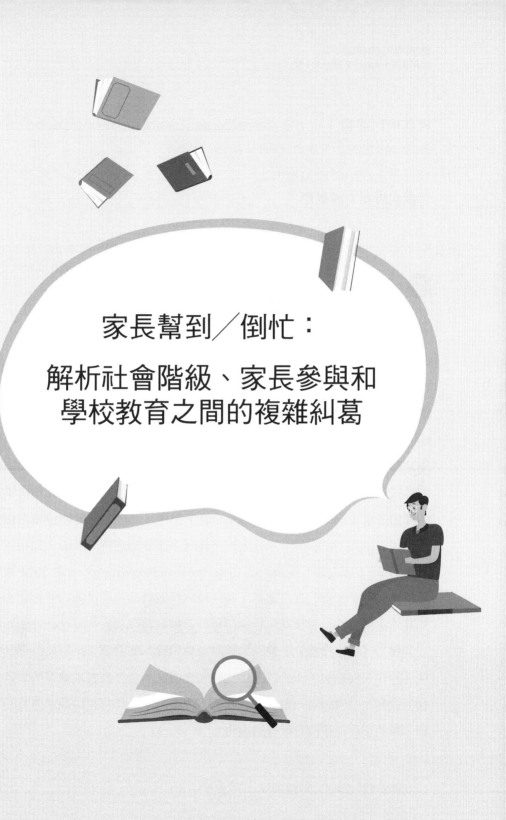

家長幫到／倒忙：

解析社會階級、家長參與和
學校教育之間的複雜糾葛

經典研討書目：*Home advantage: Social class and parental intervention in elementary education*
作　者：Annette Lareau
導讀與評析：游美惠

壹 全書導覽

一、關於作者與本書

　　《家庭優勢》（*Home Advantage*）這一本書在 1989 年初版，2000 年再版，作者 Annette Lareau 是美國賓州大學（University of Pennsylvania）社會學教授，她 1984 年在美國加州大學柏克萊分校（Sociology, University of California, Berkeley）取得博士學位（Ph.D.），主要研究興趣為家庭生活，特別是針對學童及其家長的社會地位如何影響其學習經驗和教育成就進行探討。《家庭優勢》這份研究曾經讓她獲得美國社會學學會的傑出學者（Distinguished Scholarship）獎項，之後她又延伸持續進行相關主題的研究，完成另一本有名的著作《不平等的童年：階級、種族與家庭生活[1]》（*Unequal childhood: Class, race and family life*），在 2003 年出版，探討親子教養的文化邏輯，關注種族與階級的互動交織如何影響家長為其子女所做的教育抉擇，也曾經獲得美國社會學學會的教育社會學獎項之榮譽。《家庭優勢》一書深入探討社會階級如何影響家長對於孩童學校生活的介入和參與，作者透過民族誌研究取向，發揮教育社會學的想像力進行探究，引導讀者一窺美國社會市郊學校的家長如何運用他們擁有的資源，幫助子女在學校有較好的表現。

1　此書楊巧玲（2009）曾寫過書評，可以參考。

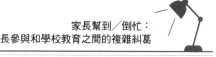
二、問題意識與研究目的

本書聚焦在教育場域學童的學習，探討社會階級如何影響家庭與其他社會制度的連結。同樣也關注階級與教育議題的教育社會學者 Julia Wrigley[2]為《家庭優勢》一書作序時便開宗明義地指出：這一本書仔細分析社會階級的日常運作如何影響父母傳遞其優勢給孩子，為美國社會學界帶來不凡的貢獻，是一本會令人眼睛一亮的教育社會學專著。

其實《家庭優勢》這份研究規模不大，只涵蓋「兩個一年級班級、12個家庭、四位教師與兩位校長」，但是卻能讓讀者透過民族誌田野工作的深入探究，發現社會階級在人們的日常生活（尤其是教育場域）如何鉅細靡遺發揮著巨大的影響力，而且我們還可以進一步了解：學校教育從來不是單獨孤立存在的體制或場域，家庭生活和學校生活的「體制間連結」（inter-institutional linkages）不容忽視。這「體制間連結」是作者非常強調的論點，可以明確指認出個體行為深受社會脈絡影響。

不論是在理論或在實證研究，社會學者一直以來都較能深刻描繪社會制度之內而非之間的動態關係，Lareau 則十分強調社會制度之間的相互關聯（inter-relationships），這種關聯性進一步形塑了個人經驗。也就是說，各個社會層面交織在一起，形成了社會「紋理」（social "fabric"），交織影響著個人的生命經驗。另外，過往的社會學研究，常把階級視為背景變項，很少將之當作人們與制度之間日常互動中的動態元素，但是本研究走出一條不一樣的探究之路：Lareau 運用了法國社會學家 Pierre Bourdieu 所提出的「文化資本」（cultural capital）概念，將之

---

2 Julia Wrigley 任教於紐約市立大學（The City University of New York），她的研究專長為社會階級與不平等。曾經出版過相關專書，諸如 *Other people's children* (New York: Basic Books, 1995)以及 *Class politics and public schools: Chicago 1900-1950* (New Brunswick, NJ: Rutgers University Press, 1982)。

「美國化」並進行更細緻的教育社會學之分析；文化資本在本研究之中指的不是欣賞古典音樂或鑑賞藝術品的精英生活品味，而是父母的教育程度與理念、職業技能等，為人父母者刻意且有效地動用這些文化資源，把家庭的優勢背景變成孩童在學校學習的有利基礎。

三、研究設計與實施方法

Lareau 在這一本專書之中並沒有另立專章介紹這一份民族誌研究的研究設計與方法，只是在第一章之中簡短描述：

> 本書探究社會階級如何以及為何影響家長參與學校教育。⋯聚焦
> 於某一特別形式的家長參與：家長在孩子的教育中扮演的角色，
> 尤其是在孩子的課堂活動中所扮演的角色。⋯分析一所白人勞工
> 階級小學及一所白人中上階級小學的家庭與學校關係。在這兩所
> 學校各自找出一個一年級的班級，研究十二個家庭，在他們孩子
> 一年級到二年級的期間持續追蹤（頁8）。

研究者 Lareau 透過在兩所小學（科頓小學和普雷斯科特小學）一年級班級進行六個月的參與觀察，而後考量小孩的閱讀能力差異再挑選出 12 位母親進行訪談，是在小孩從小一要升上小二的那個暑假實施的，地點都在受訪者的家裡。在孩子二年級修業結束後，這些母親再次接受訪談。研究者另外也單獨訪談了大部分的父親，並輔以一些低年級授課教師和校長與職員的訪談，研究資料之蒐集可謂相當豐富。

在專書的第一章最末「本書架構」（Organization of the Book）之中，作者只以簡短一個段落的文字說明以上所述的研究方法，但比較特別的是，在本書的附錄，作者呈現她的個人筆記，以短文方式探討田野工作

常見的問題，且在後記之中，有一小節「研究法議題」，簡述作者的一些方法論想法，特別是關於質性研究從過去到現在的演變。

再回到本研究來談，民族誌研究和田野工作可以對家庭與學校之間聯繫的深度理解有所貢獻。誠如 Lareau 在本書最末之〈結語〉所提出的：

> 我們需要將零碎的知識整合起來。未來研究的挑戰是，以更動態、反映時空環境具體的方式，來顯示家庭與學校在維繫一個殘酷的階層化社會中所扮演的角色。（頁 192）

為了「探究隱藏在社會階級與統計數字下的層面，以更加理解這些行為的社會脈絡與意義」（頁 12），Lareau 採取民族誌田野工作為主要的研究方法，另外再輔以深度訪談蒐集更詳細的資料，來理解社會階級如何影響孩子在美國社會成長與發展的人生機會。

四、田野發現與立論主張

在這本專著中，Lareau 仔細探究家長如何運用他們所擁有的資源幫助自己的孩子在學校成功。研究發現勞工階級和中產階級的家長一樣，都想要幫自己的孩子，但是他們所擁有的資源類型以及數量並不相同，所以他們的介入行動和干預方式也就很不相同；中產階級的家長有社會優勢（高地位的工作，好的學歷以及組織技能）可以幫孩子取得好的成就表現，勞工階級相對則較欠缺這些資源與技能。也就是說，特定階級提供了特定資源，而當這些資源被動用之後，產生效果，便轉化成為文化資本，讓孩童的學習成就因為「家庭優勢」而有了優勢。

全書除了前言、後記與附錄之外，共分為九章，章節架構略述如

下：[3]

第一章〈社會階級與家長的學校參與〉，性質比較像文獻探討，同時
也介紹本書的章節架構安排；第二章〈教師想從家長那兒獲得什麼？〉則
介紹此一民族誌田野研究場域中之親師關係以及教室、任教教師的樣貌，
並說明研究者與他們接觸的過程與經驗。

第三章和第四章分別仔細說明研究者如何與兩所學校、兩位教師和學
生家長互動接觸，並呈現田野之相關訊息和具體細節。有趣的是，第三章
的標題為〈家庭和學校兩個世界：科頓小學〉，第四章的標題為〈家庭和
學校相互連結：普雷斯科特小學〉，從標題之命名便可窺見這兩個研究田
野的屬性差異：在科頓小學，勞工階級的家長尊敬教師，也看重教師的專
業，所以他們不太會介入學校教育，他們認為教師具有專業自主性，家長
只是協助孩子準備上學的功課，不會想「改變」或介入，因此作者用「分
隔」（separation）來形容家庭和學校的關係；而在普雷斯科特小學，家
長（尤其是母親），不只關注孩童在家裡的活動，也試著影響孩子在學校
的學習，他們會運用一些策略以避免孩子被分到「壞老師」的班級，他們
也會在家裡教孩子功課，尤其是那些功課比較不好的孩子的媽媽，更積極
投入（或說「介入」）學校教育。

在第五章〈母親與父親：家長參與學校教育的性別差異〉，作者提出
證據指出：對於子女的教養，母親仍負更重的責任，尤其是中上階級的母
親；而關於促進孩童的認知發展，也仍由母親主責。總的來說，中上階級
的母親在關心子女的學校教育方面投入最多，而勞工階級父親投入最少心
力。作者在這一章引用大量田野資料論證，深描母親在子女教養上投入更

3　在 2000 年再版之書中頁 11-12，作者有一小節文字專門介紹本書之章節架構。本書之中
　　譯本已於 2015 年由群學出版社出版，譯者為李怡慧，讀者可以參閱譯作。

多的情形，也指出比起 19 世紀，今日的母親在提升子女的學業成績表現上，面臨更多繁複多變且勞力密集的工作任務，而父親則只是鼓勵、讚美或做決策，所以整體而言，家長參與仍以母親為主，父親扮演的是象徵性的角色，特別在中上階級的家庭更是如此。第六章探討為什麼社會階級會影響家長參與學校教育，為何研究中這兩所學校的家長參與情形有這麼大的差異？作者統整三種可能的解釋：（一）家長重視教育的程度不同；（二）校方與家長互動的質與量有很大的差異，以致造成截然不同的模式；（三）社會階級提供家長不同的資源與觀點，而這一切又回過頭來形塑家長的行為。由於中上階級父母在社會階層化體系中所處的位置較高，所以比勞工階級父母更能達到教師的要求，諸如父母唸書給孩子聽、出席學校活動、到班上擔任義工、協助孩子的學校課業等；但是勞工階級的家長卻不覺得自己有能力協助孩子的課業，家長的閱讀能力弱，只有基本的數學能力，且不是很能理解教師說的話。換言之，要達到教師的要求，家長必須具有一定的教育程度才行。整體而言，中上階級的父母由於具備識讀和基本能力等先決條件，理解且認同教師關於「家庭與學校之間的聯繫」這樣的觀點，所以互相配合不成問題，但勞工階級背景的家長並非如此，他們較敬重教師的專業知能，且強調學校與家庭之間的分隔，較不具備回應教師所提出的協助孩子之要求的潛藏先決條件。

第七章和第八章，作者分別探討家長參與學校教育的正面功效與負面影響。階級位置影響家長監督和／或試圖控制教育工作者的可能性，當家長順應教師的期許，並且在孩子的教育上扮演主動的角色，通常就會看到成果，這是家長參與學校教育的正面功效：較高的社會階級提供了各種資源，家長可運用這些資源幫助子女在校表現優異，社會階級給予孩子一種家庭優勢。但是另一方面，家長參與學校教育的負面影響是：父母高度參與學校生活的孩子會顯現出承受壓力的跡象，未必有利於學習表現。值得

一提的是，Lareau 的田野也發現，若家長很少在家裡協助孩子課業，則可避掉可能相當棘手且讓親子關係衝突的因素，這對孩子與父母來說其實都是好事。

而對教師來說，缺乏家長參與可以帶給他們的好處則是，教師可以有較多的專業自主權，以及在與家長的互動關係上居於較高的地位，畢竟家長的批評有時會打擊教職員的士氣，產生不良的影響。如此一來，家長參與可能對孩童有利，但卻對教師產生威脅，本書作者引述 50 多年前《教學社會學》（*Sociology of teaching*）的作者 Willard Waller 的說法，稱家長與教師互為「天敵」（natural enemies）：家長與孩子的關係異於教師和孩子的關係；家長只關心班上一位孩子，教師則需關心班上每一位孩子。也就是說，家長「特定性的關心」與教師「普遍性的關心」不但可能也確實會帶來衝突。這個觀察相當值得重視，也可以讓我們明瞭家長與教師之間長期存在的緊張關係，其來有自。Lareau 在這份研究中則進一步強調：家長的社會階級位置影響了他們與天敵「戰鬥」時可運用的資源。

本書最後一章探討體制間連結的社會階級差異。如前文所述，這「體制間連結」是作者在本研究中非常強調的論點，她主張社會制度之間的相互關聯會形塑個人經驗，本研究正是聚焦在教育場域學童的學習成就，思考學校教育中的「家庭影響」，探討家庭行為與學校行為的互動關係，將家庭、學校與階級的三角關係做了精彩的教育社會學分析。

貳 重點評析

以下分兩點對本研究進行評析，首先針對本書作者所採用的理論觀點及其主題內容，以「社會階級與學校教育」為題指出本書探究家長參與學校教育的批判意涵，其次聚焦探討民族誌研究的方法論議題。

一、理論觀點：社會階級與學校教育

　　過往有些研究指出學童本身的能力與動機才是影響教育成就的重要因素，家庭社經地位的影響不算什麼，但是作者 Lareau 在這一本書強力主張：社會階級對孩童的校園生活影響重大。教師要求家長參與，而社會階級會影響家長所擁有之資源多寡，以及左右家長是否可以回應教師所提出來的家長協助之要求。作者強調分析應要仔細檢視體制間的連結，學校教育和家庭生活之間的密切關係，不容忽視。

　　Lareau 指出：中產階級家長會仔細監督孩童的家庭作業，會留意觀察教師的表現與作為，也會介入學校教育，儘量避免對小孩有所不利之可能災難或惡果產生，但勞工階級的家長則傾向於把家庭和學校看作是截然二分的領域，他們很少嘗試去影響教育體系，較相信教師的專業。另一方面，勞工階級相對較不擅長建立社會網絡，他們比較常和親戚、家庭成員來往而已，不像中產階級可以在閒聊和交往互動之中交流、分享訊息。在本書的第九章，作者仔細分析社會階級差異反映在諸多面向：中產階級和勞工階級不只在教育的價值觀有別，家長本身擁有的資源與能力、工作的類型和人際網絡也各不同，這些因素都會產生影響。儘管存在這些階級差異，改變之道卻不是簡單地加強勞工階級家長對學校事務的參與，Lareau 認為教育的不平等要有所改變，牽涉到許多因素，需要多管齊下，例如教育政策的部分，Lareau 認為改善教師專業組織和讓教師有更高的薪資，甚至是提供家長「輔導員」都可能是有用的做法。而在社會結構方面，作者甚至擔心，階級會影響到社會制度不受挑戰，因為擁有資源的家長可以順利滿足需求，讓子女擁有大學入學許可，或是運用個人的影響力來左右標準的組織流程。有資源的中產階級家長「有管道」或「知道如何操弄制度」便大大地影響其子女的教育機會與成就。所以家庭和其他社會制度之間的關連分析可以讓我們進一步了解，階層化體系如何透過「家庭優勢」讓個人開展出獨特的有利位置。

　　值得注意的是：影響家長與學校教育之可能因素頗多，只強調階級因素可能會造成誤導，在本書的「後記」中，Lareau 先回顧過往相關文獻澄清這一點，而後提出一些概念性議題（conceptual issues），強調探討「脈絡」形塑學校經驗是很重要的，尤其不應低估「結構不平等」的角色，資源分配不均（尤其是權力）所造成的重大影響。她主張階層化的過程和「家庭－學校」關係之探討密不可分，而文化資本和社會資本的概念可以有效地擴展我們的理解，只是要注意別扭曲或誤用了 Bourdieu 的理論，Lareau 認為擁有階級資源和如何啟動、運用資源是兩回事，需要更細緻的探究。

　　另一方面，知道了階級因素對於學校教育的影響之後，我們更要留意：更大規模的社會運動可以帶來教育的變革，讓政治權力、經濟財富與文化資本都可以更平等地再分配，一個（公平的）社會應該讓每個孩子都有「家庭優勢」，而這也是所有教育工作者應該努力不懈的工作目標。

二、方法論與研究倫理：民族誌研究

　　民族誌研究需要研究者願意冒險去「侵入」（介入）別人的生活，並透過觀察不斷反芻意義之所在，田野工作必須在現場觀察和分析架構間求得平衡，捕捉社會實體的複雜性，而持續進行探究與研究者的自我反省更是重要。本書作者 Lareau 深切體會到這種研究取向的挑戰性，也在著作中展現出田野報導人經驗的豐富特殊性，但又能將社會階級與文化資本做一獨到的分析，相當難得。

　　我在此要特別推薦本書之「附錄」，作者以〈田野工作常見的問題—個人札記〉為題，詳細呈現研究過程中的點點滴滴，希望效法《街角社會》一書的作者 William Foote Whyte 在該書將研究的「內部苦工」（inner- workings）詳加描述並公開討論。具體而言，Lareau 在本書的

「附錄」分成兩個部分仔細探討自己研究之優缺點，希望幫助讀者更深入地了解這份研究，從中獲取洞見（insight），另外她也希望能為田野研究會面臨的一些常見的共同問題，提供具體示例。她說：

> 關於研究資料如何被蒐集的真實描述一直很欠缺，但這種描述與揭露卻很重要。許多社會學的質性研究作品都沒有仔細描述研究過程，也沒有討論到在民族誌田野工作中所伴隨的陷阱、延遲和挫折感等，沒有給讀者任何相關的啟發與洞見，大部分的研究也未披露其「內部苦工」（inner-workings），相當可惜。（頁197）

到底研究如何被完成？常常留待他人猜想，許多研究甚至以很好的書寫掩蓋了資料和文件蒐集之拙劣，本書作者 Lareau 則認為：

> 正因為質性研究沒有特定的研究規則，無法靠電腦程式下個指令就解決問題，因此更需要在資料搜集、分析和書寫研究報告時更具體地描述，以協助研究新手，讓他們有具體的指導方針以資遵循。（頁198-199）

所以諸如撰寫田野筆記的時間點、如何連結資料（行動者的主觀經驗）與理論（看見結構之存在與運作、批判觀點）等，本書的附錄都有作者不藏私的揭露與反思，彌足珍貴。

參 反思啟示

以下針對教育研究和教育實務兩個方面提出本研究可以提供給當代臺灣教育社會學相關研究之反思與啟示。首先在教育研究方面，從批判的觀點探討社會階級分析應該留意的發展方向，以及對於民族誌研究方法論議

題可以有何反思並進而從中得到啟發；其次在教育實務方面，聚焦探討家長參與學校教育的利弊得失，進而提出一些值得警醒的重點。

一、教育研究方面

（一）階級差異及其不平等攸關重大，但應更深入地仔細探究

　　Lareau 的研究具有原創性，她仔細呈現出中產階級的家長做了一些微小但卻具有決定性的努力，而讓他們的孩子得到更多額外的資源。但是，這本書的第一版和第二版，前後相距十多年，在這期間，家庭和學校都經歷重大變遷，相關研究也有長足之進展。其中很重要的一項改變是強調家庭和學校兩者之間的互動關係，尤其應重視這互動關係所發生的社會脈絡，過往比較強調影響學校教育的「家庭因素」，而今思維應當改變，不能簡化地認為中產階級家庭就是「好的」、「適當的」，而勞工階級和貧窮家庭就是「不利的」、「有缺陷的」，研究應更著重探討家庭所受到的結構影響力是什麼，而國家又如何對家庭實作（family practices）造成影響。

　　事實上，若是檢視 Lareau 的相關著作，包括這一本《家庭優勢》和另一本在 2003 年出版的《不平等的童年：階級、種族與家庭生活》專書，其研究面臨的最主要的批評便是：階級差異的本質不容易掌握，將階級視為給定的結構位置與二元範疇，並將中產階級和勞工階級分別看作個別的同質群體，如此一來，把階級等同勞動市場中的位置（positions），忽略「階級過程」（class process）的分析（藍佩嘉，2014）。

　　關於這一點，我們可以留意：Lareau 在《家庭優勢》一書的第七章中明白指出：「社會階級並非決定了家長的行為，…社會階級提供了資源；家長必須動用這些資源，透過社會行動，家長才能將社會資源轉化為利益。」（頁 145）也就是說，家長是否動用或如何動用資源便是研究者

應聚焦分析的關鍵重點，不是以階級位置作為探討的起點或研究的結論，而是需要細緻的探究分析「階級過程」（class process）。所以，Lareau 也不是完全沒有注意到階級過程之分析。另一個更嚴重的問題就是二元對立給研究帶來的困境。儘管 Lareau 在她的研究之中能夠生動地呈現兩套階級化的家長參與學校教育之模式，卻無法關照到階級內部不同的親職價值與教養方式，而且兩套階級化的教養腳本到底和實情相符多少，也可能受質疑。所以仔細考察家庭的階級背景如何化為動態的影響力量，穿透兒童的校園生活和學習成就，仍是未來值得發展的研究方向。

誠如藍佩嘉（2014）在臺灣社會所進行的相關主題的研究論文中所言：不同階級位置的父母在近用文化資源時管道有所不均，不僅形塑他們教養方式的差異，也影響孩子在改革中的教育體制的生命機會。但是先前學者視教養為階級再生產機制的觀點雖然值得贊同，卻絕對不能將階級化約為給定的結構位置，或預設階級慣習的跨世代延續。當然一個更根本的學術問題仍需要持續被考察與探究，那就是：階級研究者如何在強調階級分類的重要性之同時，能避免把階級範疇給僵固化看成靜態的分類甚至是複製了刻板印象？如何將階級看成一個活出來的經驗（lived experience），並掌握階級內部的異質、動態的劃界區分過程，這可能是更重要的探究焦點。藍佩嘉指出：

中產階級家庭的教養模式與當前教改論述有親近性，可能間接限制了勞工階級的流動機會；例如，入學管道的多元化，尤其是推薦甄試申請大學的管道大開，傾向認可規劃培養下的中產階級家庭出身之學生，加上入學方式與選填志願的複雜化，也提高了家長了解制度與協助孩子的門檻，這些都對弱勢家庭子女相對不利。我們應在教育制度與入學方式的改革上，考量到階級的差異與作用。學校教育應避免以中產階級雙親家庭、全職母親為原型

來設計學習活動或要求家長參與，否則容易排除、邊緣化其他型
態的家庭（頁 137）。

而這也呼應了 Griffith 和 Smith（2005）在 *Mothering for schooling* 一
書[4]所指出的，中產階級女性以母親的角色投入學校活動，透過積極參與
學校教育，再製下一代的階級優勢與社會不平等。

另一方面，親職論述的相關探討，在當年《家庭優勢》這一本書完全
沒有觸及。藍佩嘉（2014）指出：親職日常實作充滿了不確定與矛盾，包
括教養腳本與親子互動之間的落差，以及家庭生活與學校期待之間的衝
突；其中親職論述做為「主導文化腳本」（dominant cultural
repertoire），具有規範、典範的地位，讓家長認為「現代父母應如此」。
這些親職論述滲透日常生活與主體之建構，造成當代父母更多的焦慮、壓
力與不確定。

事實上父母須有一定的經濟、文化與時間資源，方能在家庭生活中履
行新式的教養腳本，而不論是中產階級或勞工階級，多數父母經歷教養腳
本與親職實作的斷裂，甚至矛盾。所以藍佩嘉（2014）的研究進一步探
討：不同階級位置的臺灣父母，在這樣的論述脈絡與時空環境中，如何透
過世代比較的框架來描述自己的親職理念、如何透過資本的積累與轉換來
安排孩子的教養，以及親職敘事與教養實作如何做為一個協商階級差異與
不平等的社會場域。這類主題的研究能陸續出爐，《家庭優勢》一書功不
可沒，作者 Lareau 開闢先河讓家庭的社會階級不再只是背景因素，而可
視為一股鮮活的影響學校教育之力量加以分析，被大家看見並考察其利弊
得失。

4　中譯本《母職任務與學校教育的拔河》於 2007 年由高等教育出版社出版，譯者為呂明
　　蓁、林津如、唐文慧。

觀諸本土相關研究，江民瑜（2006）以量化研究的方式探討高雄縣市國小學生家長參與學校教育行為之影響機制，發現家長的人際關係和學校支持態度知覺都可能是影響家長參與行為的重要因素。家長本身對網絡關係越滿意，越能提供家長協助子女教育所需的訊息性、情感性或工具性社會支持，而這些因素有助於提升家長參與子女的學校教育。至於家長參與學校教育其他面向的發現尚有：母親與學校關係品質明顯較父親來得好，使得母親在親師聯絡層面的表現較父親積極；家長職業是主管專業人員，與學校關係品質明顯較佳，使得各層面家長參與行為表現均較為積極；而在校務決策層面的參與，監督佐理人員亦明顯高於勞動工人，主要是與學校關係品質較佳占有優勢所致；子女就讀低年級的家長，與學校關係品質較佳，對校長支持態度知覺和教師支持態度知覺也明顯較為正面，因此提高了家長在子女學習活動的參與程度；偏遠地區家長與學校關係品質明顯比都市地區來得好，使得偏遠地區家長在參與校務決策較為積極。

　　上述研究及其發現再度彰顯家長參與學校教育具有複雜性，那些積極參與的家長是否真能代表全體學生則一直是爭議的焦點。楊巧玲（2001）指出：當參與的家長通常具有某些屬性，所指的家長就不是所有的家長，雖然參與有不同面向與方式，但是參與的結果可能都是有利於具有某些屬性的家庭（包括家長與子女）。英、美與臺灣的相關研究文獻也都指出家長參與具有性別、種族、階級的意涵，例如承擔家庭中的教育取向活動以及學校裡的服務取向活動的多為母親（Waggoner & Griffith, 1998）；而David（1993）歸納許多英國的調查報告，發現絕大多數成為學校管理組織成員的家長為白人、專業人士、中產階級，即使在由勞工階級和大量少數族群組成的社區，絕大多數的學校管理委員並未反映人口組成，對於參與學校決策感興趣的仍然是白人中產階級。

另一方面，Lareau 雖已在本書仔細探討家長參與對於學生學習狀況和學業成就的影響，並在最後勾勒出一些未來研究可能發展的方向，指出郊區學校和大城市中的學校情形之「家庭優勢」運作的方式不同，未來應該可以深入探究。但是若只著重家長在幫助孩子做入學準備及遵從教師要求提供協助上所扮演的角色，這樣的「家長參與」研究範圍其實太過狹隘。在臺灣，若以性別平等教育之議題為例，階級和宗教信仰之立場交織，讓反對性平教育的力量因為「家長參與」的呼聲而更加發揮力量阻礙了教育政策的推動，這樣的現象是《家庭優勢》這本書之立論無法涵蓋的！關於這一點，我將在以下針對教育實務方面的啟發部分再深入探討。

（二）方法論攸關重大，好研究終究勞神耗時也費力

至於方法論的面向，作者指出有越來越多跟質性研究與民族誌研究有關的好書出版，可喜可賀。但歷經了十多年，作者至今仍覺得質性研究是困難的、耗費心力的，但苦功夫仍是得下，這是重要的！另外值得一提的是，作者明白指出質性研究資料分析軟體能幫的忙實在有限，它無法幫助思考，不斷重複閱讀和探索研究資料是必要的！

Lareau 認為：量化研究和質性研究可以有不同的貢獻，質性研究雖然無法呈現出大規模樣本與變異數等資料，但可以闡明人們的行動與話語中的意義，而從日常生活例行事物到社會現實之構成，只有質性研究能幫我們捕捉到洞見，故雖較耗時、耗心力、煩人，且不確定性較高，也不容易出版大量的論文，但仍值得投入其中。

Lareau 想表達的是，做研究其實是很具社會性的（social），因為想法並非憑空獲得，而是出自社會脈絡，在研究期間，和人討論、書寫以及送審受評、和文獻對話等，都是具有社會意涵的。前已提及，她也不吝在後記和附錄之中分享累積所得的寶貴經驗；她坦承研究問題的確會不斷修

正改變，舉例來說，本研究原先是要探討「學業成就」，但後來將重心轉移到「文化資本」和「家長參與」。她也指出自己後來揣摩出的研究技巧是每去田野三次後，一定會重新審視研究問題，希望能更進一步，或許是跟同僚討論，或許跟相關研究比較，或是寫比較長的備忘筆記，以便別人可以閱讀與批評，當然也一定會對整體研究計畫之目的加以反思，包括理論性提問和資料的質量等。至於分析，Lareau 區分出兩個層次：一個層次是在田野筆記之末的分析，比較是記錄一些特定的事件或是田野的動態變化；而另一個層次的分析，則比較是更廣泛的且更具反思性的，更具有社會意涵，希望能延伸研究，將之與社會脈絡接軌，使研究（對田野）的貢獻更能被評估出來。諸如此類的「細節」分享，其實是相當珍貴的，因為大多數的研究成果都不會將加工製程中的細節（有時甚至可以說是「祕密」）揭露出來，我認為這種無私的分享，殊屬難能可貴，可望幫助更多研究新手或民族誌研究方法論之初學者更順利地進行田野工作，展開探究之旅。

二、教育實務方面：家長參與攸關重大，但其範圍與分際應審慎評估

　　過往的研究者很少把家長視為一個集體力量（a collective force），也沒能對家長介入學校的力量可能造成的教育變革進行探究，本書作者 Lareau 從階級文化的角度切入，讓我們得以了解家長的學校知識和資源對於教育不平等造成的影響：擁有較多資源者連帶位居有利之位置，促成制度如其所願地改變。正因為學校教育的品質攸關重大，家長的影響與介入也就更加舉足輕重，而「客製化」的教育（"customizing" education）讓家長在孩子遇到諸多學習狀況（或說學習問題）時，可以更快速地因應與處理。但是如前所述之家長與教師互為「天敵」的說法：家長與孩子的關係異於教師和孩子的關係，家長只關心班上一位孩子，教師則需關心班

上每一位孩子。於是家長「特定性的關心」與教師「普遍性的關心」二者難免衝突，如何取得平衡？

另一方面，家長投入參與學校教育不盡然帶來正面的結果，也可能會造成負面效果，本書對相關的正、負面影響均有詳細的探討，其中的負面代價值得留意：就是家長參與可能讓夫妻、手足和家庭成員之間形成更嚴重的衝突。

受到本書的啟發，我聯想到臺灣自 2011 年以降的校園性別平等教育相關爭議之風波，其中家長參與的聲浪甚囂塵上。但是在臺灣性別平等教育的脈絡中，我們看見的「家長參與」比較傾向於家長督導、檢視教師的性別教育或性教育實踐，加上宗教立場的滲入，「恐懼」的氛圍因而瀰漫，除了忽略學理基礎、違反教育法規，也傷害教學專業自主權，甚至讓許多現場教師產生「教了找麻煩，不如不教」的心態，這是令人不樂見的「家長參與」負面效應。誠如王儷靜（2017）所指出的：

> 伴隨著婚姻平權修法的倡議，性平法被扭曲解讀，性別平等教育成為被攻擊的箭靶。…其中不乏移花接木或惡意抹黑，…進行多元性別教育和生命教育的教師被指控「散播同性戀風潮」、「毒害學生」，…。有些「家長」反對學校教導性教育，要求性教育必須由「家長」監督才能進行。乍聽之下，這種聲音反映了部分家長對於小孩接觸性教育的擔憂。但是再想想，在網路發達、社交媒體興盛的年代，我們有辦法完全禁止孩子透過其它管道去接觸課本沒教的事嗎？性教育的「性」不是只有性行為，還包括對自己身體的認識、對自我認同的探究、對性別關係的影響，如果規定這些不能在課堂討論，學生理所當然地會轉向網路求知。教師和家長不能用「前網路頭腦」去想像這一代學生會搜尋到什

麼，既然沒有辦法禁止，更好的做法是教師和家長一方面自我充實，一方面陪伴孩子共同學習成長。與其避而不談，不如好好談（頁 4-6）。

王儷靜（2017）接著指出有些家長更透過民意代表提案要求「有關性平教材及課程，應由在學家長、校方、教科書業者及教育主管機關共同審訂」，或是「政府應落實家長的教育參與權，對進入校園教學的團體應建立事前審查及公告制度」。這些訴求不僅顯示提案者不了解目前學校的性平教育現況，也試圖限縮教師的專業自主權。試想：家長並未受過師資養成的專業訓練和性別平等教育之培訓，如何稱職勝任課程發展、教科書審議、性平教育推展等工作？這種提議等於是把學校教育工作推向「不專業」，不信任教師的能力，也罔顧學生的學習品質。所以當「家長參與」的範圍與強度被無限上綱，如何確保教育工作者的專業自主性以及捍衛教育的基本價值就是另一個重要的議題，不容輕忽。而且要注意的是：臺灣的這些反對性別平等教育推動的家長其背後多有宗教力量之支持且以組成家長團體的名義和方式發表立論，這種背景和運作形式也不是過去以單一家長為行動個體的「家長參與」研究所能涵蓋的。

楊巧玲（2001）曾經在〈家長參與學校教育的社會學分析〉一文最末提出建議：臺灣未來教育政策的發展應謹慎設計、全盤規劃，仔細衡量家長參與之相關問題：誰是家長？何謂參與？為何參與？參與哪些事務？如何參與？參與的結果如何？哪些家長在參與？家長參與可以做為促進全民關心教育事務的機制，但是不能充當改革教育的萬靈丹，尤其值得注意的是，隨社會的變遷，家庭的型態與結構也在轉變，教育政策的制訂與修改應配合其他方面的政策，以免擴大、加深既有的性別、族群、階級等方面的不平等。而今看來，前後經過近 20 年，這些問題仍是問題，有賴教育政策制訂者與實務工作者深切反思。

　　最後，若是針對本書所關切的階級差異與家長參與兩大議題來看，其實不管是研究或實務都應該齊頭並進，相關的改革行動著實無法二分。舉例來說，在近年的臺灣社會，由於家長（具有特定階級和宗教信仰背景）對於特定教育議題強勢干擾與介入，讓「家長參與」反而阻撓「尊重多元性別差異」這種進步的教育理念在學校教育現場落實，這類型的「家長參與」不僅沒有為學童之學習帶來「優勢」，反而透過對教育行政主管機構或校方施壓而阻礙教育政策之貫徹與落實，這個「臺灣經驗」應該也可以為「家長參與學校教育」這個研究領域和實務作為提供更多新的思考方向。

延伸閱讀

呂明蓁、林津如、唐文慧譯，Griffith, A. I. & Smith, D. E.原著（2007）。
　　母職任務與學校教育的拔河。臺北市：高教。（原著： Griffith, A. I.,
　　& Smith, D. E. (2005). *Mothering for schooling*. Psychology Press.）

楊巧玲（2002）。教師與家長參與學校決策之研究。**教育研究月刊**，
　　100，108-116。

楊巧玲（2005）。國中學生家長參與子女學校教育之調查研究及社會學分
　　析。**教育研究月刊**，**135**，92-107。

楊巧玲（2009）。社會階級事關重大－評介 A. Lareau《不平等的童年：
　　階級、種族與家庭生活》。**當代教育研究**，**17**（3），149-157

藍佩嘉（2019）。**拚教養：全球化、親職焦慮與不平等童年**。臺北市：春
　　山。

Lareau, A. (2003). *Unequal childhoods: Class, race, and family life*. Berkeley:
　　University of California Press.

參考文獻

王儷靜（2017）。性別平等教育的情理法。**性別平等教育季刊，78，**4-7。

江民瑜（2006）。國小學生家長參與學校教育行為之影響機制探討：以高雄縣市為例。**臺灣教育社會學研究，1**（6），41-81。

呂明蓁、林津如、唐文慧譯，Griffith, A. I. & Smith, D. E.原著（2008）。**母職任務與學校教育的拔河。**臺北市：高教。（原著：Griffith, A. I., & Smith, D. E. (2005). *Mothering for schooling.* Psychology Press.）

楊巧玲（2001）。家長參與學校教育的社會學分析：英、美與臺灣的教育改革策略之比較。**教育學刊，17，**199-217。

楊巧玲（2009）。社會階級事關重大－評介 A. Lareau《不平等的童年：階級，種族與家庭生活》。**當代教育研究季刊，17**（3），149-157。

藍佩嘉（2014）。做父母、做階級：親職敘事、教養實作與階級不平等。**台灣社會學，27，**97-140。

David, M. E. (1993). *Parents, gender & education reform.* Blackwell Publishers.

Waggoner, K., & Griffith, A. (1998). Parent involvement in education: ideology and experience. *Journal for a Just and Caring Education, 4*(1), 65-77.

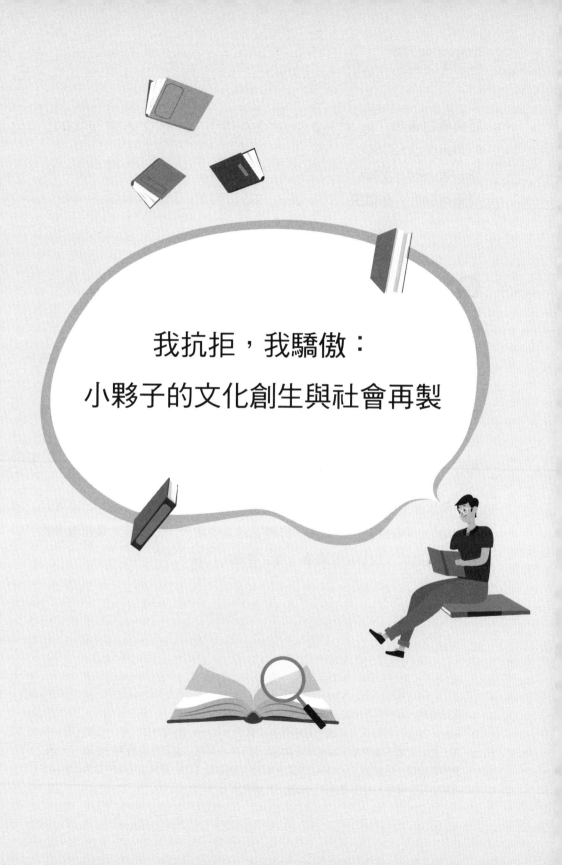

我抗拒，我驕傲：

小夥子的文化創生與社會再製

經典研討書目：*Learning to labour: How working class kids get working class jobs*
作　者：Paul Willis
導讀與評析：林郡雯

壹 全書導覽

一、關於作者與本書

　　Paul Willis（1945- ），英國人，是民族誌研究、文化研究的重要學者，其成名大作正是本文所拜讀之《學做工》（*Learning To Labor*, 1977）。在教育學門，凡有志於青少年文化研究者，或說，想了解學生抗拒文化、反智（知）文化者，大概都會瞻閱此書，以經典稱之，可謂名實相符。

　　為使讀者掌握《學做工》梗概，本文先將其目次臚列如下[1]，之後有詳有略[2]，擇要拾摘之，如此，俾利明白其要義於一二，若能喚起讀者興趣，親炙原典，也算功德圓滿，達到導讀的任務。

1　標楷體部分是未見於目次的子節標題與起始頁碼。

2　Willis 指出，對於民族誌感興趣的教育工作者，可好好閱讀第二、三、四章，至於第五、六、七章，抽象層次較高，理論性較強，不只分析了文化歷程的內在意義、合理性與動態發展，也探究了它們何以有助於理解勞動階級文化，及其如何出乎意料地維持、再製了社會秩序，社會理論家可細讀之（請見第 vii 頁）。

表 1　《學做工》目次與內容概述

篇章標題起始頁碼			內容大要
第一章 緒論 1	榔頭鎮個案研究 4		研究目的與方法、田野描述
第一篇 民族誌 9	第二章 文化要素 11	與權威對幹、拒絕乖仔 11	文化內容 反學校文化的「其然」（What）
		非正式團體 22	
		睡覺、偷拐搶騙、逃學 26	
		找樂子 29	
		無聊與刺激 33	
		性別歧視 43	
		種族歧視 47	
	第三章 文化的階級與制度形式 52	階級形式 52	文化歷程 反學校文化的「其所以然一」（How-1）： 帶著階級到學校
		制度形式 59	
		對立的發生 60	
		分化與教學範式 62	
		後分化關係 77	
	第四章 勞動力、文化、階級與機構 89	官方提供的課程 89	文化歷程 反學校文化的「其所以然二」（How-2）： 帶著階級進工廠
		連續性 95	
		工作 99	
		自我 101	
		上工 106	

篇章標題起始頁碼			內容大要
第二篇 分析 117	第五章 洞察 119	分析的元素 119	小夥子看穿教育的謬論與勞動的本質
		洞察 126	
		教育與資格 126	
		勞動力：獨一無二的商品 130	
		一般抽象勞動 133	
	第六章 侷限 145	分工 145	錯誤連結：小夥子僅能部分洞察的內因
		勞動力與父權 147	
		種族歧視與勞動力 152	
	第七章 意識形態的角色 160	確認 161	意識形態：小夥子僅能部分洞察的外因
		擾亂 163	
		內在對話者 166	
	第八章 小記：邁向文化形式與社會再製的理論 171	再生產與國家制度 176	建構人文主義的再製理論
	第九章 週一早上與千禧年 185		對教育工作者的建議

二、問題意識與研究目的（第一章，第 1 頁至第 4 頁）

前已提及，《學做工》堪稱經典，然而筆者大膽推見，經典如是，喜讀之人恐怕不多，原因是：Willis 行文常有拖沓，特別是「分析」篇之諸章節，鉤章棘句，即便來回細讀，也未必能通曉大意，可說其義深切，可惜其言冗贅，有害領略，讀者若想考驗自己的英文閱讀能力，可嘗試第 119 頁至第 126 頁「分析的元素」。所幸這個問題未見於「導論」，事實上，本書「導論」簡明爽利，第一頁便直指 Willis 的問題意識：

中產階級小孩得到中產階級工作，這其中有件事兒難以解釋，那
就是：別人為何成就他們；勞工階級小孩得到勞工階級工作，這
其中也有個難以解釋的：他們為何自甘如此？

Willis 續言，英國是自由民主的社會，要說勞工階級小孩僅此一途，
別無出路，實在是便宜解釋，又不是被拿槍砲指著了，怎會沒有選擇？可
要稱他們是自我導向（self direction），卻也言過其實，他們並非自願勞
動軍，上趕著被一車車送到工場去，投身社會底層，幹那些工資不高、社
會觀感不佳，而且越來越沒有意義的勞力工作。他認為，前所謂「（勞工
階級）讓自己成為勞工階級」的經過大致是「部分自願卻非完全自願」、
「有點被迫但不盡然被迫」的、令人意外的、自我毀滅的歷程，而《學做
工》的主要目的便是去揭櫫這「孰令致之」。

除此之外，《學做工》還有一個次要目的：檢視一般勞動階級文化。
Willis 自陳，這才是他的研究初衷，只是隨著研究開展，他開始關注「沒
有學術傾向」的、「不服管教」的青少年，以及他們對工作的適應過程，
這過程涉及最基本的社會結構，亦即工作關係，而那是勞動階級文化之所
以持續再生產的關鍵，因此《學做工》的研究場域同時包含了學校與工
廠。

三、研究設計與實施方法（第一章，第 4 頁至第 6 頁）

Willis 立意要研究典型的勞動階級，於是找到有代表性的勞動階級小
鎮－椰頭鎮（Hammertown）（化名）。椰頭鎮是英國最早工業化的小鎮
之一，鎮民共六萬，有 79％的人在製造業做事，其中一半以上與重工業
有關，其他的人則在食品、飲品、菸草、機械工程、車輛、磚窯廠、陶瓷
廠、玻璃廠與物流廠工作。這裡的工廠規模極大，除了全國大廠的分廠，
還有跨國工廠，約有 60%的勞工受雇於員工逾 1,000 名的大廠。在大蕭條

時期，失業率低於全國 1%。白領階級只有 8%，是全國平均的一半。每天有 6,000 名中產階級通勤到槌頭鎮上班，因此槌頭鎮是個既舊且新的工業小鎮。

此外，Willis 認為，報導人的受教質量應該要優於或等於其他工業城的勞動階級學校，於是他進入了頗重視行為守則的槌頭男校（Hammertown Boys）。該校是非選擇性的現代中學[3]，正要轉型為綜合中學，再加上要為「提高離校年紀」（Raising of the school leaving age）做準備，所以擴建校舍，設立資源中心，以能力分組取代分班，並發展新的課程方案與選修課，嘗試協同教學。更好的是，學校新建了青年活動中心，學生經常在那兒進進出出，使 Willis 有了更開放的、非正式的機會可以親近學生。

槌頭男校有 600 個學生，皆來自勞動階級，並有許多西印度群島移民與亞裔移民，但 Willis 聚焦階級，想了解報導人如何賦予階級位置（positions）與階級關係（relations）以意義，並因此發出了什麼行動，所以 12 個報導人皆為白人，他們是朋友，也是反學校文化的成員[4]，皆下定決心 16 歲一到就要跟學校說再見。

Willis 在他們離校前一年的第二個學期進入田野，並一路跟著他們，直到上工後的前六個月。他採用的研究方法有參與觀察、個別訪談、焦點

3　彼時，英國的中等教育是三分制（tripartite system）型態，包括文法中學、技術中學與現代中學。三者之中，以現代中學分數最低（請參考國家教育研究院 http://terms.naer.edu.tw/detail/1310581/）。

4　亦即沒有學術傾向的、不服管教的勞動階級男學生，他們是小夥子，而小夥子稱與自己同校同年級的乖仔為聽話蟲。此外，Willis 做了五個比較研究，雖然較少被注意，但其實有一些值得討論的研究發現，分別是：(1)同校同年級的聽話蟲；(2)附近一所質量不那麼好的男女合校乖仔；(3)文法男校非乖仔；(4)都會區的綜合中學類小夥子團體；(5)都會區的高級住宅明星文法中學非乖仔。

團體還有文件（日記）分析，訪談的對象除了學生，還有家長、資深教師、新任教師、巡迴輔導教師，以及工廠的工頭、經理與店長。

四、田野發現與立論主張
（一）田野發現[5]

正如表 1 所示，《學做工》的第二章描述反學校文化的內容，第三、四章則追蹤其生成的脈絡（contexualise）。Willis 要強調的是：反學校文化與勞動階級文化之間有高度的相似性，但它不是一個整體，會從事「無差別自我再製」，相反地，反學校文化是小夥子在特定的脈絡裡、與其他的團體、制度，乃至於趨勢進行抗爭的結果。準此，第三章先從大脈絡－勞動階級文化說起，再進入小脈絡－學校，敘述小夥子如何與學校對立、分化，以及分化後的關係為何。第四章則處理大小脈絡如何形塑小夥子對工作的看法。

1.文化要素（第一章，第 11 頁至第 51 頁）

不是所有的失敗者都可以成為反學校文化的一員，入團是要資格的，包含特定的技能、機靈、信心，最重要的是，必須參與、有所貢獻，而非搭便車、找靠山。我們得有這個認知，才能真正了解小夥子。

小夥子痛恨權威，頭號敵人是教師，次要敵人是教師的小跟班－聽話蟲。小夥子善於控制自己的不爽（caged resentment），總是在這兒點火、在那兒煽風，找老師麻煩，卻又在老師氣到不行，就要訴諸棍棒之時，堪堪停手。對於聽話蟲，小夥子不只排斥，還唾棄，因為他們無趣、呆板，只會啃書，而且是沒有性經驗的處男。自己呢，超會尋歡作樂、找刺激，

---

5 田野發現來自於民族誌的深描。在這部分，Willis 引用了許多訪談語料，有大量的青少年流行用語，為了呈現他們的口氣，本文也用流行用語陳述之，雖然時、空皆不同，但求貼近一些，讓讀者在字裡行間也能想像小夥子的模樣。特此說明。

偷拐搶騙，小惡不斷，若是得逞，免不了要得意半天，但因總是得手，實在也是無聊，因此，他們想方設法，更新整人伎倆。即便犯了事跑法院，也是「值了」，因為當作日後說嘴的談資，加油添醋一番，簡直不要太英雄！

小夥子是資本主義商品－服飾、菸、酒的愛用者。究其所為，就是要昭告天下：我們是大男人，不是小男孩。別說他們一身行頭如何地撩妹了，「被看到」在校門哈菸、在酒吧拼酒更說明了自己敢於搦戰，「沒在怕的」，更甚者，只要試探哪些年輕老師看到自己抽菸、喝酒，卻裝聾、作啞、賣瞎，便知他們是對手陣營裡的軟腳蝦，而使壞之後，若能脫罪，無異於玩弄老師於股掌之間，更是自我感覺高大上。

小夥子不只從老師、聽話蟲身上找樂子，也找自己人下手。他們或者掄拳、踹腿、巴頭、擰臂，或者揶揄、挖苦、潑冷水，最常見的是：與性有關的嘲弄，怎麼尖銳怎麼來，精髓在於：貶損必須快、狠、準，這需要一定的文化技巧，若要反擊，要求就更高了。基本上，非正式團體的入門檻有二：一是能找樂子，二是能幹架，想進入非正式團體？兩者缺一不可。

另一方面，因為他們要穿潮衣潮褲、要吸菸、要飲酒、還要顯擺、泡妞，自然得想辦法搞錢，除了偏門－偷[6]拐搶騙，打工也是方法之一。事實上，在「真正的世界」自食其力，與成人打交道，大大提升了小夥子的自信，讓他們自覺比學校裡的老老小小「懂得多了」。

此外，小夥子有性別歧視。他們看不起女性，又把女性分為兩類：一是娶回家的，二是一起睡的。前者是正經的女朋友，要性感（sexy）不性

6　在學校行竊是最刺激的，除了弄到錢是成就之外，也凸顯他們的氣魄，是直接打臉老師，也是把自己跟聽話蟲分得遠遠的手段。

慾（sexual），她們是浪漫愛的物件，婚前不能有性經驗，或至少不能跟別人，若有，還被傳出去，便是對自己男性氣概與尊嚴的挑釁，得用男人的方式解決，婚後成了老婆，就要跟自己的娘一樣，床上床下伺候老公。相較之下，一起睡的砲友是隨便的交際花，玩玩就是，不必太認真。

小夥子還有種族歧視。他們只看到種族，看不到個人，說到移民，便以「他媽的東方佬」、「雜碎巴基仔」通稱之。其中，亞裔最受歧視，面上看著髒臭，底子卻是聽話蟲，個個書呆，尤其討厭，至於西印度群島來的那群人，不屑權威，至少接近自己一些，但偏偏他們是行走的賀爾蒙，對異性的吸引力大到令人眼紅，於是小夥子只好加倍嘻笑他們笨得像驢。教師也有種族歧視，他們認為移民是入侵者，破壞了社會秩序，因此心中不喜之，差別只在：他們歧視的方式與小夥子不同。Willis 不無諷刺地說，（在這部分）非正式算是第一次得到了正式的一點支持。

2.文化的階級與制度形式（第三章，第 52 頁至第 88 頁）

(1)階級形式：反學校文化與工廠文化有極大的相似性，包括：①男性沙文主義：工廠裡的爆乳女郎照、吃苦當吃補的自吹自擂等，皆為明證；②透過非正式手段，控制生產過程：小夥子遲到早退，上課睡覺，下課打鬧，跟老爸混水摸魚，如出一轍；③非正式團體的組織原則：惡整老實頭、報復告密者等；④獨特的語言形式：諸如威脅、嘲諷、開玩笑；⑤有用者為真：小夥子反智，自認比學校的兩腳書櫥更諳世事，正如老爸輕理論，重實務，認為有用才是硬道理。

Willis 直言，若不是生在階級社會，勞動階級對理論的看法反而有道理。對中產階級來說，文憑是向上流動之所恃，理論與文憑是一為二，二為一的，就算備而不用，也很值得追求。文法中學非乖仔的看法接近後

者，因而反學校情緒受到壓抑，有個非乖仔則認為透過制度手段不足以向上流動，要另尋出路才行，比如打球。

上述學生來自勞動階級，背景相似，也抱著反學校的態度，但因為缺乏集體的、以學校為據點的反學校文化，終究搞不出大事。事實上，若他們成功結合「抗拒」與「勞動階級文化」，未來便會受苦，若失敗，比如乖仔與勞動階級文化保持距離，也因此自外於反學校文化，則未來還有希望。準此以論，在解釋社會流動時，「文化的所在」（cultural location）要比「智商論」高明多了。

(2)制度形式：除了上述的大脈絡，還有小脈絡，於是 Willis 接著描述學校過程。一般而言，勞動階級文化與學校漸行漸遠的過程是分化（differentiation），而統整（integration）是指前者被後者吸收的過程，所有的制度皆游走在兩者之間。分化不是崩潰或失能，只是身在其中之人有不同的感受。例如，小夥子自認「其來有自」的抗拒，被教師當作「莫名奇妙」的為反對而反對。

平心而言，甫上初中，人人皆是乖仔，即令少數人行為不檢，少了團體相挺，仍是相對乖順的。只是，上了二年級，某幾個開始「變壞」。「變壞」是里程碑，日後提起，小夥子總是口沫橫飛，然而他們很少思考變壞的原因，對他們而言，原因大概是交朋友的需求、或是許多偶然造成的必然，比如剛好坐在某人隔壁、在街上不巧遇到、意外被吆喝過去等。不過，教師另有解釋。教師認為，壞是性格有問題使然，這些壞胚子會影響別人，而被影響的呢，是消極的、沒有自信的，簡言之，問題學生就是「少數的麻煩製造者，加上一大群迷途的羔羊」。平心而論，教師忽略社會與階級的歷程，而將小夥子的行為病理化了。

師生皆知教與學涉及競爭主導權，學生想贏，教師輸不得，然而教師的強制手段其實很有限，所以必須訴諸道德。具有合法性且令學生順從的，不是教師個人，而是教師代表的概念（idea）。教與學是公平的交易，老師投之以知識、輔導，學生報之以尊敬、聽話。這跟誰是教師無關，重點是能提供等價品，供學生繼續交易：文憑、工作、好生活，這才是教師權威的軸心。所謂紀律，就是維持軸心，它不只對學生有效，對教師亦復如是，若教師有所背離，也會被認為有問題。為了鞏固軸心，校方往往會高舉道德大旗。問題來了。當知識被看低、或被貶為一文不值時，權威失去合法性，其嚴苛便盡露無疑。Willis 指出，這就是小夥子反對之，並且想逃離之的原因。但是教師只看到他們的粗魯、無禮，未能意識到：這是分化後的必然結果，而當違規越形嚴重，原來的教學範式（paradigm）無以為繼，教師卻仍抱殘守缺，最終會出現嚴重的課室崩潰。

Willis 以為制度性分化的充要條件有二：一是非正式團體的組成，這部分前已論及，不再贅言。二是支持分化的階級文化[7]，亦即家庭的影響，最具代表性的語料是：「二年級的時候，有一次爸爸叫我聽話蟲，我真的很沮喪，我想跟他（爸爸）一樣…我想要像他一樣。」Willis 的發現是：分化一旦開始，強大的階級文化便會支持他們完成這個歷程。弔詭的是，在這過程中，父親的影響可能日益降低。當小夥子長出文化自信，跟爸爸會成為對手，陷入某種「誰是家裡的男人」之爭，所以爸媽會說：「他想怎樣就怎樣，我也管不著」，沒能力給錢時，更是如此，而這種宿命論，在小夥子眼裡，就是冷漠，比如有個小夥子曾提到：「我媽說：

---

7 在討論之前，Willis 特別指出，父母對孩子的影響無庸置疑，但並非所有父母想的、做的都一樣，親子之間有相對的獨立性。有些家長對學校敬之重之，卻養出小夥子，有些家長漠不關心、甚或敵視學校，卻教出聽話蟲。所以，對於家長態度之類的機械性分析應該保持警醒（請見第 73 頁）。

『我就算說了什麼又他媽的怎樣？有差別嗎？你還不是想怎樣就怎樣？』
我就想：『喔，好吧！』」

反觀中產階級，完全是另一個極端。中產階級的孩子即便在校拉幫結派，搞非正式團體，回到家裡，也沒有足以支持分化的階級文化，事實上，中產階級父母比教師更重視教育。一言以蔽之，階級的向心力（向著學校）會把子女丟回制度，遑論他們與父母是依賴的關係，而非競爭。這與教學的軸心有異曲同工之處：父母用知識、輔導，換來子女的尊敬，而父母的經濟能力，使得這軸心更加牢不可破。

3. 勞動力、文化、階級與制度（第四章，第 89 頁至第 116 頁）

這一章具體地描述了小夥子投身勞力工作的自我準備過程。

(1)官方提供的課程：生涯規劃是官方課程，這構成了小夥子拒絕它的理由。小夥子反知、懷疑文憑，自認懂的更多，足以勝任工作，為需自找麻煩，拼死弄文憑？聽話蟲願意那麼幹，是因為自己既無智慧，也沒有想像力，不知道除此之外還能做什麼。所以小夥子說：「他們可能更懂數學、科學什麼的，但那不重要，我歷經人事，已經看山是山了，他們卻要到 20 歲才知道。他們學科聰明，然後呢？生活不怎麼給力，對我來說，就是魯蛇。」

(2)連續性：小夥子相信學校與工作之間有一種連續性，這種相信源自階級。「我爸把工廠說得好像就是他媽的一所大學校…我覺得它一定就像學校的延伸，每天跟一樣的人做著他媽的工作，每天就胡搞瞎搞…。」就他們看來，最好的工作就是聽話蟲最少的、最男人的、薪水不賴而且很快發的，此外，同事要上道，可以共享一種文化（身分）。這讓他們與聽話蟲的在校表現以及對未來工作的期望南轅北轍，「他們就是公務員那種類型…我們是砌磚的。」「我們大概是幹苦活的，他們坐辦公室，我沒什

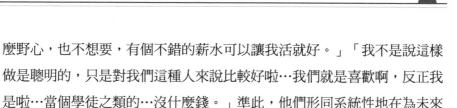

麼野心,也不想要,有個不錯的薪水可以讓我活就好。」「我不是說這樣做是聰明的,只是對我們這種人來說比較好啦…我們就是喜歡啊,反正我是啦…當個學徒之類的…沒什麼錢。」準此,他們形同系統性地在為未來某些工作做準備。

聽話蟲則相反。他們認同教師的權威,接受學校與工作之間有連續性的官方說法,並且同意:盡力完成學校要求就是為工作所做的最好準備。「如果你不喜歡上學,你也不會喜歡工作,態度會延續到職場的…找到工作後也要繼續學習,我是這樣想…他們有一些人其實也不需要上學,因為他們就去送牛奶什麼的。」

(3)工作:小夥子熱衷勞動,而非特定類型的工作,工作都是令人討厭的,若不是為了錢,誰要幹呢?重點是,工作環境要讓他們表現自我,尤其是從反學校文化學來的男子氣概、消遣和娛樂。父母的經驗告訴他們:期望從工作中得到滿足是愚不可及的。「我媽叫醒我後第一句話就叫:『喔,我不想去工作。』我說:『他媽的我好想,我不在乎,我想趕快開始。』她就他媽的說:『你會討厭工作的,你一定會。』」工作就是勞動,在哪裡並不重要,它和內在是分開的,若不是有文化消遣,根本令人難以忍受。說穿了,工作不是主體的延伸,而是壓抑。然而它在學校之外,代表真實的、成人的世界,小夥子因為能在「真正的世界」、「做真正的事」,而自我感覺良好。猶有進者(尤有甚者?),勞力工作是男性力量的展演,表示不屑、好勝、機智與團結,是反抗權威的法門,並且負擔小夥子的成人興趣-菸、酒、色。於是即令工作本身沒有意義,對現在的他們而言,卻是自由與力量的體現。

相較之下,聽話蟲相信能在工作中得到滿足感,並藉由工作找到自己的意義與成就,開創未來。他們被官方說的連續性所引導,期待工作能得

到相對的回報。就他們看來，勞動有其本質意義，而不只是其他間接的文化價值。「你知道你能賺到錢，但那種工作不值得…等到站穩腳步…就不用擔心像是明天早上會怎樣…我會看到自己往上爬，一路往上，我是有盼頭的。」

(4)上工：還有一個較不明顯的原因使得小夥子對勞力工作有興趣，且確定自己的選擇無誤，那就是：雇主對他們在學校形成的非正式文化有所了解並接受。小夥子在校反對權威，意味著他們對框架的接受，亦即他們－我們，他們沒想取而代之，只是作對而已。勞力與半技術工作傾向聘用小夥子，因為在他們粗魯的背後，是對自身位置的務實評價，是得過且過、不強當出頭鳥，以及不拖累生產的能力。

另一方面，技術工作偏好聘用聽話蟲，但是他們希望學有所用，一展抱負，還想要滿足感與升遷，容易被上頭點評為不願接受現況，並且有威脅性，雪上加霜的是，他們在沒有文化支持的情況下，開始乏味的工作，沒有社會消遣減輕他們的不快，使得他們難相處、討人厭。聽話蟲、邊緣人或在反學校文化外圍的人便落在這一群。他們最常被霸凌，卻缺乏適當的自保之道。

你到工廠就會想：天啊，我到底在這裡幹嘛…我想過十年後還做一樣的工作，我不…你知道，我會瘋掉的，一輩子…很可笑，整個星期我就想著周五快來，周六就可以去市中心逛逛，很期待。但當你周六逛街的時候，你會想我到底在期待個什麼勁。不過，我每周還是一樣期待。

如果以為小夥子不會碰到上述問題，或是當文化保護膜變薄之時，他們不會感受到前揭壓力，那就大錯特錯了。一開始，他們確實對勞力工作不抱幻想，且對工作已預作非正式準備，因此轉銜要比其他團體順利，但這不是說，他們可以無縫接軌，或是快速被接受。事實上，工廠裡的惡意

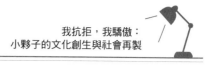

比反學校文化過分多了，才上工的小夥子往往是被消遣、被欺侮的受害者，而不能出手解救菜鳥是工廠的不成文規定。幸好小夥子早從反學校文化中得知：考驗來自於文化而非技術，此外，他們也熟習生存技法。「這麼說吧，如果我沒出去喝、沒當過小夥子…到工廠根本不可能適應…。當你認識所有人之後，你就會知道工廠跟學校幾乎是一樣的…。」

1976 年，小夥子仍對賺錢感到興奮，並認為那是文化選擇的結果。但 Willis 大膽推測，他們離幻滅不遠矣。勞動階級文化與社會再製的矛盾之一是：他們在信心最高張之時，做出了對未來最不利的決定。反學校文化的自我功頌色彩維持到把他們送進工廠大門為止。最後，他們看待工廠的態度，與當初看待學校別無二致。那就是，工廠被視為監獄。回過頭來，他們無望地發現學校是唯一的出路。但無論如何，已經回不去了。「…我們不是一下子就長大，那就是人生…當你懂的時候已經太晚，到工廠來的這些小子也一樣…他們覺得這裡很棒…沒有辦法改變，都是這樣的，上工、結婚、所有的事…。」

（二）立論主張

以上是 Willis 以民族誌為本的討論，以下則是他進一步的分析，依次為第五章「洞察」、第六章「侷限」、第七章「意識形態的角色」，三章加總，便是待答問題－勞動階級學生為何自甘成為勞動階級－的答案。

1.洞察（第五章，第 119 頁至第 144 頁）

(1)教育與文憑：小夥子以為，商品如知識者，既無意義，也不等價，不值得賣乖來換。他們的洞察可再細分為三。第一，學校想拿文憑換服從，但小夥子有自己的機會成本計算。懷疑文憑價值的他們會問：要犧牲什麼才能換？恐怕不只是時間、社交品質，還有獨立，易言之，要拿約莫十年的生活方式去換。然而付出如是，得到的文憑或沒有意義、或很

少、或跟別人沒得比、甚至不影響工作選擇，奢談向上流動的機會！為了形式上而非實質上的酬賞，完全失去文化的、集體的、街頭的、工廠的冒險與心智的獨立？傻子才會這麼做。

第二，對可獲得的工作品質，他們自有評估。尚且不論文憑能否讓他們找到工作，相信「文憑保證工作品質」？簡直不切實際！大部分的工作不需要什麼技術或訓練，而且沒有意義，也不會帶來內在滿足。

第三，小夥子看穿了現代教育有意無意地將個人與團體邏輯混為一談。對個人來說，流動是可能的，也有人成功了。但團體流動？無異於階級盡毀，可能否？為了一個空中樓閣，放棄自己的獨立與創造，何苦來哉！對失敗者而言，照著所謂的「成功處方」走是沒意義的。

(2)勞動力—獨一無二的商品。反學校文化也揭露了人類勞動力的特殊性質。基本上，上工意味著放棄固定的東西：包括一定的時間，以及該時段不能從事其他活動。上學亦然。但工人跟小夥子總能找出該時段該活動的另類過法：到學校但不寫功課、在課室但挑戰教師權威等。學校經驗讓小夥子掌握到勞動力的「意義」，所以，進入工廠後，不必老鳥提點，就知道要「放鬆」，因為上頭的要求沒有最多，只有更多，使命必達徒然累死自己。

綜合上述，雖然勞動力在市場上買賣，它與其他商品卻不同，它是不可量化的、也是變動的，資本家為了合理化自己以有限的資本買無限的勞動力，便採用週薪制，工時長領得多，工時短領得少。但是，跟在校時一樣，小夥子會節制付出的勞動力，將之保留給文化活動，此外，他們也把自己的勞動力視為對抗不合理要求的武器，因而助長了工廠的對抗文化。

(3)一般抽象勞動：小夥子並不在乎做什麼工作。對他們而言，清窗戶、掃公園、做外燴、在工廠幹活，有何差別？不都是付出勞力？資本家

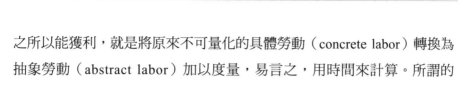

之所以能獲利，就是將原來不可量化的具體勞動（concrete labor）轉換為抽象勞動（abstract labor）加以度量，易言之，用時間來計算。所謂的「時間就是金錢」，正可說明抽象勞動的原理。

小夥子認為，無論自己帶了什麼「正確的態度」上工，工作本身興味索然，工作之間大同小異，基本上，沒什麼技術要求，會操作機器便行。平心而言，他們的洞察要比學校提供的職業輔導高明多了，那可是對基本社會／結構關係創造性的、甚至是可能帶來改變的認識，但為何沒有帶來改變？Willis 認為問題就在侷限。

2.侷限（第六章，第 145 頁至第 159 頁）

洞察受兩個區隔（division）影響，以至於無法提升為政治行動。這兩個區隔是勞力與勞心、男性與女性。以下分述之。

(1)勞動力與父權：一般以為，人人皆追求勞心的工作，落於底層者，只能怪自己能力不足、努力不夠，而他們本身也做如是想。於是沒人要反資本主義。然而 Willis 指出，資本主義之所以穩固，更重要的原因在於：底層發生了意識形態的翻轉，具言之，底層者主動擁抱勞力工作。何以致之？Willis 的答案是：透過兩個結構的勾連，一是父權，二是勞力、勞心之別。

小夥子認為，勞力是男人味的、是高大的，勞心是娘娘腔的、是低下的。因此以「真男人當如此」看待勞力，並把它視為工作該有的一部分。這包含兩個過程。首先，把不同的工作跟不同的性別連結起來，包括勞心工作沒有男人氣概，是搖筆桿、娘兒們才會幹的活，未來相對光明，又如何？成功如斯，小夥子看不上眼。再者，勞力工作是艱苦的，女人吃不消，唯有男人才能扛得住，所以即令抽象勞動由內刨空了工作的意義，父權卻從外賦予新解釋。結果是：工作被兜進了性別範疇。本來靠力氣掙錢不是多光榮的事，卻被小夥子反轉為「我是勞工，我驕傲」。

(2)種族主義與勞動力：除了性別，種族也被當成分類工作的度量衡。極輕鬆的、動口不動手的工作是娘兒活，但最繁重的、沒前途的工作也非真男人所為，小夥子不屑幹，就落到移民頭上。對小夥子來說，移民幹的勞力工不是辛苦，而是污穢、低賤。也就是說：種族標示出了男人氣概的底線。由此可知，小夥子的職業地圖不止一個組織原則[8]。

3.意識形態的角色（第七章，第 160 頁至第 170 頁）

第六章是小夥子僅能部分洞察的內部因素，第七章則是外部因素，講的是意識形態對反學校文化的兩個作用，一是對「扭曲性洞察」的確認，二是對「批判性洞察」的擾亂[9]。在小夥子對工作的洞察中，生涯規劃／職業輔導課程是最外顯的意識形態力量，不過它們真正要傳達的訊息卻被小夥子嚴重地封鎖，並且重新詮釋了一番。

(1)確認（confirmation）：職業輔導課程最常放影片。影片意在呈現各行各業的實況，而非強化性別分工，遑論性別主義，Willis 直陳若影片真想傳達什麼，也是兩性平等的概念，偏偏影片中多是男耕女織，比如，糕餅工廠只有女性，女性是「英勇」行業（例如捕魚）的背景，不是前景：被男人留下，守著家，焦心受怕，怕男人回不來等等，更糟的是，這些片段被有性別歧視的小夥子單挑出來說事。

意識形態最重要的功能之一，就是將不確定的、易受影響的文化概念打造成普遍的、理所當然的常識。透過影片，小夥子以為，社會分工乃天經地義，而男性沙文主義更是合乎情理。究其實，他們的性別歧視有部分是自己創造的，有部分則出於那些由上而下的、經他們「確認」的意識形

8　Willis 指出一個理解種族主義的新方向。他認為種族主義或許不是純粹的、不可避免的種族敵意，而是與不同種族的勞動力有關。

9　楊巧玲（2017）、黃庭康（2017）分別提升了筆者對第六章與第七章的理解，在此特別說明。有興趣的讀者，可進一步參考兩人的文章。

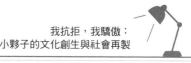

態（訊息），兩者相加，成為他們行動的準則。這是他們最偏頗的、最有限的洞察，讓他們無法看到其他更平等、更理性的生產組織方式。

(2)擾亂（dislocation）：影片也好，講座也是，教師亦然，上述課程意在呈現工作或垂直、或水平的多樣性，及其能滿足不同的抱負與期待，但小夥子所見，卻非如此，反而是工作令人驚訝的相同性：無聊、讓人疲累、大多沒有意義、工頭貼身監控、為了拿到工資袋，再乏味也得忍著等等，然而這並不是任何人的錯，太多因素了，沒有人可以怪罪，亦即，敵人太多了，無從對抗起。唉，環境就是如此，受著吧，不必奢言改變。追根究柢，這世界是有不平等、不正義、矛盾、衝突，但它們形式很多，沒有共因。有人剝削，有人被剝削，某事公平，某事不公平，固然有壓迫，但是壓迫是隨機的，並不以特定階級為對象。

正如前述，小夥子自戴濾鏡，於是看不到工作的多樣性，而看到相同性，並且相信：始作俑者非資本主義，是人性，此即 Willis 所言的「擾亂」。所以小夥子會說：「…整體還是公平的，我是說顯然還是有不公平…但那不是任何人的錯，人都太貪心了，就是這麼回事。我的意思是，就是最窮的人，如果他們贏了比如一百萬，他們就會開始…他們，會想要更多錢，就算知道有人沒飯吃，他們也不會給沒飯吃的人錢啊，就是一般人都是這樣的…。」「每個人都會發生這種事，就是這樣，我是這樣想啦。但是你也無能為力，在工廠做工的人都會遇到，不只這個工廠……。」洞察難以提升到對資本主義的批判，原因在此。

(3)內在對話者（interlocutor）：從本質來說，「非正式」做為一種對立的形式，正巧將自己立於例外／非常之地（exception to the rule），小夥子不知道有其他的例外團體，因此無以合縱，推翻規則，他們甚至連自己的規則都不明白，於是意識型態見縫插針，遂行其道。無論是對是錯，

不管被洞察與否，意識形態就是那規則（*the* rule）、那聲音，以正式的、公開的、明確的形式，召告天下，在普羅大眾的共識、同意之下運作，並在文化軟弱之處，成為小夥子的內在對話者。

誠然，「非正式」指引並正當化小夥子的所作所為，但更大的正式框架總是在那兒約束著。文化或許會對小夥子說：「這很適合我」，但後頭加上一句：「雖然一般來說這是不對的」。即令在真實的情境中，正式框架被斷然拒絕，分類的力量仍在。也就是說，小夥子明白，有時候，彼是己非，自己是「不該為而為之」。「你要給一個正當理由啊…表面上可以合理化…內心深處你知道那是不對的……。」

你說不想聽老師的話，但有時得聽。比如啊，那邊有個他媽的大洞，你走過去，會摔斷脖子，如果你不聽還是去做了，就是在自殺。

在英國，文化與社會組織的原則之一就是人以群分，物以類聚，所以有「我們」與「他們」之別。然而…在「我們」之中，其實有「他們」，就算是最「我們」的團體或個人，內裡也會有一點「他們」，因此，「我們」是有可能背離自己的。意識形態就是「我們」（非正式文化）之中的「他們」，一旦在那了，便會偏失地證實或擾亂洞察，使客體我們（us）無法形成堅定的、集體的主體我們（we）。最終意識形態成為虛假的「我們」，即便小夥子也難以跳脫。

（三）結論與建議

以上是 Willis 的分析，也是《學做工》最常被引用之處。接下來，第八章是結論，第九章則是建議。

1.邁向文化形式與社會再製的理論（第八章，第 171 頁至第 184 頁）

(1)《學做工》的理論貢獻[10]

Willis 自信《學做工》足以說明文化形式及其在社會再製中的作用，並直言它對相關理論的提點有四：

第一，莫要對文化層次做過度化約的、粗糙的唯物論解釋。文化再生產總是可能產生不同的結果。第二，結構主義認為主流的意識形態是無法被洞察的，但《學做工》持相反看法，並且比較樂觀。Willis 相信，在社會再生產與文化再生產之間，有著極度的張力，社會行動者不是意識形態的被動承受者，而是主動佔有者，透過辯論、鬥爭，以及對結構的部分洞察，會再生產現存結構，只是再生產的結果是不確定的。第三，雖有不確定性，但不夠穩定的系統是無法研究的，換言之，不確定性有其上限。《學做工》描述的矛盾、非意圖（unintention）循環，看似服務了資本主義，而有一定程度的功能論色彩，但不能抹煞了小夥子是會對現況提出挑戰的、是有破壞性的，而且是步步進逼的事實。在文化再生產的過程中及其背後，有許多決裂、滯後、對抗、深層的鬥爭與顛覆，無論結果如何，它們都不是為了滿足系統需求而存在。第四，切勿對資本主義的發展做簡單的目的論解釋。國家機器的確被用來緩解、消弭資本主義造成卻無法處理的問題，但這不是說它們就被吸收了。事實上，它們與資本主義或保持距離、或默默地反對、或提出議題、或直接挑戰之，國家人員不是資本主義的奴僕，他們投身自己的專業，獨立於資本主義的功能需要之外。他們或許無意識地、非意圖地助長了階級複製，但也有可能升高對立與批判。資本主義想要國家機器為己所用，但後者絕不是它的馬前卒。這台機器究竟會產生什麼結果難有定論。

---

10 原文第八章共 14 頁之多，卻沒有任何子節或標題，實不利於閱讀。為凸顯本章重點，筆者訂下了兩個小標，希望多少發揮提綱挈領之效。

(2)制度的角色

為了說明制度在文化與社會再生產中的角色，Willis 特別針對系統性的錯認與非意圖的後果，提出了兩個看法：

第一，特定的再生產類型未必會發生在特定的制度之中。不同的制度承擔不同的社會功能，但能否確實發揮，不容樂觀。教育制度如此，其他制度亦復如是。就再生產而言，在地的、非正式的文化互動模式以及非意圖的、未可知的結果，影響或許大過正式結構。再者，同一個制度對不同的再生產可能扮演不同的角色，比如學校，對志在勞心工作的人，或者不可或缺，對甘於勞力工作的人，興許無關緊要。

第二，制度不該被視為單一的整體，它至少有官方、實際與文化三個層面。所謂官方，係指制度設立之初所預懸的宗旨、目的、目標等等，至於實際，乃指制度的代理人－教師－如何認知官方的宗旨，原則上，不外乎揀選有用的，擱置無效的。文化層面是指制度的客戶－學生－帶入階級經驗並與第二個層面互動所產生的文化形式。三者之間，實乃交互作用，錯綜複雜。Wllis 以為，所有重要的組織變遷皆可從三者加以分析。以教育為例，進步主義是官方／學者欲推行的理想，落實到實際層面，卻被教師當作管理處方，教育哲學立場紋絲未動，而在文化層面，則產生了矛盾的、非意圖的結果，助長了反學校的文化過程，完全與官方初衷相左。

Willis 因此指出，沒有任何制度能完全照著原始的良法美意走，相反地，步步都要考量脈絡、文化再生產和階級可能的作用循環（circles of effectiveness）。比如進步主義和提高離校年紀，避免孩子太早面對工業社會的艱苦與不平等，也助他們一臂之力，發展出父母所沒有的洞察與文化進步（cultural advance）。然而對於「進步」，我們也不能天真，而必須要問：這些進步是什麼形式？對誰而言？朝什麼方向？透過什麼非意圖

的作用循環？對普遍的社會系統產生什麼再生產結果？等等。當然這種概括與推論是危險的，畢竟不同的制度、人、事、物，其交互作用與文化再生產模式可能是不同的。

2.周一早晨與千禧年（第九章，第 185 頁至第 193 頁）

最後，Willis 提出《學做工》在實務／政治層面上的啟示，聚焦於不受教的、叛逆的勞動階級青年以及他們的職業輔導與教育[11]。

首先，文化層面具有「實際作用」（effectivity）。文化形式會再製、也會挑戰舊文化。不過，這不是說要在新／舊、進步／退步之間介入，或是隔開二者，文化是一個整體（民族誌如是堅持），而且有其特別的內在薄弱之處，容易被意識形態入侵。此外，文化不是不受限制的，它與結構之間存有中介，具體的物質、組織、制度脈絡會左右二者的關係，結果常是：調適與抗拒相伴相隨。

其次，文化無法單獨被理解。為了理解反學校文化，必須另闢蹊徑，有些部分要從外部來：從現代資本主義的勞動本質、從一般抽象勞動、從性別主義、從意識形態，總之，不能天真地只看文化形式，以為如此便可提出有效的職業輔導與教育方案。所有的介入與改革都得考量《學做工》指出的各種作用循環。

另一方面，實務工作面臨「周一早晨[12]」的問題。如果不談周一早晨要做什麼，就是投降於結構主義的套套邏輯：除非改變社會結構，否則，我們無法有所作為，但是，結構又不讓我們改變。實務工作者為了學生好，應盡其所能，面對每個當下的問題，但同時心中要有數，每一個行動都有可能再製結構，這是「再生產的辯證」（dialectic of reproduction）。

---

11 這部分的內容不少，有興趣的讀者請逕自參閱原文第九章星號處。

12 筆者合理推論 Willis 是以「週一早晨」比喻改變的開始。

出於好意的短期行動與不可預測的長期結果之間必定有一些張力，這就是人生。父母每天所做的事不正是如此？沒有道理教師不能這麼做。

《學做工》揭示了文化有一定的作用，並且與結構之間有著不一致（non-correspondence），因此文化層面仍有行動的空間。Willis 認為，或許有某些方法可以不忽視、不羞辱勞動階級、又能切中結構因素，清楚地向其成員揭露文化如何反映其結構位置與社會位置，或至少揭開官方或其他意識形態的假象。Willis 提出了以下幾點：

1.將文化層面視為一個相對的整體，不要只注意它最外顯的、可能侮辱到個人的元素。

2.理解態度與行為潛在或隱含的意義，即便該態度與行為必須被嚴厲譴責。

3.試著了解文化層面可能實現的再生產功能，而非天真地爭辯文化形式與主流文化是等值的或是更優越的。

4.向文化形式學習，試著分辨它們的洞察與局限－尤其是與意識形態有關的。探討洞察如何能延伸至對社會的系統性分析。

5.揭露文化過程，而非將之秘密化（mystify）或強化。

6.承認文化層面的活動有其結構限制。如果想要結構變遷，便在政治上動員，與持相同理念者一起行動，並代表他們發出行動。

此外，Willis 認為，《學做工》對職業輔導的主要啟示是：文化層面是一個相對獨立的實體，有自己的邏輯，身在其中的社會行動者，確有一些扭曲的洞察。據此，他提出了一些短期的、原則性的建議，但他直言，若要促進長期的結構變遷，提升勞動階級小孩的工作機會與工作品質，就非政治動員不可，而且動員的對象是專業人員與相關機構。

最後，Willis 指出，教師可以扮演一個對工業、經濟和階級文化過程存疑、掃興的真實角色，與其被課室裡的混亂與暴力－那是小夥子為了生存而搞出來的問題－弄得草木皆兵，陷入道德恐慌，倒不如將反學校文化放到適當的社會脈絡之中，檢視它對成員的未來可能產生的影響。

貳 重點評析

接下來，本文將以謝國雄等（2007）提出的社會學研究四位一體，分別是基本議題、技法、認識論與存在論，來評析 Willis 的《學做工》。

一、基本議題與存在論

舉凡研究，最好探討本科那些基本而重要的議題，其中，又以研究者認為有意義、有價值、甚或與個人有連結的為佳，唯有從心肯定「為何而作」，研究才會生猛、有興味。這便是謝國雄等（2007）所說的基本議題與存有論。

《學做工》關心勞動階級文化，或說資本主義的生產／社會關係，這個議題對社會學、文化研究、乃至於教育社會學而言，皆是至關重要的。至於 Willis 的理論立場，在第八章可見端倪。直言之，他的立場是一個反目的論、反機械論、反功能論的「人文主義的社會再生產理論」，他帶入文化，為再製注入人味。聽 Aronowitz（1981）之言，即令《學做工》不以反對 Bowles 與 Gintis（1976）的符應論為起點，至少也是立於其對立面而加以補充的。

那麼，為何 Willis 關心這個議題？一般認為與他的背景有關。就如Aronowitz（1981: xii）所說：「Willis 出身勞動階級，他的視角既是一個選擇流動的勞動階級小孩視角，又保留了小夥子的觀點。這是一個獨一無二的階級位置，讓這個不凡的研究得以開展。」

　　Willis 的獨特階級位置，是助力？是阻力？見仁見智，部分論者指陳他浪漫化了小夥子的抗拒，是否如此？留給讀者判斷。依筆者之見，Willis 該交代的其實是：《學做工》有多少話語是他借小夥子之口娓娓道出？筆者提出這個問題，是因為 Willis 的存在論／終極關懷[13]鮮明，更因為《學做工》的某些技法有語焉不詳，甚至啟人疑竇之處。

二、技法與認識論

　　身為伯明罕大學「當代文化研究中心」（Centre for Contemporary Cultural Studies，簡稱 CCCS）的研究人員，Willis 關注文化，以民族誌為研究方法／技法，似乎順理成章。正如他所言：

> 本研究所採用的質性方法、參與觀察與民族誌皆源於對「文化」
> 的興趣。用這些技術記錄文化層面的故事，能更敏感地捕捉各種
> 意義和價值，也能更好地再現和闡述文化生產中的象徵表達、實
> 踐和形式。尤其是民族誌，允許研究對象在不知所以的情況下主
> 動敘述，展現創造力與能動性，並在分析中傳達予讀者（Willis,
> 1977: 6）。

　　追根究柢，這與他的認識論立場息息相關。以流行用語來說，Willis 想要觀照的，是勞動階級青少年的「日常」－即文化，它是「符號和物質交織的活生生關係（lived relation），應該研究它們，而不是將它們簡化為基本的、機械的、決定性的結構。社會再生產和矛盾…動態地嵌在真實人物的真實生活之中，不僅是僵化的、『更深層』的結構之『對應』或者『反映』」（Willis, 1981: 201）。

---

13 其研究初心見於開門見山的那句話：為何勞動階級小孩自甘（let themselves）成為勞動
　　階級？也就是說，Willis 的研究似乎有意彰顯小夥子的主動與自決。

Willis 的認識論立場如此，以民族誌為研究技法，自是理所當然，不過，依今日的學術標準來看，資料的處理與呈現卻是有瑕疵的，比如資料前有－－或有*者指涉什麼？Willis 並未說明。提及家長時，多稱為「某個小夥子的爸爸」，為何不言明哪個／些小夥子？如此一來，怎麼檢證他所謂的「親子之間有相對的獨立性」？若此處不可信，其他部分呢？此外，有一個研究倫理的缺失：Willis 在第二章引用校長（種族歧視）語料時，透露了小夥子的真名。或許讀者認為瑕不掩瑜，且以今非古，失之公允，但導讀之責，不就在把看到的與讀者分享？

參 反思啟示

距離《學做工》出版已逾 40 年，它對今日的我們有何啟示？我想從兩個面向來談，分別是教育研究與教育實務，只是切入點不同以往，或者說，是相關文章較少提到的。

一、教育研究方面

《學做工》之所以為經典，乃因對小夥子的反知文化有深刻的描寫與分析，但又因鑽研於此，有論者指陳它忽略這個、忽略那個，比如性別與中產階級。上述評論並無不對，但恐怕搞錯重點。Willis 以小夥子為對象，其文化為範圍，跟他身為研究者的終極關懷有關，若他想方方俱到，面面關照，《學做工》多半會流於膚淺。畢竟哪裡有致廣大而盡精微的研究？準此，Willis 儘管坦然便是。

此外，本文想以鄭英傑（2017）的文章為引子，談談對教育研究引用《學做工》的觀察。該篇研究的理路是：學生為何不同小夥子一般抗拒？因為怕做工－求脫貧、爭面子，以理論的語言表示，是「反再製」，而且是兩代同心的反再製，再加上父母師出有名，而子女領會其用心的打罵，

所以學業成就高。以《學做工》的文化分類來看，兩位受訪學生或是聽話蟲、或是乖仔，他們的心態可見於《學做工》：「我努力要把自己提升成高一階級的人…就像我爸那年代的人，你可以看到很多人做得比較好，好多了，他們找到好工作。你其實會羨慕，羨慕他們可以給家庭提供的東西，所以你也會想要試著做到。」「…我爸是一個工廠工人，他沒得到什麼尊重，但你知道，一般而言，你會發現中產階級得到較多尊重。」因此該文以怕做工的高學業成就聽話蟲／乖仔，對照學做工的低學業成就小夥子，是範疇的錯誤，而據此提出的「Willis 理論有無法解釋臺灣教育現象之處」怕是正當性不足的。

本文的重點不在指陳任何教育研究，而是點出一個普遍的現象，那就是在引用理論時，研究人員往往會忽略理論家花了一些篇幅探討，卻無意或無暇深究的其他部分，最後做出不盡周全的評斷。越是有名的理論，越易蒙受其害，Willis 的《學做工》便是如此。研究者不可不慎！

二、教育實務方面

《學做工》的讀者容易同理、同情小夥子，認為教師僵化、威權，或是自以為是，比如「…就是謹慎的控制，給他們一點，讓他們覺得自己是硬漢，可以為所欲為，但是，在重要的事情上，他們還是照著你的意思做…不要跟他們對著幹，要讓他們覺得自己得到想要的。」這是對學生做出一些讓步，以確保基本的控制。但小夥子不知道嗎？「他們以為自己比我們厲害，其實沒有」，小夥子心裡明白，老師別有用心，所作所為莫不是要他們聽話，或在他們之間搞分裂。這難道不是師生互動的日常？端看其中之人正面或負面解讀了。

此外，教師面對眾多學生，差異性極大，關照了小夥子，那麼，聽話蟲或其他學生呢？「我不會自找麻煩理他們…老師應該要更嚴格才對。」

「我不認為他們現在夠嚴格…像葛老師，還有其他老師…小夥子應該被處罰，這樣他們就不會變成無賴。」「…有些老師從一年級開始，他們給作業，如果沒做，他們也不會怎樣。」

他們開始捉弄老師…意味著你浪費了時間，寶貴的時間，教學的時間…有時候我真希望他們乾脆打包走人。

有人怨嚴苛，有人怨寬鬆，教師該如何？筆者同意 Willis 的觀察，大多教師還是充滿耐心、慈愛地、投入地做著這份吃力不討好的工作，所以認為教師有惡毒的動機，比如故意教壞、壓迫勞動階級孩子，都是非常錯誤的（Willis, 1981: 67）。在同情學生的同時，也該問問：教師需要什麼支持，才能與學生進行更好的互動。

 延伸閱讀

Mills, D. & Gibb, R. (2008). "Centre" and periphery: an interview with Paul Willis. *Cultural Anthropology*, *16*(3), 388-414.

Willis, P. (1981) (Morningside Edition). *Learning to labor: How working class kids get working class jobs.* N.Y.: Columbia University Press.

Willis, P. (1981). Cultural production is different from cultural reproduction is different from social reproduction is different from reproduction. *Interchange*, *12*(2-3), 48-67.

Willis, P. (1986). Unemployment: the final inequality. *British Journal of Sociology of Education*, *7*(2), 155-169.

Willis, P. (2004). Twenty-five years on: old books, new times. In N. Dolby, G. Dimitriadis & P. Willis (Eds.) (2004). *Learning to labor in new times* (pp.167-196). New York: RoutledgeFalmer.

Willis, P., & Trondman, M. (2002). Manifesto for ethnography. *Cultural Studies ↔ Critical Methodologies,* 2(3), 394-402.

 參考文獻

黃庭康（2017）。P. Willis 的《學做工》：概念、方法與研究方向。**教育研究集刊，63**（4），37-63。

楊巧玲（2017）。學習做勞工，同時做男人：反學校文化中階級與性別的交織之民族誌研究。**教育研究集刊，63**（4），1-36。

鄭英傑（2017）。學做工還是怕做工？臺灣社會高學業成就勞動階級學生及其家長的反再製心態之分析。**教育研究集刊，63**（4），65-100。

謝國雄等著（2007）。**以身為度、如是我做：田野工作的教與學**。臺北市：群學。

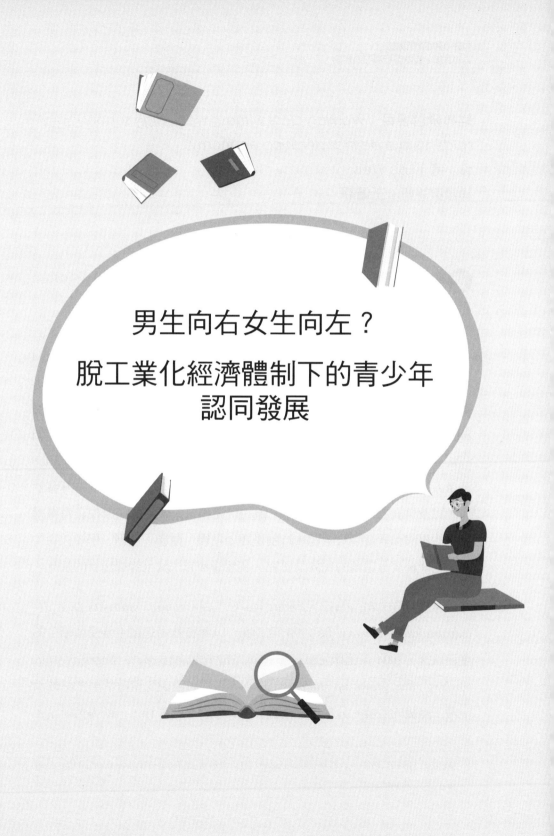

男生向右女生向左？

脫工業化經濟體制下的青少年認同發展

經典研討書目：*Working class without work: High school students in a de-industrializing economy*
作　者：Lois Weis
導讀與評析：王儷靜

壹 全書導覽

一、關於作者與本書

　　Lois Weis（1948-　），1978 年取得 University of Wisconsin- Madison 博士學位，主修教育政策研究，在 University of Buffalo（SUNY）任教，是紐約州立大學特聘教授。Weis 著作甚豐，曾任 American Educational Studies Association 理事長，參與數本重要教育類期刊的編輯委員會（如 *Educational Policy, International Journal of Qualitative Studies in Education* 及 *Review of Educational Research* 等），發表數十篇期刊文章、專書章節，以及參與 20 多本書籍寫作。她的研究和著作聚焦於與學校教育機構相關的經濟和社會階級議題，特別是連結階級、種族、性別、學校教育工作、全球經濟等議題的民族誌研究，在理論和方法論上皆提出新的創見。

　　本書 *Working class without work: High school students in a de-industrializing economy*[1] 於 1990 年出版，10 年後作者追蹤本書受訪學生的生活狀況，2004 年出版 *Class reunion: The remaking of the American white working class grown up students*，這兩本書是討論脫工業時代與全球經濟下勞工階級的困境、分析性別與種族對其影響之代表作。一如書名所示，

1　Weis, L. (1990). *Working class without work: High school students in a de-industrializing economy*. NY: Routledge.

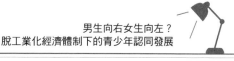

Working class without work: High school students in a de-industrializing economy 旨在探究脫工業化（de-industrialization）[2]和後工業（post-industrial）經濟時代，白人勞工階級青少年的認同形塑過程（identity-formation process）[3]，並將此連結到學校教育（schooling）與社會運動（social movement）進行討論。作者先介紹脫工業化和後工業社會的特性，接著討論男高中生和女高中生的認同樣貌、學校的權力分配與反抗、教師對教育的參與和想法、家長對孩子和學校的期望，最後從社會運動觀點，包括女性主義與新右派（New Right），深入探討研究中浮現的性別、種族與階級議題，以及勞動階級青少年未來可能的認同發展走向。

二、問題意識

　　第二次世界大戰後，脫工業化現象使得重工業衰退、鋼鐵工廠逐漸關閉、資金投向轉變，再加上高科技產業興起，對勞工階級家庭產生很大的衝擊，工作機會減少影響了男人帶回家的薪資，連帶影響男人在家中的地位。不若工業社會的鬥爭（struggle）焦點是勞動力和資本，後工業社會的鬥爭在於資訊的符號領域（the symbolic realm of information）和文化的產製（the production of culture）。勞動階級年輕人的工作機會已和上一代甚為不同，他們對於教育功能、職涯規劃、家庭圖像的想法和認同也有所改變。Weis 認為 1970 年代的再製框架（reproduction framework）不再足以說明學校教育和社會的複雜關係，我們需重新審視：隨著後工業社會秩序的興起，勞動階級如何定義自己？當資本－勞動的衝突不再是社會形態

2　本文將 de-industrialization 翻譯成「脫工業化」而非去工業化，是因工廠外移和資金投向的轉變，原本的工業化城鎮進入重工業產業衰退的經濟狀態，連帶影響居民的生活與認同。相較於去除，脫離是更適切的形容詞。

3　本書裡認同指與他人關聯的自我感（a sense of self in relation to others），而認同形塑（identity formation）指在與他人連結的情況下，人們個別地或集體地看待自己的過程。
　　（頁 3）

的主軸時，他們如何以資本－勞動的衝突定義其集體認同？工業社會的集體認同如何延伸到後工業經濟時代？

　　為了探究身處後工業經濟的白人勞動階級青少年的認同形塑過程，Weis 到一所位於脫工業化城鎮的高中（Freeway High）進行民族誌研究。她以社會行動（social-action）[4]觀點將青少年的認同連結到更廣的社會運動，特別是自 1960 和 1970 年代以來的階級和性別鬥爭，以詮釋青少年的經驗和文化實踐。學校在青少年認同形塑過程扮演重要角色，Weis 仔細觀察學校生活每日發生之事，分析學校文化和認同形塑有關的元素，並將認同的相關面向連結到過去、現在與未來的社會運動。Weis 指出，社會可被理解為不同社會運動的動態集結（dynamic set），此研究是探討社會行動和社會關係，而非驗證再製的功能論或結構論，她引用 Touraine 所言：「社會運動不是對秩序的拒絕，它們彼此爭鬥（fighting）以控制社會產製（the production of society），亦是不同階級形塑歷史性（historicity）的行動。」[5]（頁 14）青少年認同和不同的社會運動存在著辯證的關係，他們被社會運動創造，同時也創造社會運動。

三、研究設計與實施方法

　　本研究進行時間為 1985-1986 年，Weis 以參與觀察者的身分每週進 Freeway High 三天，資料蒐集遍布學校的教室、讀書間、餐廳、課外活動，深度訪談 60 多位十一年級生、所有十一年級任課教師，以及副校

4　社會行動觀點提供詮釋認同的方式。認同和與認同形塑關連的鬥爭，以及和其他群體的關連，都構成社會自身。原文如下： "The social-action perspective provides a way of interpreting the identities……on a theoretical level that such identities and the struggles associated with their formation and relatedness to other groups are constitutive of society itself." (p. 15)

5　Touraine, A. (1981). *The voice and the eye: An analysis of social movements.* NY: Cambridge University Press.

長、社工、諮商員與其他相關人士。受訪的高中生正值準備 SAT
（Scholastic Aptitude Test）、PSAT（Preliminary Scholastic Aptitude Test）
等入學考試（十一年級的下半學期參加 SAT 考試），這樣的學習狀態和
未來的想像與規劃有關。

Weis 針對高中生、教職員和家長分別編擬開放式的訪談大綱。高中
生的訪談問題著重在學校的學習和未來的就業，包括：課餘時間打工和課
業兼顧的兩難、對畢業後找工作的想法、學校為未來就業做了哪些準備、
如何改變學習方式以對未來更有把握、對學校的建議、5 年後和 10 年後
的生活狀況（期望和實際）。教職員的訪談問題著重在對教學和學生的看
法，包括：當教師的規劃與職涯轉換的可能性、留在 Freeway High 的原
因與對學校的建議、在 Freeway High 如何才算成功的教學、對待男學
生－女學生以及白人學生－黑人學生的方式、學生畢業後的出路等。家長
的訪談問題著重在對小孩就業與他們未來生活的期望，包括：是否希望他
們的繼續留在 Freeway 鎮生活、對小孩就業的期望和他們實際會找什麼工
作的認知、是否希望小孩結婚和成家、唸高中是否有助於小孩的未來規
劃、對高中教育的建議等。

Freeway 是一個脫工業化的城鎮，是適合探究白人勞動階級青少年認
同形塑的場域。1969 年 Freeway 鎮的受僱者 18,500 人，1971 年裁員
4,000 人，之後受僱人數遞減。從 1960 到 1980 年，Freeway 鎮的藍領工
作減少了 22.3%，製造業尤其減少 35%，相對地，銷售、行政助理類的工
作增加了近 10%，1980 年的統計顯示，服務、管理、零售、助理類工作
佔了鎮上全部工作的 2/3。不同性別的職業分布亦值得注意，1960 到
1980 年間，女性受僱人數增加 55%，男性減少 6%。縱使如此，Freeway
鎮有全職工作的女性仍然比有全職工作的男性少。在 1980 年，相較於
67%男性有全職工作，女性只有 43%，全職工作女性的平均薪資是男性的

56%，在銷售部門工作女性的平均薪資是男性的 46%。在後工業社會，工作機會變多使得進入職場工作的女性比例增加，但這些工作的低薪資也使得女性平均薪資比男性低的現象擴大。在這環境成長，Freeway High 青少年雖然帶著舊有的勞動階級集體認同，但因應工廠搬遷與經濟環境改變，他們也需形成新的認同。

四、田野發現與立論主張

本研究的田野發現先說明男高中生的認同和女高中生的認同，接著討論 Freeway High 的學校運作、學校教師、學生家長如何參與青少年的認同形塑過程。

（一）男高中生的認同

不同於之前 Paul Willis（1977）所著 *Learning to Labor* 一書等研究的研究發現[6]，本研究的男高中生對學校的意義給予較正面的評價。Freeway High 白人男高中生申請大學的比例比白人女學生、黑人男學生和黑人女學生都高（後三者較多申請兩年制學院），大約 2/3 的學生都想過高中畢業後繼續升學的可能性。學校可以給他們一張門票，讓他們進入到不同於父母親職業的地方工作，但對於學校知識與文化卻充滿矛盾情結。

Freeway High 學生雖會翹課，但出席率卻很高，每天都有 94%的學生到校上課，某種程度顯示他們重視學校教育的價值。然而他們的學習觀卻頗為被動，在課堂上，老師說一他們做一，老師說二他們做二，回家功課相互抄來抄去，只求繳交，發考卷時，男學生會因得到 66 分或 68 分而興高采烈（65 分及格）；「求及格」是男學生對學習的主要論述。這個現象顯示，勞動階級白人男高中生並沒有真正參與學習，他們只參與了學校

6　參見收錄於本書的林郡雯導讀與評析〈我抗拒，我驕傲：小夥子的文化創生與社會再製〉一文。

教育的形式，而不是實質，他們不跟學習的知識互動，也不挑戰學習活動。他們所持的家庭意識形態需要較好的學歷才能賺取較高的家庭薪資（family wage）養家，但「形式大於實質」的學習方式和態度難以支撐這個家庭意識形態的運作。

　　男學生對於學校秩序多採遵守的態度，但也想反抗學校對時間和空間的控制與規定，例如不得已的遲到不應被罰、學校沒有設置抽煙室等。若真的想挑戰機構權威（institutional authority），他們通常是離開學校而不是在校內反抗，例如逃學到鎮上買甜甜圈或在公園喝酒。真正的違規很少發生。

　　認同學校教育的價值，會讓男學生具有公平或者社會正義的想法嗎？其實不盡然。不同性別間存在著父權關係（patriarchal relations），受訪男學生展現了男性優越的態度，不僅將女生建構為他者（other），而且不如（less than）男生，所以應臣服於男性控制。他們的理想家庭圖像「丈夫出外工作，太太理家照顧小孩」（male-as-provider）非常雷同：男人可以幫忙做家事，但照顧小孩是女人的基本責任，太太外出工作需經他們同意，而離婚不在未來的選項中。男生對家庭的認同可以「家庭裡男性宰制、丈夫賺錢養家、妻子負責家務」描繪之，再現了「男性公領域／女性私領域」[7]的分野，雖女學生對此觀點有諸多批判，不過女生卻不會在課堂上直接挑戰這種意識形態。

　　勞動階級白人男學生的認同也展現在種族的面向上。黑白種族間的緊張關係存在於學校中，舉例來說，若黑人男學生用比較輕佻的語言騷擾白人女學生，白人男學生一定出手反擊，但若是白人女生被白人男學生騷

7　「公共－家庭」這種區隔領域（separate sphere）的二分再現了性別意識形態，將男女區分為有尊卑優劣之別的層級。

擾，他們看到也不會採取什麼行動。作者認為，白人女學生被視為「財產」，白人男學生痛恨黑人覷覦他們的財產，保護財產是男人的職責，這說明了為什麼白人男學生希望有能力賺取家庭薪資養家活口，建立男性中心、男性主導家庭的認同。

此外，白人男學生的認同和性（sexuality）有極大相關，性被用來污衊黑人男生和女生，把他們視為異類。將黑人的性行為詮釋為不適當也不道德，白人男學生得以宣稱自己和黑人不同且更優越（other than 且 better than）。勞動階級白人男學生建構出一套「有別於、更勝於」黑人和女人的意識形態，用以闡述他們自己的認同。

性別、種族、性參與了白人勞動階級男學生的認同形塑，學校教育的正向價值是勞動階級男學生集體認同的一環，但只是追求形式而非實質讓階級結構難以改變。

（二）女高中生的認同

研究勞動階級女高中生的認同，Angela McRobbie（1978）和 Linda Valli（1986）指出，浪漫意識形態（ideology of romance）建構出的性別認同將女生置於家庭與職場的次等位置，性別和階級的交互作用促使勞動階級女性建立「從事非專業勞動、低薪工作、無給家務勞動」認同，她們主要強調私領域的家庭責任，再來才是勞動薪資。將家庭勞動視為女性首要重心的「家庭符碼」（domestic code）把家庭定義為女人的地方，合理化女性平均薪資是男性的六成的現況。家庭符碼向來是資本家、公共政策制訂者、勞工組織的統治概念（a ruling set of concepts），它和家庭薪資意識形態高度相關，低薪讓女人無法獨自養家或自己，需要進入婚姻與家庭才行，維繫了男性在家庭中的主宰地位。

本研究發現，Freeway High 女學生的認同不同於先前研究描述的浪漫

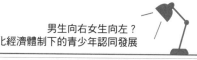

意識形態，受訪女生開始挑戰家庭符碼，強調高中畢業後會找工作或繼續唸書（受訪女生中只有一位想在高中畢業後就結婚，而其他女生皆覺得不可思議），至於家庭責任則日後再說。進階班（advanced curriculum）女生想要進入四年制大學就讀，也談到非傳統性別劃定的行業，普通班（non-advanced curriculum）女生想申請商業學院、美髮學院等傳統女性行業或兩年制學校就讀。「照顧好自己」是高中女生的首要認同，家庭則是其次，當男高中生把家庭生活放在未來規劃第一順位的同時，女生關注的是自己的就業和升學。雖然受訪女生對學校教育的認同也是形式大於實質，但強度不比男生，Weis 提出兩點解釋：一是女生不會期望自己是主要賺錢養家的人，所以不一定需要尋求較高的學歷；二是女生對機構權威的怨懟沒有男生強，對學校知識和文化的矛盾情結較不易察覺。

談到未來 5 年或 10 年的規劃時，受訪女生很少主動提到家庭。Weis 特別詢問受訪女生結婚或建立家庭的時程，進階班女生表示想先獨立然後才考慮進入家庭，她們提到婚姻的限制，比如說高離婚率或婚姻無法讓她們找到好工作；而普通班女生多半想到傳統女性行業謀生，薪資條件雖不如進階班女生可得工作的優渥，無法讓她們以肯定的口氣要求獨立，但她們也強調自由的重要，希望避免婚姻中「什麼事都要得到丈夫許可」的壓迫狀況。受訪女生提出男人不能被依賴的種種原因，諸如「我爸爸曾在 Freeway 鋼鐵廠工作，現在不是了，福利和薪水都消失了。如果我的丈夫沒有辦法賺足夠的錢養家呢？」或「我看到很多婚姻的問題，15 或 20 年後，我有了孩子，丈夫有外遇、婚姻出了問題，只得離婚時，我還剩下什麼呢？」高中女學生的認同和她們所建構出的男性認同樣貌有關（a constructed identity of the male），這樣的認同和上一代女性是有差異的，一位女生表示：「女孩長大後不是只為了結婚，女孩子要成為人（to be people）」（頁 70）。

訪談中處處可見受訪女學生對男性宰制和父權文化的批判。在後工業社會，當男學生對家庭的認同還是男性中心時，女生已經開始挑戰這種性別關係，高中女生不認為家庭是女性首要責任，也不認同依靠男人照顧的家庭薪資意識形態。此外，與男學生不同的是，她們的認同建構和種族沒有關連。從勞動歷史來看，白人男性和黑人男性存在著對抗關係，黑人被白人排除在高薪水、有工會組織的工作外，黑人勞工也被白人資本家用來對付罷工。面對積極矯正措施規範（affirmative action regulation），白人男生傾向把黑人男生建構為負面他者，但白人女生就不會這樣看待黑人女生。

本研究顯示，在婦女運動和經濟環境改變下，女學生的認同朝向解放（emancipatory）發展。接下來的問題是，學校是禁止或是鼓勵這樣的認同發展？學校是否協助學生了解認同是集體性而非僅於個人的？

（三）學校運作

青少年對於學校教育形式大於實質的認同，和教師傳播知識的方式以及行政人員對教師勞動的控制儀式（the ritual of control）有關。Freeway High 的課室存在著與青少年對學校教育認同一致的矛盾：教師也是著重形式而非實質。學生將教師傳遞的知識寫在筆記上，同樣的內容出現在考試卷，學習過程沒有出現對學習文本的任何討論，教室內的知識和思考或批判毫無關連。

學校教育被視為具高度工具性，在社會科課堂上，老師告訴學生：「徵才訊息上如果有 100 個工作機會，10%需要小學教育程度，40%需要高中學歷，40%需要大學學歷，10%需要大學以上學歷。小學學歷只能敲10 扇門，高中學歷可以敲 50 扇門，多一張文憑就可敲更多扇門，嘗試找更多類的工作。住在我們鎮上貧民區的人就是缺少教育，所以難找到工

作。」（頁 82）受教育的年限和薪水多寡成正比，好教育才會找到好工作。在強調工具性的同時，教師很少提到學校教育的實質目的。根據 Weis 的觀察，上課時知識由上而下傳遞，老師告訴學生抄寫的內容、筆記的格式、標點符號的位置（如「翻到課本第 11 頁，拿出筆記本，空一行，寫下『聽力測驗－如何分配時間』」），學生的問題都環繞在釐清教師的指導語（如「這個要寫嗎？」「老師剛剛說要考選擇題嗎？」），學校不鼓勵老師和學生將上課內容轉化成自己的語句，這種教學方式不利於學生和所學的內容互動[8]。研究勞動階級學校，Jean Anyon（1981）發現，學生詢問的都是做事流程的問題，這些流程不但未經解釋，也和他們自己的思考或決定無關。課堂所學的知識是從權威而來，多是關於行為或技巧，不會和思考產生連結。Freeway High 亦可發現類似狀況，教師傳遞套裝知識，學生被動接受，雖然考試成績說明了學生不見得「吸收」知識。

學校行政體系對教師的控制也是形式大於實質。學校規定教師每週需繳交教學計畫簿給行政人員閱覽，教師對此抱怨連連：「外科醫師不會沒有行動計畫就動手術，但需要每次都先讓行政人員審閱通過才能動手術嗎？」（頁 95）但行政人員堅持周全的準備是成功的關鍵，教學計畫是讓代課教師無縫接軌的必要文件，所有教師都應遵循此原則。新上任的校長指出：「老師都很被動，很怕讓其他人進入教室，怕他們跟校長報告。」（頁 96）行政人員認為教師需要被監控，教師認為行政人員介入教學有負向意涵，然而，正確填寫教學計畫簿和實際教學的關連為何，並未在任何會議中討論或檢視。此外，校長要求教室外面需張貼一些布置，

8　在研究者為期一年的田野中，她只觀察到一次學生提出挑戰，是關於酗酒的討論。Weis 認為酗酒是學生日常會遇到的議題，學生有其想法和知識，這時挑戰就可能會出現。（頁88）

很多教師隨便應付了事，及學校將影印機集中管理，影印需行政人員經手等規定，再再讓教師覺得他們的專業自主權被行政掌控，行政入侵他們的領域。在這些互動中，看不到對教學實質議題的關注，而教學計畫簿、窗戶布置、影印等變成行政人員和教師的論戰場域。

學校的空間使用和日常工作亦建立了性別和種族的區隔，強化白人男性階級的宰制地位。Freeway High 設有女教師和男教師休息室，男教師進到女教師的教室和休息室喝咖啡聊天，並期望女教師收拾善後，但女教師就不會做同樣的事情。這個現象和傳統的性別空間配置類似，男性進入女性所屬的私領域，女性不被歡迎出現在男性主導的公領域。午餐室雖男女共用，但是男女分開坐，在女教師的桌子座位，黑人女教師和助理坐一頭，白人女教師坐另一頭，談話內容多是性別化的女性話題，偶爾會出現較批判性主題，例如討論不同性別間的薪資不平等、抱怨男教師叫她們去做類似家務的事情（例如收拾）。一如 Freeway 鎮上明顯的種族區隔，學校裡也有類似的現象：有 15%少數族裔學生，但只有三位少數族裔教師，學生間的種族歧視言論時有所聞，教職員對事件的形容也影射對黑人的鄙視。學校文化維繫了性別和種族兩個類屬的分別認同，並建構女性和黑人為「他者」，鞏固白人男性認同優於其他。

學校行政對教師的控制儀式強化了教師重形式大於實質內涵的態度，教師也以類似的儀式對待課堂上教導的知識，這種控制儀式間接鼓勵勞動階級學生對學校教育矛盾認同的建構。教師和學生在教學過程中是異化的，學生安靜地坐在教室，進行教師交代的工作，僅希望從學校得到一張工具性獎勵－畢業證書。Weis 指出，學校積極地促進鼓勵「男性宰制」跟「教育形式大於實質」的認同發展（不一定是有意識地），鼓勵白人勞動階級男學生跟新右派的關係，但是學校並沒有鼓勵女學生跟女性主義產生關聯，這點於下一節的重點評析會做更多討論。

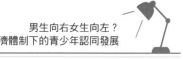

（四）Freeway High 學校教師

Freeway High 教師 65%是男性，35%是女性，絕大多數是白人，只有三位黑人女教師，佔 4%；44%的教師畢業於 Freeway High，65%取得Freeway 區附近三個高教機構的大學學歷，其中 74%從相同的機構取得碩士學位；在技職教育部分，女教師的任教科目集中在傳統女性職業，而男教師則是教導重工業相關科目。Freeway High 教學人力的當地化現象（localized teaching force）相當明顯，教師的成長環境和家庭社經背景與學生非常類似。

誰獲聘？教師聘任背後的政治權力關係值得注意。一位男教師表示「一定要認識某些人才能獲得這份工作，例如朋友或親戚」（頁 120），Weis 認為這種自我繁殖的聘任機制與其說是「保存社區的現有狀態」[9]，不如說是透過贊助而得到位置。「面試時，只有一位委員完全支持我，其他人都預期得到一些『好處』，我付了 1,200 美金，將近一年 1/3 的薪水，才得到這個教職。」（頁 122）在教職可被購買的情境下，學校的菁英意識形態（夠聰明、能展現就會成功）和這種政治性相互矛盾。政治性也表現在不同學科或部門是否有經費更新設備，以及教師們的排課時間上。Freeway High 排課時間具高度競爭性，和教師的年資與學科專長無關，教九年級或十二年級、課排在上午或下午、是否連續排課、空堂時段多寡、能否有多餘時間兼第二份工作，端視教師有多少協商籌碼，諸如認識誰、和誰結婚、付多少錢等。

高比例的男教師都曾在鋼鐵工廠工作過，若非在學生時期打過工，就是待過工廠後來轉而謀取教職。對男教師來說，學校教育至少是一種逃離工廠工作的路徑。有位受訪教師大一時不太認真於課業，想離開學校進入

9　Weis引用Peshkin, A. (1978). *Growing up American: Schooling and the survival of community* (p. 82). Chicago: University of Chicago Press.

職場，暑假時到他父親工作的鋼鐵工廠做短期工，勞動密度高的工作讓他一度想要中止打工，離開工廠時他帶走一塊焦炭，擺在書桌上提醒自己，如果不專心於課業將會面臨怎樣的處境。Freeway High 教師的生活經驗有勞動階級（proletariat）的痕跡，和他們學生的家庭相去不遠，學校教育是一張協助他們逃離勞動工作的門票。

受訪教師對於教學有正向和負面的看法。對他們來說，教職的工作條件好過工廠或其他服務業，和勞動的產品（學生）沒有那樣疏離，異化感較低，此外，他們也喜歡和學生一起。薪資低是擔任教職最大的問題，雖然重工業的榮景不再，但相對於工廠薪資，教師的薪水還是低了許多。有位受訪者說，1968-1969 年時，一個星期的工廠薪資是好幾百美元，而教師一個星期的薪水是 90 美元，「同事們永遠在比較福特車廠、鋼鐵工廠和我們的薪水或福利」；另一位受訪者表示「我曾是鎮上擁有碩士學位卻最薪水最少的人」（頁 145-146）。Freeway High 教師不會將自己的工作條件和律師、醫師、教授做比較，而是和在工廠工作的父執輩或自己過去的經驗做比較，他們一致認為，除了薪資之外，教學還是比較輕鬆的工作。

整體來說，Freeway High 教師來自勞動階級，和學生來自同一個區域。這些教師之所以會成為教師，並不是他們對培育學生或學生的未來有多麼積極的想法，而是在經濟條件改變的情況下，教師是一個相對不花力氣且受喜愛（favorable）的工作。教師們把學校教育當成了一張門票，拿到學位比真正學到什麼更重要，再加上學校階層對教師的管控方式，以及領導意識形態著重人的關係而非學生的最佳利益，都說明了教師對教學的認知和行動：在課堂上重形式大於實質、不鼓勵學生跟知識互動。關於勞動階級在後工業社會如何流動和流動的軌跡，學校的角色需要被分析。

（五）Freeway High 學生家長

階級再製的文獻指出，勞動階級家長會透過文化、書籍、語言等，將自己的階級地位傳遞到孩子身上。根據 Bowles 和 Gintis 的理論，勞動階級學生之所以會留在勞動階級，是因為他們的家長不反對他們繼續待在這個階級地位，家長不但讓孩子認同他們自己從事的勞動工作，也將孩子帶往和他們自己類似的經濟位置。如此的意識再製對於經濟體制順利運作是必要的，勞動階級的孩子被教導服從、遵守權威，而中產階級的小孩教育則強調好奇、自我掌握[10]。

進入了後工業時代，勞動階級的家長是如何想的？他們如何參與他們小孩年的認同形塑？Weis 訪談 50%受訪學生的家長，得到和先前研究不一樣的圖像。

受訪家長不覺得勞動階級是一個需被傳承的正向社會形式（positive social form），工廠正一間一間關閉，子承父業已是過去式。在脫工業化時代，家長希望小孩可以離開 Freeway 鎮、離開這個州，他們以一種很個人的方式表示對孩子具社會流動力的期望。勞動階級鬥爭沒有被視為需要集體性地採取行動，家長只關心小孩的未來，而不關心這個階級做為一個群體的生存條件。

受訪的女學生家長表示：「現在只有高中學歷已經不夠了，如果他們以後想要過不太差的生活，教育背景就很重要，尤其在我們鎮上。」（頁156）不論小孩的興趣是心理學、獸醫或電機，他們支持女兒去念大學。有位受訪的男學生家長強調，重工業離開 Freeway 鎮也好，鋼鐵工廠不再是就業的緩衝，如此一來，小孩就不會有「不論如何，反正還是可在鋼鐵

---

10 這種階級化約論可見於Samuel Bowles和Herbert Gintis在1976年的著作 *Schooling in capitalist America*，Basic Books出版。

工廠找到工作」的依賴心態。至於不鼓勵高中畢業直接升大學的家長，他們則建議小孩先去從軍一、兩年，學習獨立、摸索方向，然後再去唸大學，這多發生在男生身上[11]。

不論男孩或女孩，家長都希望小孩完成大學學業、工作穩定後，再進入婚姻和家庭。他們從自己的過往經驗領悟，如果沒有完成學業、有份穩定工作，結婚和養家是很困難的事情；他們自己通常都是高中畢業後就結婚，然而在重工業經濟衰退的現在，他們紛紛想回學校進修，再找份待遇較好的工作。受訪家長多在 Freeway 鎮長大或和 Freeway 鎮的人結婚，親戚朋友都在這裡，但他們卻勸他們的小孩離開這個城鎮去找更好的工作，這和過往留在當地發展以維持親族關係的習性不同。一位家長表示：「我當然希望我的兩個女兒待在身邊，但看看現在的狀況，如果她們有機會離開，我會百分之百支持。」另一位家長也說「1969 年我高中畢業，那時我的同學和朋友畢業後都到鋼鐵工廠或汽車工廠上班，現在沒有這回事了！我看不到任何孩子待在這裡有什麼未來。」（頁 165-166）不過也有少數家長強調，雖然藍領工作逐漸消失，但如果夠堅持，還是可在鎮上找到其他工作。

家長對教育和婚姻的觀點參與了青少年認同的形塑。家長們普遍認為孩子應先完成學業再考慮婚姻和家庭，以及女學生較男學生更意識到離婚的後果，影響了女學生的認同形塑。然而，Weis 並沒有聽到受訪家長為男學生提出的「男性中心、男性宰制」家庭型態背書，一方面可能是這太理所當然所以不需說明，另一方面也可能是因為在現今的經濟體下，他們覺察這樣的家庭關係很難維持。

---

11 美國採募兵制。

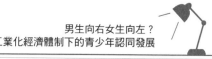

受訪家長熱切希望孩子上大學，他們很清楚他們那個世代只要高中畢業就可找到工作的情景已不復見，隨著脫工業的經濟轉變，教育是唯一可獲得穩定工作的道路，否則孩子無路可走[12]。然而，和中產階級家長不同的是，勞動階級家長並不知道協助孩子準備上大學的種種事項，他們沒有考過學力測驗，也不了解申請過程，因此，他們希望學校能更積極地協助孩子為未來做準備。事實上，家長與學校教職員之間因為這樣的期待而存在著緊張關係，他們相互責怪對方對孩子的教育不夠盡責。家長覺得學校應該要承擔他們無法協助孩子的部分，但學校卻做得不夠多，不但沒有給予學生足夠的升學輔導，還要孩子主動去找輔諮人員才會得到相關資訊。學校教職員則抱怨家長對孩子的教育參與太少，連親師會這種基本參與都缺席就是一個例證。教職員對家長的負向感受可能有兩個原因：一是過往家長賺的薪水勝過教師而看不起教師，一是勞動階級家長無法理解教師這種勞心的工作。勞動階級對學校教育的矛盾有著集體性：教育乃向上流動的工具，但其意義卻是形式重於實質。

貳 重點評析

一、所採行的理論觀點

本書的研究結果顯示，諸多社會力參與並角力於青少年認同形塑過程，青少年選擇與這些社會力互動的方式、調整它們的影響力道，他們也在社會運動、經濟條件、就業機會等結構性因素下形塑認同。Weis 指出本書的青少年認同形塑大多是個人層次而非集體性，進而提問：在什麼情

---

12 Connell等人在澳洲進行的研究也有類似的發現，參閱本書楊巧玲、張盈堃導讀評析〈階級的界線、運作與排除：家校關係如何維持社會階級的不平等〉一文，Connell, R. W., Ashenden, D. J., Kessler, S., & Dowsett, G. W. (1972). *Making the difference: Schools, families and social division.* Boston, MA: George Allen and Unwin.

境下認同會被視為集體性的？這樣的認同如何連結到社會運動？從本書所採行的理論觀點，本節分析競逐的社會運動及重工業衰退的經濟轉變如何影響青少年的認同，尤其是性別關係。

（一）社會運動觀點（social-movement perspective）的性別分析

1950 年代的調查研究發現，青少女的生命規劃著重在婚姻與母職，教育和就業只是達到此目標的手段（Douvan & Adelson, 1966; Valli, 1986），這個趨勢一直到 80 年代都未改變。Freeway High 女學生的性別意識（gender consciousness）和先前研究截然不同，她們不再認為家庭私領域是人生規劃的首要目標，而是注重職場的公領域參與，先工作再考慮建立家庭。她們展現了女性主義批判的潛力，從其認同可瞥見這樣的批判（a moment of critique），但還是用很個人式的方式解決性別間的剝削關係，因此，Weis 認為難以用女性主義的集體性和鬥爭來框架她們的認同。為什麼會有這樣的發展？Freeway High 青少年認同的性別分析可從女性意識和女性主義、經濟改變對勞動階級女性認同的影響、美國勞工運動與男性認同加以說明。

1. 女性意識和女性主義

「女人從屬於男人」是勞動階級家庭性別關係的特性，家庭存有一個潛在契約：妻子提供丈夫需要的家務和服務，以換取丈夫帶給她和孩子他認為需要的東西。Dorothy Smith（1983）這段描述貼切說明此景：

> 家務是依照丈夫的需要和期望而組織，他想吃飯時就是全家吃飯的時間，他不想聽到小孩的聲音就要他們閉嘴，性愛在他想要的時候妻子配合。加薪的金額隨丈夫的喜好，花費在他喜愛的休閒活動上，即使是去露營，妻子要做的事情都沒有改變，只是地點從房子換到營地。勞動階級女性為什麼要如此配合，是因為她們

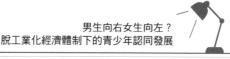
深知丈夫可拿賺錢的能力和其他女人簽下類似的合約。（頁
34）

勞動階級女性的研究將家庭薪資視為她們生活狀態的關鍵致使因素。
家庭薪資表示成年工作者有能力養家，讓孩子上學，其被闡述為維持勞動
階級家庭生計的必須，此意識形態不利於女性的處境，強化了家庭裡的父
權。家庭薪資意識形態維持了既存的工作角色性別分野，傳統性別分工將
丈夫擺放在賺取家庭薪資的位置，妻子通常賺得比丈夫少或乾脆留在家裡
操持家務，此意識形態限制了女性的勞動市場參與，因為她們再怎麼努
力，也無法賺取足以支撐家庭開銷的薪水。

工作的低薪使得職場婦女必須回歸家庭，把家庭當成支持情感和身體
之處所。雖然許多勞動階級女性婚前即在職場工作，但她們的薪資無法讓
她們離開對家庭的依賴，女性可得的工作保障與地位遠遠不及妻子和母親
的角色。20 世紀初即可見這種社會形態：大部分的低專業技術女性賺不
到可支撐生計的薪水，她們需要家庭的經濟保護，付出的代價則是犧牲某
種程度的個人自主。

進入脫工業時代，男性勞工的薪資不如以往，仰賴男性賺錢養家的社
會真實（social reality）難以維持，再加上以女性為主力的低薪勞動工作
增加，越來越多已婚女性需出外工作貼補家用，以擔負她們的家庭責任。
女性勞動力的需求和工業經濟的衰退，搖動父權長久以來在勞動階級家庭
的主宰地位。

Freeway High 女教師和女學生不同程度地再現了何謂女性意識的實質
改變。Weis 引用 Zillah Eisenstein 的理論，指出父權社會劃定一個特定的
位置給生理女性，女人形成一個階級類屬，讓女人有政治鬥爭（political
struggles）的可能。性別階級（sexual class）建構了社會的基本活動，如

生產、養育、消費、家務勞動、補貼家用等，女人之所以形成性別階級不
是因為她們是生理女性，而是她們被期望帶領到那個位置[13]。性別階級政
治有兩個意涵，其一，性別階級是父權體制的建構，透過一連串政治關係
將生理女性轉化成女人，女人形成自在階級（a class in themselves），她
們處在階級之中，尚未察覺到共同的利益或是進行集結。其二，在成為女
人的發展過程中，她們漸漸明瞭種族歧視和性別歧視的結構將其推離平
等，女人形成自為階級（a class for itself），她們意識到自己所處的階級
處境，團結起來集體行動，以達成訴求。[14]1960 年代以來的女性主義運動
可謂性別階級的政治鬥爭，Freeway High 女學生對性別關係的批判與此運
動有關。

2. 經濟改變對勞動階級女性認同的影響

90 年代的美國約 50%女性有全職工作，她們大部分都有年幼的孩子，
這表示她們從職場下班後回到家，得接續另一個照顧子女的工作。雖然女
性大量進入勞動市場，但企業資本主義下的女性群聚職業，有著低薪、福
利少、缺乏自主性且社會地位較低的特徵（female ghettoization）：女性
的薪水比男性少，位階也較低，她們的工作類型集中在文書、服務等，僅
少數人進入經理、管理階層。在高薪男性勞動工作消失的情況下，女人得
外出工作以維持家計，然勞動市場卻呈現出性別不平等的職業區隔結構
（occupational ghettos），Freeway High 女學生對未來就業的想像反映出
這個現實。

---

13 *Feminism and sexual equality*, p. 146

14 Karl Marx 1847 年出版的 *Poverty of philosophy* 提到自在階級和自為階級，自在階級是
指資本主義的擴張將大量人口轉變成勞動者，「這些群眾已是一個和資本家對抗的階
級，但尚未形成自己，透過鬥爭，這些勞動大眾逐漸團結起來，形成自為階級，他們
所捍衛的利益變成了階級利益。」（p. 79）https://www.marxists.org/archive/marx/works/
download/pdf/Poverty-Philosophy.pdf

另一方面，私領域向來被視為女人的責任也影響高中女學生的認同。
她們對於社會賦予女人的位置（place）提出兩個挑戰：女人的主要角色
是照顧丈夫的孩子以換取男人的家庭薪資，以及女人需服從男人的指示。
她們拒絕「女性是從屬角色」的父權意識形態，只是現階段以個人的方式
解決這個問題：高中畢業後進入大學，找到好工作養活自己，避免很快進
入被男人剝削的家庭領域，但這僅是延緩被父權攻擊的時間。Weis 指
出，Freeway High 女學生還太年輕，還無法體會以集體鬥爭（collective
struggles）改變女性勞動現狀及女人處境的必要性，以後她們能找到的工
作（可能單調、可能無趣）很快地會把她們拉回妻子和母親的角色，但是
惡劣的勞動條件也可能會迫使她們爭取較好的酬勞和工作環境，畢竟她們
的工作所得也是撐起家計的必須。

　　除了經濟情勢，性別運動也參與了 Freeway High 女學生的認同形
塑。Zillah Eisenstein（1984）認為我們需要討論自由主義、種族主義、父
權等意識形態，以及研究家庭生活、經濟、國家的資本關係，這些都是影
響性別階級認同發展的領域，而這些領域之間的衝突是提供性別階級形成
「自為」意識（a consciousness for itself）的基礎。性別階級本是基於女
人的生理屬性而來，然而女人是透過女性主義鬥爭來挑戰父權而變成一個
階級，此認同再現了政治和歷史的過程。雖然女性主義常被批評為被中產
階級殖民、不關注勞動階級，但 Freeway High 女學生並非未受其影響，
她們多數沒有直接提到女性主義，僅有少數受訪者意識到性別階級的鬥
爭，「結婚不是女孩長大後的首要任務，長大要為自己而活，而不是成為
某某人的妻子，我希望可以做我喜歡的事情。」（頁 187）受訪女高中生
雖然沒有使用女性主義詞彙，但展現對女性位置的初始批判，隨著年紀和
經驗的增長，她們可能會更意識到爭取平權的運動所欲揭露的父權法則。
Weis 以為初始批判可能會發展成女性的集體旨趣（collective interests），

追求自主、互賴、社群，然而集體旨趣也可能被新右派重新闡述，轉換成他們吸納勞動階級女性的意識形態。

3. 美國勞工運動與男性認同

進入後工業時代，美國勞工運動呈現衰退的趨勢，取而代之的是新右派對勞動階級青少男認同的影響。Weis 提出三個討論勞工運動和男性認同的面向：男性薪資對陽剛認同的重要性、美國近期勞工階級運動的轉變、新右派崛起對男性勞工階級認同的影響。

男性薪資是了解勞動階級父權文化和男性認同的重要概念。Paul Willis（1984）指出，男性薪資是區別他們自己和父母、工作和產品的關鍵，勞力工作所需的體力和韌性成為集體認同和尊嚴的基礎，翻轉了傳統的階級位置，模糊化經濟剝削帶來的傷害，「和文書那種娘娘腔的工作比較來，體力勞動是陽剛驕傲。」（頁 17）隨著重工業衰退而來的是勞動階級男性的陽剛危機。當高薪工作的機會不如以往，社會又沒能對勞動階級男性的文化認同生產新的論述，丈夫的家庭地位如何維持？新右派「家庭至上」主義（pro-family rhetoric）提出了解決方法，意見領袖 Connie Marshner 強調：性別角色的改變僅是表面的，男女各守本分的價值觀則是恆久的，縱使女人因需要得在職場工作，服從丈夫權威和領導是不變的傳統價值（Klatch, 1988）。

Willis 認為家是勞動階級男性遠離資本和勞力剝削的避風港，但 Weis 指出這個概念無法應用在勞動階級女性身上，避風港是男性觀點的描述，賺取家庭薪資的男人也賺得宰制妻子和小孩的權力，勞動階級女性所受的壓迫和家暴可能會增加，然而 Freeway High 男學生的認同依然可見這種意識形態。當後工業時代的勞力工作不再盛行，工作的薪水無法定義傳統勞動階級的陽剛特質，Weis 的研究顯示，Freeway High 男學生並沒有思考新的性別認同，反而不斷複述宰制女性的傳統論述。

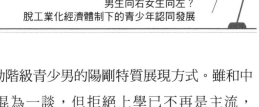

　　經濟環境的變化也改變勞動階級青少男的陽剛特質展現方式。雖和中產階級強調的競爭成就不能混為一談,但拒絕上學已不再是主流,Freeway High 男學生還是肯認學校教育的必要,對他們而言,服務類和文書類差事比那些需要學校教育才能勝任的工作,更不具男子氣概,只是他們消極地參與教育,「在教室坐到畢業」,而不是把學習認真當一回事。隨著經濟條件的轉變,勞動階級陽剛特質的認同在不斷流動的建構和中介(mediation)過程中形成,其定義和形態亦需調整。

　　美國大規模移民所造成的族群壓力,對勞動階級形塑造成重大影響。相較於英國,美國勞動階級的歷史基礎較為薄弱,種族、宗教、族群、性別等因素的對抗加深了階級內在的階層性。已不穩固的勞動階級在雷根政府時期更加岌岌可危,企業競相減薪、工會節節敗退的情況,屢見不鮮,這種情況使得 Freeway High 男學生無法有可連結之社會運動,留下的空缺則由新右派填補進去。極右派和白人優越主義在美國無法吸引到廣大的信徒,但新右派可以,何謂新右派?Weis 引用 Allen Hunter 的描述:

> 新右派是保守主義的再起。隨著雷根的勝選,保守勢力在共和黨
> 大有斬獲,在華盛頓特區建立了精密的智庫、遊說團、基金會。
> 新右派組織了社會運動的反動力量,強調社會傳統主義,將其道
> 德和文化價值加諸在政治實體上[15]。(頁 194)

　　70 年代末期新右派以「家庭至上」主義做為核心價值,整合各界傳統勢力,諸如反平權、反人工流產、宗教右派,而仇視同性戀、女性權利、世俗主義者也紛紛加入「捍衛家庭」的陣營。Hunter 分析:

---

15 Hunter, A. (1988). *Children in the service of conservatism: Parent-child relations in the New Right's pro-family rhetoric*. Institute for Legal Studies: University of Wisconsin-Madison.

新右派主張透過「傳統家庭」的性別化觀點，解決文化傳統和經濟變化的內在緊張。家庭至上主義不存在政治衝突的空間，性別是神聖且自然的，男女本就互補且應分工，挑戰既定的性別角色就是挑戰上帝和自然規律。自由派、女性主義、人權倡議者若阻撓人們實踐神聖的性別角色，就是在破壞社會基底。（頁 195）

Weis 進一步說明，60 年代以來種族和女性平權運動的進展，使新右派不能再以種族或生理優劣的邏輯來論述白人和男性特權，他們必須發展其他說法證成優越、包裝歧視。新右派的目標是逐步廢除（dismantle）少數族群爭取到的政治所得（political gain），但因他們不能奪走這些權利，所以採取重新詮釋進步思維的策略，限制少數族群權利的適用性和正當性。舉例來說，他們以「社區的維護」包裝種族歧視；以「家庭價值」監控課本內容，反對多元文化；以「逆向歧視」反擊積極性差別待遇，至於公平或平等，新右派則將之詮釋成為了袒護少數族群而剝奪白人男性的權益。他們不直接挑戰民主或公平等概念，而是選擇、操弄符碼字詞（code words），混淆行使歧視和壓迫的形式（頁 196）。新右派以性別意識形態和種族意識形態形塑白人男性勞動階級的集體認同，Weis 預測，Freeway High 男學生未來將受其影響，其認同從工會政治轉換成新右派政治。

（二）勞動階級社會運動的潛在矛盾

不同取向的社會運動在勞動階級青少年認同形塑過程競爭，本節將分析個人與集體層次的青少年認同形構，以及「女生向左、男生向右」的社會運動連結。

1. 青少年認同形構：個人 vs 集體

到了 80 年代，經濟不再只是資本和勞動力的衝突，科技亦加入並扮

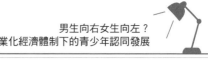

演重要角色。科技相關的產業帶來新型態工作如電腦程式設計、系統分析、機械工程，但不會改變職業的分布結構，傳統的勞動工作如收銀員、售貨員還是佔大宗，這個現象可能會引發新的階級衝突。Weis 引述 Alberto Melucci 的分析：

> 未來的階級衝突不會只限於勞動力的剝削，而會牽涉訊息的控制、象徵－形式的建制（institutions of symbol-formation）、複雜組織系統的操控，以及人際關係的介入。生產結構（structure of production）的改變與新的社會運動有關，產品逐漸變成社會關係和社會系統的生產，甚至成為個人生物性和人際互動認同的生產（the production of individual biological and interpersonal identity）。新社會運動是鬥爭的，不僅重新命名產品的物質結構，也以集體的方式控制社會經濟的發展，重新設定時間、空間、個人日常的使用方式和意義。（頁 199-200）[16]

接著 Weis 以 Philip Wexler 的論點說明 1980 年代右傾的社會文化運動，這個運動同時用兩種語言發聲，一是市場的語言（language of the market），把市場延伸到所有的社會關係，另一是道德的語言（language of morality），捍衛宗教基本教義和父權家庭[17]。Wexler 認為，「家庭和宗教信仰的緊密關聯是建構社會和國家的基礎」這個主張（assertion）鑲嵌在新右派認同政治中，男性至上的家庭結構、種族歧視主義等認同政治擴充了市場邏輯（a market logic），此市場邏輯使得傳統無產階級遭受許多經濟上的傷害。Weis 預測 Freeway High 男學生的認同會集體地跟隨新右派的政治理念。

---

16 Melucci, A. (1980). The new social movements: a theoretical approach. *Social Science Information*, *19*(2), 199-226.

17 Wexler, P. (1987). *Social analysis of education*. NY: Routledge and Kegan Paul. (p. 62)

Freeway High 男學生的認同形塑可見新右派的集體效應，Freeway High 女學生的認同形構則可看到女性主義的潛在影響。受訪的女學生對未來生活的想法打破了「家庭符碼」，家庭不是首要選擇，工作和薪資才是，這樣的認同挑戰了新右派強調的傳統家庭價值。然而這個挑戰也受到一些限制，她們對未來工作的想像侷限於性別區隔的職業類型，在後工業時代，雖然這類工作不少，收入也相對穩定，但是這些工作的薪資太低，無法讓她們避掉婚姻，亦即勞動市場的職業區隔結構限制了高中女生欲逃離男性宰制的選擇。

男性勞動階級工作的減少使得勞動階級女性需出外工作以維持家計（相較之下，中上階級的女性出外工作則可使生活更富裕），加上將家庭符碼內化，使得女性陷入一種雙綁的局勢：她們的薪水是家用的部分來源，但家庭內的分工並沒有因為她們出外工作而有所改變。勞動階級丈夫可以說他們的工作很辛苦、很危險、很疲憊，回到家裡要求安靜的休息，但是勞動階級妻子的相同需求會被當成不盡責的無稽之談。為什麼會如此？一旦這個議題被認真對待，就表示家務的責任有重新討論或分配之需要。這個觀察或體認說明了為什麼女高中生不再將家庭視為首要責任，獨立、更平等、不需取得丈夫同意是這些女學生未來鬥爭的範疇，雖然男學生對此沒有正向回應。

為什麼以女性為主的職業沒有像男性職業一樣，發展出勞工組織以爭取權益？Weis 認為主要原因在於女性並沒有要求薪資必須足以支撐生活，這種低薪的勞動認同（marginalized wage labor identity）使得企業資本主義和父權的壓迫得以持續。職業的性別區隔使得男性在工作和家庭處於宰制地位，若父權要被挑戰，職業性別區隔現象必須先被解構。唯有女性勞工發展出提高工資的勞動認同（central wage labor identity），傳統女性行業的勞工才有可能組織起來爭取權益。有些受訪女學生想要選擇非傳

統女性行業，雖然工作薪資可讓她們維持較高的自主性，但是她們所受的教育能否讓她們具競爭力，是一個疑慮。

Freeway High 女學生的認同受到集體社會運動的影響，但是她們並沒有設想解決問題的集體行動，換言之，她們沒有意識到她們共享的性別階級認同的政治性（political sexual class identity）。Weis 預測，隨著就業與進入婚姻，她們很快就會遇到以個人方式解決現實問題的限制，這可能會引導她們朝向女性主義運動的性別階級認同發展，但也可能會被新右派的價值所吸引。新右派的女性分成兩種意識形態，社會保守派（social conservative）主張男性和女性有其神聖的性別角色，男性至上、白人至上、傳統家庭是維繫社會道德、秩序、穩定的必要；放任保守派（laissez-faire conservative）傾向以個人方式解決問題，他們雖不贊成性別階層關係，但也不像女性主義者強調以集體行動改變父權社會，女生若在職場受到歧視，重新找個工作就好了！Weis 認為，勞動階級女性很難一旦工作不順就更換工作，無法根據放任保守的意識形態過日子，她們可能會趨向社會保守的新右派；在進入婚姻生養小孩後，工作和家務的雙綁，以及勞動薪資無法讓她們撐起一個家的現實，勞動階級女性很可能被社會保守的新右派拉進陣營，成為「家庭至上」主義者 Connie Marshner 所謂的新傳統女性（new traditional woman），確保婚姻所帶來的權力和好處。根據 Marshner，新傳統女性是 21 世紀公民的母親，「新」是因為她生活在速度緊湊充滿變化的現代，而「傳統」是因為她要引導家庭回到永恆信仰的真實（Klatch, 1988）。

新右派和女性主義針對經濟安全採取截然不同的路徑：新右派引導女人看到「男人－穩定家庭」的連結，離婚時不至於一無所有，女性主義主張經濟獨立才會帶來安全感。對父權的挑戰和離婚的憂慮，讓 Freeway High 女學生把工作排在家庭前面，雖然她們目前較貼近女性主義陣營，但難保未來不會被新右派陣營吸納。

2.「女生向左、男生向右」的社會運動連結

不同於之前的研究，本研究發現勞動階級青少年是認同學校教育的，受訪高中生雖對學校和學校知識態度矛盾，但也不是全然拒絕，只是他們對於教育形式的重視遠勝於實質。

Freeway High 男學生肯認學校教育的重要性，但和持競爭成就想法的青少年相較，其認同（如「在教室坐到畢業」）導致其學業成就的競爭力低，未來的就業機會多落在低薪／少福利／不穩定的工作。他們的認同發展再現具社會主導性的陽剛特質（男人宰制、男人養家、白人為優），貼緊新右派的性別歧視與種族歧視意識形態，由此可見白人勞動階級男性認同發展的集體性。Freeway High 女學生希望在進入婚姻前先進入職場，也希望避免丈夫的控制，目前看起來有朝向女性主義社會運動的潛力，但往後低薪和育兒的現實恐怕會讓新右派意識形態取得優勢。

幾年後會如何發展呢？Weis 預測：男人未能帶回足夠的家庭薪資，但其持有的家庭意識形態又強調宰制女人，家庭暴力的加劇恐怕不可避免。新右派和女性主義兩個社會運動對勞動階級青年認同的衝撞也會比現在更直接，男生會傾向新右派而女生會更傾向女性主義，新右派對女性主義的攻擊也會更加劇。然而新右派也利用女生對男生的不信任，強調男生應該更具家庭責任感，進而強化家庭中男性宰制的傳統觀點。未來新右派的可能動向以及對勞動階級女性認同的影響，是女性主義應該關切的議題，在新右派能夠影響這些年輕女性之前，Weis 建議女性主義者應該鼓勵勞動階級女性參與女性主義運動。在後工業時代，白人勞動階級男性的職場優勢和工作穩定性漸漸消失，但在家庭中又傾向維持男性宰制意識形態，這個情景如何在個人和集體運動層次運作，勞動階級女性又會走向何處，是未來需要觀察的。

至於學校角色，本研究發現 Freeway High 的運作和新右派的理念有高度關連，例如白人男性優越、學校的形式勝於實質等，這不但使勞動階級的學生無所適從，也讓新右派有機會吸納這群青少年。但相對地，學校並沒有提供女學生探索發展女人認同的空間和資源，女學生在學校面對不同走向社會運動的拉力，但她們的力量還不足以挑戰其所產生的矛盾。

Weis 發現學校並非抑制社會運動，而是選擇性地鼓勵或反對，例如 Freeway High 壓抑了女性主義，但並沒有壓抑學生新右派認同的發展。她也提醒我們：不是所有的社會運動都具進步性（not all social movements are progressive）（頁 214），不同的社會運動設定了不同的議程，青少年的認同不會只受單一社會運動的影響，在邁入成人的過程，勞動階級高中生的認同在個人與集體層次如何微調轉變，是個值得仔細探究的議題。在本書研究的 10 年後，Weis 追蹤這群受訪高中生的生活，撰寫了 *Freeway class reunion: The remaking of the American white working class grown up student*s。

二、方法論與研究倫理

本書採民族誌方法論，Weis 以一年期間，每週進學校三天，長期參與 Freeway High 師生的學校生活。她主要以訪談的方式蒐集資料，佐以觀察，試圖掌握研究場域中研究參與者的觀點，了解研究參與者對自身所處生活世界的看法，亦即從當地人的視野及角度觀察他們的文化和生活，以真正掌握當地日常生活的社會過程[18]。本書以全觀的方式，描繪 Freeway High 學生、教職員、家長的價值觀念和行為模式，探究青少年在脫工業經濟轉變情境下的認同形塑過程、影響因子、與社會運動的關連。

---

18 民族誌，見國家教育研究院「雙語詞彙、學術名詞暨辭書資訊網」http://terms.naer.edu.tw/detail/1678712/。

就民族誌來說，許多研究進行的細節並未在本書交代，閱讀時難免有疑惑，例如：每週入校三天，學期中和寒暑假的研究聚焦有何不同？研究者參與哪些類型課程的課堂觀察（核心、技職、實作），如何做觀察紀錄？不同群體的訪談是個別進行還是團體訪談？若是團體訪談，成員是依性別和種族區分還是混合？不同受訪者的訪談資料如何交互檢證，發展出解釋架構？所有男學生都有學校教育重形式大於實質的認同嗎？男學生做為一個群體，研究者如何處理和分析群體間差異（如種族、學業成就、性取向）？我們讀到「女學生重形式大於實質的程度不如男學生嚴重」，哪些資料顯示這樣的情景？這個研究處處可見對偶關係的受訪者，研究者如何處理這種情形？是告知關係人還是採資訊保密原則？這個研究的知情同意書（如果有的話）包含哪些項目？

現今要進行民族誌研究，都得先通過研究倫理審查，然本書少見作者對研究倫理議題的書寫與討論，原因可能有二：一是 80 和 90 年代的社會科學研究對倫理審查的要求未如今日嚴謹，二是 Weis 選擇不在此書說明研究倫理議題。

研究倫理乃指探討一切研究行為所涉及的倫理議題，舉凡研究參與者的招募、研究參與者的權益、研究參與者的風險評估及因應措施、研究團隊的職務或身份與研究參與者的權力關係、研究資料的儲存與保密規劃、研究成果發表、研究經費補助單位[19]等，都在其規範範圍。單就保護研究參與者的權益，研究者需要留意：是否明確告知權利義務、研究參與者是否知情研究過程並同意、研究參與者願意公開哪些資訊的隱私保護、研究者是否平等對待研究參與者和資訊[20]。Weis 入校一年，訪問上百位研究參

---

19 國立成功大學人類研究倫理審查委員會審查申請表。

20 見中央研究院「研究倫理審查基本概念」http://irb.sinica.edu.tw/doc/education/20170822 handout_2.pdf。

與者，觀察校園多處空間和活動，如此大規模的研究涉及的倫理議題面向
廣大，如果得先通過倫理審查才得以進行，研究資料蒐集及參與權益之規
劃、研究團隊之專業訓練、研究團隊之利益衝突揭露，如何進行？若能將
此置於附錄，必能加深讀者了解民族誌研究的反身性思考。

參 反思啟示

一、教育研究方面

　　美國脫工業城鎮青少年的認同形塑以及將此認同連結到更廣的社會運
動，是本書的主軸，其對國內教育研究的啟示可從兩點說明：階級、性
別、族群交叉性如何影響青少年認同形塑，以及學校課程如何中介青少年
的階級認同形塑。

　　何謂認同？本書裡認同指與他人關聯的自我感（a sense of self in
relation to others），而認同形塑（identity formation）指在與他人連結的情
況下，人們個別地或集體地看待自己的過程（頁 3）。《社會認同》
（Social identity）作者 Jenkins 指出，認同是個人或群體藉以和其它的個
人或群體區分彼此社會關係的方式，認同區分為自我界定的自我認同，以
及將自己與特定群體視為一相連整體的集體認同（游美惠，2014：75-
76）。國內聚焦於青少年認同的實徵研究為數不多，近年以國族認同最被
關注，性別認同尚有學者研究（如楊巧玲，2008；楊幸真，2009），但階
級、性別、族群交叉性對於國內青少年認同的影響，近乎不可見。臺灣從
技術密集產業到高科技產業的經濟發展、加入 WTO 之後產業結構迅速轉
變、人權和性別議題進入學校教育，多重交織的青少年認同形塑之研究可
豐富我們對社會發展的了解。

本書 80 年代青少年（尤其是青少男）對學校教育的認同可以「形式大於實質」說明，教師亦持類似的看法，然學校課程如何中介（mediate）其階級認同之形塑，有待分析。教育被塑造為具有正面的功能，它能幫助勞動階級的下一代向上流動，勞動階級家長大多相信此種正向功能，期望學校教育能補足家庭缺乏的資源或機會，然而家長卻無法知覺隱藏於課程內容的階級權力鬥爭，他們一方面信服，另一方面處於被宰制的局面（姜添輝，2000）。為什麼青少年會對學校教育產生異化感？學校課程內容以什麼意識形態為基礎而產製？當中產階級家長有能力快速擷取社會發展趨勢、職場變化等訊息，要求教育當局做出回應、改變政策時，勞動階級家長是否也有參與政策討論的機會？

「學生到學校外面為什麼會有那麼多疑問，為什麼對於課業內容那麼明顯地缺乏好奇心」，100 多年前杜威（Dewey, 1916/2006）即指出：「問題出在教材和作業不能啟發真正的疑問，以至於學生面對的疑問不是他自己的疑問，這些疑問只是他當學生的疑問，不是過人的生活產生的疑問。結果，練就了解答這種疑問的本領，出了校門卻沒有用武之地，實在是莫大的浪費。」（頁 201-202）任何課程的執行仍取決於教師，在勞動階級家庭為多數的學校，若教師的教學無法回應學生經驗、貶抑其思考能力，學習參與（engagement）就難以發生。學校課程的內容和實施如何中介學生的階級認同，是一個值得深究的議題。

二、教育實務方面

本書發現：學校行政對教師勞動的控制儀式會導致教師著重形式而非實質；勞動階級青少男傾向認同社會保守主義，而青少女則有發展女性主義認同的潛力，這兩點對教育實務帶來一些啟發。

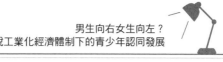

　　Freeway High 行政人員認為教師需要被監控，教師則抱怨學校行政對他們的控制是形式大於實質，例如每週需繳交教學計畫、窗戶要做布置。我國的基層教師是否也有同樣的抱怨？班級課表、課程進度、教材使用、考試期程，甚至志工入班，由誰主責，誰有權力決定和協商？教師的意見和意願會被納入考量嗎？行政和教學是否對立？教學進度和考試壓力經常使得教師只能照章行事，若想在某課停留久一些，和孩子討論他們感興趣之事務，只能儘量在課程進度裡找縫隙。學校也擔心若教師自編「彈性課程」的課程內容，會給行政帶來麻煩，目前學校以彈性為名的課程自由度很低，若教師想帶學生了解社會議題，帶領他們看見不同的立場，也只能挑安全的話題或時事。

　　「十二年國民基本教育課程綱要」總綱規定，課程發展委員會職責為「掌握學校教育願景，發展學校本位課程，並負責審議學校課程計畫、審查全年級或全校且全學期使用之自編教材及進行課程評鑑等。」上述情景不禁令人質疑，各校的課程發展委員會可以審查教師的課程計畫到什麼程度？如何透過審議增進教師專業？委員會或行政人員若沒有審慎使用機構權力（institutional power）對待教師的教學，就無法協助彼此增能。黃乃熒（2004）提出後現代學校行政倫理及其兩難的解決方式，對於行政和教學的對立，有些具啟發性之建議[21]。

　　性別平等是國家進步性的重要指標。《性別平等教育法》做為我國性別平等教育政策擬定及推動工作之法源基礎，自 2004 年 6 月 23 日實施迄今已滿 15 年。回顧過去 15 年來我國性別平等教育的發展，確實有不少進

---

21 黃乃熒指出，後現代學校行政倫理實踐，會促進學校組織成員的專業實踐、促進學校組織的變革、提昇學校組織的績效及維護學校，但也會帶來無反省性、無限擴大欲望、不願真誠合作，以及推卸責任等阻礙。展示理解他人的行動、進行對話、進行協商、提昇自我效力、運用轉型領導，以及展現愛心等策略，可以解決兩難的困境。

展，例如性別平等教育相關的研究數量增加；建置了校園性騷擾、性侵害、性霸凌事件的申訴、處理、輔導機制；學校依法實施性別平等教育相關課程或活動，提升學生的性別平等意識；國際調查顯示，臺灣學生對於性別平權的支持度高於國際平均值等等（王儷靜，2019）。然而性別平等教育被保守勢力反撲的例子也不勝枚舉，2018 年底公投第 11 案和第 15 案的結果即是顯著的例子[22]，顯示社會民意與性別平等還有很大的差距。這個差距所帶給我們的訊息，加上本研究發現青少男和青少女的認同連結到迥異的社會運動，我們得認真檢視，性別平等教育對男學生和女學生的成效為何？如何避免「形式大於實質」的教育現象？

杜威的提醒還是很受用：學習的情境必須能激發思考，讓學生在其中自己從活動中產生、證實、掌握觀念，讓他／她在情境中領會意義與事物的關聯。思想如果只是思想，是未完成的，在應用到經驗的情境以前，是欠缺完整要旨與真實性的，因為任何理論都必須在經驗中才有生命，才有可核實的意義。如果性平教育的目的不只是知識的獲得，而是從個人經驗中思考社會建構的軌跡，意識到權力結構、性別經驗與主體的複雜關係，那麼，什麼樣的教學法比較可能達到這樣的目的？性別平等教育不能被當成只需記憶的訊息，考試和測驗得高分的學生不見得具性別敏感度，也不見得體認自己在社會結構底下的性別處境。鼓勵學生思考的性別平等教育，需要尊重學生思考的原創性，至於忽略興趣、脫離經驗、壓抑思考的性別平等教育，就難以建立教材與日常生活更廣更直接的經驗之間的關聯（王儷靜，2015）。

---

22 第11案主文「你是否同意在國民教育階段內（國中及國小），教育部及各級學校不應對學生實施性別平等教育法施行細則所定之同志教育？」（同意64.3%，不同意31.1%）；第15案主文「您是否同意，以『性別平等教育法』明定在國民教育各階段內實施性別平等教育，且內容應涵蓋情感教育、性教育、同志教育等課程？」（同意32%，不同意62.3%）。

延伸閱讀

Charles, M., & Grusky, D. B. (2004). *Occupational ghettos: The worldwide segregation of women and men.* Stanford, CA: Stanford University Press.

Weis, L. (2004). *Class reunion: The remaking of the American white working class grown up students.* New York: Routledge.

參考文獻

王儷靜（2015）。在性別平等教育路上遇見杜威。**性別平等教育季刊，71**，4-6。

王儷靜（2019）。**性平法 15 年來，校園真的友善了嗎**？獨立評論@天下 https://opinion.cw.com.tw/blog/profile/52/article/8204

姜添輝（2000）。論教師專業意識、社會控制與保守文化。**教育與社會研究，1**，1-24。

黃乃熒（2004）。後現代學校行政倫理及其兩難困境之解決。**教育研究集刊，50**（3），1-29。

游美惠（2014）。**性別教育小詞庫**。高雄市：巨流。

楊巧玲（2008）。**學校中的性別政權：學生校園生活與教師工作文化之性別分析**。臺北市：高等教育。

楊幸真（2009）。青少年性的學習、認同與實踐－－二所高中校園的民族誌研究。**當代教育研究，17**（2），31-69。

Anyon, J. (1981). Social class and school knowledge. *Curriculum Inquiry, 11* (1), 3-42.

Dewey, J. 著，薛絢譯（2006）。**民主與教育：教育對民主社會的特別意義**。臺北市：網路與書。

Douvan, E., & Adelson, J. (1966). *The adolescent experience*. New York: John Wiley and Sons.

Eisenstein, Z. R. (1984). *Feminism and sexual equality*. New York: Monthly Review Press.

Klatch, R. (1988). Coalition and conflict among women of the New Right. *Sings, 13*(4), 671-694.

McRobbie, A. (1978). Working class girls and the culture of femininity. In Women's Studies Group (Ed.), *Women take issues: Aspects of women's subordination*. London: Hutchinson.

Smith, D. (1983). Women, class and family. In R. Miliband & J. Saville (Eds.), *The Socialist Register 1983* (pp. 1-44). London: The Merlin Press.

Valli, L. (1986). *Becoming clerical workers*. Boston: Routledge and Kegan Paul.

Willis, P (1977*). Learning to labor: How working class kids get working class jobs* (Morningside edition). New York: Columbia University Press.

Willis, P. (1984). Youth unemployment: thinking the unthinkable. *Youth and Policy, 2*(4), 17-36.

背離校園：

黑人學生的輟學經驗

經典研討書目：*Reconstructing 'dropout': A critical ethnography of the dynamics of black students' disengagement from school*

作　者：George J. S. Dei, Josephine Mazzuca, Elizabeth McIsaac, and Jasmin Zin

導讀與評析：張如慧

🔘 壹 全書導覽

一、關於作者與本書

　　本書由 George J. S. Dei，Josephine Mazzuca，Elizabeth McIsaac 以及 Jasmin Zin 等四位作者共同合著，研究開始於 1992 年，正式出版於 1997 年。第一作者 Dei 是多倫多大學安大略教育研究院（Ontario Institute for Studies in Education, OISE）的教授，出生於非洲迦納，在迦納大學取得社會學暨考古學學士，加拿大麥馬斯特大學（McMaster University）取得人類學碩士學位，多倫多大學取得人類學博士學位。在歐美文化社會中學習的經驗，讓他深刻體會到族群認同與社會差異在教育過程中產生的重要影響，因此長期以來一直致力於反種族歧視教育。而其他三位作者皆是投入少數族群教育及社會正義教育的學者或社會工作者。對本書作者而言，許多研究對象敘說的內容，也曾是他們自身的經驗。

　　有鑑於加拿大黑人學生高輟學率，本書綜合了三年的批判民族誌研究，探究安大略省大多倫多地區公立學校非裔加拿大籍學生為何對學校學習失去興趣，及其輟學的原因和想法。本研究試圖重現結構、社會與制度上的問題，探究這些因素如何讓黑人學生失去學習的興趣，進而離開校園。研究發現，輟學不只是因為個人對學習不感興趣或家庭因素，而是和

學校教育措施，如教學、課程、學校文化等因素都有關。另外，本書附錄附有問卷、訪談大綱、觀察大綱等完整資料，可供有志於相關研究的研究者在方法上之參考。

二、問題意識與研究目的

　　加拿大每年有為數百萬的青年進入勞動市場，六成以上的工作需要高中以上學歷，因此高中生輟學率成為重要的教育議題。傳統上常將輟學視為個人因素，例如因為個人學業成就不佳，或遇到像懷孕、毒品濫用或家庭特殊狀況等，但本書作者認為輟學的問題遠比此更複雜，種族、階級、性別、或其他社會差異，都會影響教育的歷程。然而在本書研究之前，許多輟學的研究並未正視黑人學生在輟學成因上與其他族群不同的特殊性；加拿大黑人學生的輟學率明顯高於一般學生，這顯示種族因素影響了學校參與。

　　關於黑人學生的中輟問題，有些研究認為這顯示社會不平等反映在教育上，也提出了像經濟弱勢、性別、單親家庭、課程分流、學生行為態度等諸多因素。但這些因素是如何出現，學校在輟學這個問題上為何無法發揮正面的作用，缺乏一個完整的理論將這些因素緊密連結在一起。本書作者認為輟學是個包括階級、種族和性別等相互影響的動態歷程，從做為主體的黑人學生敘說發現，種族是各因素中學生最核心的關注點之一，因此試圖從族群的觀點，來看種族因素如何和這些因素產生互動與連結。作者希望透過本書，了解少數族群及勞工階級學生抗拒學校的原因，讓學校成為尊重差異的融合教育環境（inclusive schooling environments）（頁4）。

三、研究設計與實施方法

批判民族誌和人類學民族誌不同，它在進入現場時即帶著明確的理論立場與關懷，比較類似社會學的取向，研究之目的在揭露社會的不平等。因此批判民族誌可被視為連結批判論述至實徵研究的形式，這樣的形式目的在於再現文化、意識或日常生活中的經驗（張盈堃，2005）。本書第一作者 Dei 是人類學博士，加上深受當時北美批判教育學思潮的影響，因此結合二者特點，使用批判民族誌的方式進行研究。從批判和反種族歧視的觀點了解輟學，將焦點放在結構以及學生做為主體的抗拒行為（resistance），了解原本被標籤化、污名化的當事人之生活，以重新理解、定義輟學這件事。

本研究資料蒐集的歷程始於 1992 年 5 月，先從教育董事會蒐集相關資料，然後進行訪談和民族誌觀察。合計約訪談 60 位來自四所高中，十到十二年級黑人男女學生，20 多位來自不同社區的輟學生、瀕臨輟學或有輟學經驗的學生。當中十年級訪談的是有高輟學傾向的學生，而十二年級學生則是請他們提供之所以能或願意留在學校的因應策略。1993 和 1994 兩年期間，立基於前一年基礎，持續進行訪談和民族誌觀察。自 1992 年起，本研究總計訪談了 150 位學生、55 位黑人學生家長和社區人士、41 位教師、59 位非黑人學生。

四、田野發現與立論主張

輟學是受到校內外各因素影響的結果，本書針對學校的因素加以討論，發現教師的低度期待、對黑人學生差別對待、學校不尊重學生與學生產生衝突、對學業成就的刻板標籤，以及課程分流窄化黑人學生未來生涯發展等因素。然而黑人學生的輟學究竟是慎思熟慮後的主動輟學（drop-out），還是被逼迫（push-out）的結果？作者並不否認個人的因素，但是

個人的成敗不應只歸諸於個人的責任，而應反思學校和社會是否有不公平或差別對待，導致學生失去學習興趣，不願參與學校學習，最後走向輟學。作者認為種族和階級上的雙重疏離感或歧視，加上性別偏見及歧視的影響，導致學生輟學。

全書共分十三章，第一章「緒論」，說明加拿大黑人學生的輟學問題，回顧輟學相關理論的不足，並確立本書反種族歧視的論述立場。第二章「研究方法論」，說明研究方法與設計，並在附錄中附上所有訪談大綱。第三章到第十二章，則是呈現大量的訪談田野資料，由不同的面向進行分析和討論，包括：

第三章「輟學的社會建構：去除迷思」，呈現黑人和白人學生，以及黑人和白人教師對黑人輟學問題的不同觀點，說明輟學不應只視為個人的問題，忽略了背後複雜的族群和文化因素。

第四章「了解學生為何不想學習」，討論黑人學生感受到家庭和學校之間存在著族群和文化的鴻溝，甚至是歧視。

第五章「種族、性別與階級的交互影響」，將種族、階級、性別分開論述，在種族部分的觀點和前幾章相同；在階級部分，主要呈現經濟弱勢黑人家庭學生不認為教育可以幫他們找到更好的工作；在性別部分，則是呈現黑人女性學生被刻板印象影響，甚至被騷擾的經驗。

第六章「權威、權力與尊重」，探討黑人學生和學校權威間存在著緊張的關係，因為學生感受到不公平的對待，不被尊重，沒有權力表達他們的想法。因此作者建議學校要給學生提供意見的管道和討論的機制，適度讓學生參與學校的政策決定。

第七章「分流與教師期望：社會革新或再製」，發現學校的課程分流制度和教師低度期望，影響黑人學生較少修習大學預修課程，形成社會階級的再製。

第八章「課程：內容與關連性」，討論黑人學生認為課程中只有白人的歷史和經驗，與他們的生活缺乏連結。

第九章「認同與再現議題的形成」，探討黑人學生在學校中的認同與再現、順從與抗拒，也發現族群內部之間在此議題上的差異。

第十章「知識的顏色：對抗歐洲中心論」，討論學校沒有黑人歷史和文化相關課程；黑人教師人數過少，是否使學生缺乏角色楷模；以及對黑人中心或非裔中心學校的歧異看法。

第十一章「家庭、社區與社會」，作者指出以白人為中心的學校，對黑人學生的教育經驗影響很大，學校並非孤立在社會中，而是要為社區和家庭服務，但目前學校與家庭和社區間連結不足，因此學校應主動建立良好的親師及社區關係，合力幫助黑人學生。

第十二章「教育與社會革新的願景」，作者重述學校種族歧視的問題，學生輟學是對種族歧視的抗拒，並對教師提出建議。

第十三章「失落的連結」，引用批判理論相關文獻，對輟學的議題進行討論，並說明民族誌研究方法的理論及運用，最後以反種族歧視的觀點再概念化「輟學」這個概念。

以下概述本書各章節主要內容。

（一）加拿大黑人學生的學習狀況

第一章作者說明加拿大是個多元族群社會，以本書個案所在的安大略

省為例，該省有 1 千萬人口，佔全國 37%，但該省少數族群人口佔全國的 49%，表示全加拿大有半數的少數族群人口住在該省。根據 1991 年的調查（頁 10），加拿大非裔人口約 34 萬，其中接近七成住在該省。該省有相當多的黑人，然而黑人學生的學習和畢業狀況卻不佳。以某個學區的高中生調查數據為例，高達 36%非裔學生可能無法在六年內修完足夠學分畢業，而白人學生只有 26%，亞裔學生則只有 18%。在學校課程分級制度中，高中學生有 28%僅修習「基礎」或「一般」這兩個較低等級的課程，而黑人學生則是高達 45%。從數據可發現，黑人學生在學校的學習狀況的確有待加強。

（二）輟學議題的相關理論

有關輟學議題，本書第一章整理出下列不同的理論取向，包括（頁 18）：

1.挫折／自尊模式：輟學是因為學習成就不佳。

2.參與／識別模式：在學校的邊緣學生缺乏參與感，被主流學生群體孤立，因而輟學。

3.偏離理論：輟學代表不遵守體制規範和文化，被標識為壞學生，因此走向輟學。

4.符應理論：學校符應甚至強化社會差異。例如學校的課程分流和獎勵制度把不平等合法化，學生得不到公平對待，因此選擇輟學。

然而作者認為上述觀點都無法完整說明黑人學生輟學的原因，因為輟學是種族、性別、階級、文化等多重因素交織的結果，是以作者由反種族歧視的批判民族誌觀點出發，認為學校傳遞主流文化，且採用標準化和一致性教育做法，表面看似公平客觀，其實正顯示學校教育是種族盲，忽略

了被邊緣化族群學生的聲音。公立學校應採融合教育的做法，實現平等，
尊重多元與差異，回應少數族群學生的需要（頁 28）。學校不應只是進
行再製的地方，而是一個可以論辯權力關係的場域，故本研究希望彰顯學
生的抗拒行為，挑戰主流宰制文化。

（三）與輟學有關的因素

本書根據田野現場的發現，各章依序討論與輟學有關的因素，由第三
章開始，呈現大量的訪談內容和逐字稿。作者認為首先要去除對輟學的迷
思，即輟學不僅是個人問題，而是種社會建構。特別是輟學議題存在對黑
人的負面刻板印象和污名，當談到白人學生輟學，只會連結到這表示個人
的失敗，但當討論到黑人輟學，則會認為是族群或文化問題。受訪黑人學
生說：「很多人講到黑人學生輟學，好像是理應如此，他們就是什麼都做
不好。我對這種說法感到很生氣。」（頁 48）

本書即是打破這種污名，從制度層面進行種族、階級和性別的問題分
析。然因各個因素彼此相關，導致本書各章節的內容多所重複。以下不完
全依原書各章節順序，改採綜合歸納作者所討論的各項因素進行說明。

1.白人中心的課程內容

本書舉出白人中心課程、課程分流與標籤化等問題。黑人學生覺得在
校無歸屬感，被邊緣化，主要是因為學校傳遞白人中產階級文化，感到無
法和黑人文化產生連結（頁 52）。有位學生的形容很貼切：「身為學校
極少數的黑人，其實不太好過，我覺得自己好像牛奶中的葡萄乾。」（頁
66）

這種文化上缺乏歸屬感，和白人中心課程有關。作者認為課程和黑人
的生活沒有關連，即是否定黑人歷史的合法性（legitimacy）（頁 137）。
學生說；「不喜歡老師教歷史的方式，覺得上起來是白人和歐洲中心的歷

史，和黑人沒有關連，排除了黑人的歷史，及其對加拿大的貢獻。」（頁
68）「他們搶走了，排除了我們黑人的歷史。」「沒有提黑人對社會的貢
獻，什麼事都是白人做的，歷史只是歐洲裔加拿大人的歷史。」（頁
137）「他們也可以介紹黑人科學家，例如第一位進行心臟移植的外科醫
師就是黑人，電視上有演。」（頁145）

　　但是有的教師反對單獨開設黑人歷史課程，認為黑人若想了解自己的
歷史可以自行研究，而且其他族群的學生也不太可能修習這樣的課程，教
師表示：「在我的課堂中，沒有學生向我反應他們覺得自己的歷史被排除
在外，在課程中我們讓所有學生都有成功的機會。」（頁141）一位校長
解釋教師在融入黑人文化所面臨的困難：「有些教師會反思自己來自中產
階級白人環境的限制，有些會坦承對黑人藝術史不了解，手邊也沒有足夠
的資源可供學習，只能先點狀介紹一些黑人藝術家。」（頁139）因此
「黑人歷史月」是目前唯一融入黑人歷史的課程（頁142）。

2.課程分流影響學生生涯選擇

　　高中階段課程開始分流，學校會給不同程度學生選課上的建議，但也
影響學生的生涯選擇。作者認為課程分流就是透過教育系統，正式進行標
籤化和形塑刻板印象，而刻板印象會影響黑人學生如何看待自己及其教育
選擇。少數族群和勞工階級學生常被分到較低階的課程，這是透過教育制
度確保社會階層再製。事實上，標籤化與課程分流（labelling and
streaming）對黑人學生學習產生負面影響（頁115）；九成受訪學生認為
課程分流是導致輟學的重要因素，因為「基礎課程有種污名，基礎課程的
學生就是比較笨和無知，他們就是不如大學預修課程的學生才會被分到那
裏。沒有人想要自己的人生被視為笨蛋或無知，所以不如不去上課。」
（頁116）也有些學生認為雖然有些黑人學生很聰明，但教師卻會建議他
們不要修大學預修的課程，沒有人鼓勵他們挑戰困難的課程，所以他們就

只會挑容易的課（頁 118）。雖然有些學生會進入大學預修課程，但「在大學預修課程中，多數同學都是白人，連少數的黑人感覺起來都像白人，沒有連結和歸屬感。」（頁 52）

3.白人教師的低度期望、歧視和權威關係

很多受訪學生直白地說出教師對黑人的低度期望甚至是偏見或歧視：「我一些朋友從小學開始，被老師說很笨，做不了什麼事。我聽過自驗預言，從來沒人告訴他們說，不，你不是這樣的。」「老師也不會鼓勵學生，特別是對黑人學生。不過我知道自己想要什麼。」「我的心中很孤單，在學校就是不斷失敗，也不知道自己在幹什麼。」（頁 66）「學校讓我覺得自己不夠聰明，學不會學校教的東西，他們叫我媽送我去讀職校，他們就是認為黑人腦筋不好，華人聰明，白人優秀。」（頁 68）「白人學生上課開玩笑時，老師會和他們一起笑，但若是黑人學生，老師會瞪我們。」（頁 128）另外，教師對文化和族群議題的敏感度和批判力不夠，也會引發黑人學生被歧視的感受，例如「對全班同學說，愛滋病毒來自非洲。」（頁 130）教師不接受非裔學生的批判性想法，黑人學生「批評《頑童歷險記》中的主角湯姆有種族歧視，結果老師給了很低的分數。老師說，書中湯姆和哈克做朋友，所以他沒有種族歧視。我告訴老師，這本書冒犯了黑人，但他堅持說這本書沒有冒犯任何人。」（頁131）

連在校學生也表示能同理輟學的朋友，學校很無聊，充滿挫折，而且學校教育與實際工作無關（頁 49）。黑人學生負面的學校經驗，讓他們內化為負面的自我概念，認為學校要求超出他們的能力，這種沒有希望的感覺造成他們不參與學習或輟學。但非黑人學生則認為輟學是個人問題，因為這些人不想學習，不喜歡學校，所以離開學校，並不認為是制度的問題或歧視（頁 55）。

學校和黑人學生之間存在權威上的緊張關係，教師對白人的態度較正面，對黑人學生較負面，黑人像是問題製造者。學生也察覺到「學校的行政都是白人，有權力的都是白人。」「尊重是互相的，而不是把老師當成像神一樣，一定要尊重他。」「有個老師叫我黑鬼，我說我要殺他，然後就走了，結果，我卻因為說了這句話被停學了。」（頁 78）

不過仍有些具有反省力的教師會承認自己對黑人學生有刻板印象，即使自己也認為不應如此，但它確實存在（頁 122）。整體來看，學校中有保守的教師，也有持較進步觀點的教師。年紀較長的白人多屬保守，而年輕、女性、非白人，或曾和黑人相處的年輕白人，較支持多元文化或反種族歧視。保守派教師認為輟學是個人的問題和選擇，或是因缺乏成功動機，或是好逸惡勞不努力，不認同學校價值，只想進入社會；進步觀點的教師則會歸因於學校制度問題、對黑人不友善的文化和氛圍，以及個人和家庭因素（頁 56）。

4.家庭與社區的困難

學校和黑人家庭間好像有個鴻溝，家庭問題不能帶到學校，學校的問題也不能帶回家庭。有些學生認為「老師對有錢人的小孩比較好，給窮小孩臉色看。」（頁 93）造成黑人學生在種族和階級上的雙重疏離感。學生在學校遇到困難時，不會和家長討論，有些是不想讓忙碌於生活的家長煩心，但有些則是來自受虐家庭。無論如何，即使說了，也難獲得家長支持，因為許多輟學生的家長不了解教育制度和環境，沒時間參與，也不知如何參與（頁 193）。另外，學生也知道選基礎或大學預修課程對他們未來的職業選擇影響很大，課程分流即代表未來在社會的分工（頁 120），可是家長告訴小孩，那些白人不用擔心，因為他們就是有工作，家長會幫忙他們，黑人就算能力和他們一樣，還是白人會拿到工作。於是白人就算覺得學校無聊，但他們知道不上大學就沒有前途，他們清楚知道學校和工

作的關連性。然而黑人輟學生認為，有沒有受教育都無所謂，因為他們都找不到好工作，反正他們已經被分在後段班的課程，也上不了大學（頁93）。

輟學是個逐漸對學習失去興趣的歷程，然而學校在過程中，並未給予學生支持和鼓勵，學生表示「在過程中，沒有人問我家遇到什麼問題，我好希望有老師問我發生什麼事。」但是「主動告訴老師家裏的問題，會被標籤為又是一個來自問題黑人家庭的學生。」（頁68）不過家庭的教育價值觀對學生是否輟學仍有重要影響，學生說：「家中沒人管，也不在乎你去不去學校，自然就輟學了。如果父母要求你一定要上學，你就不會輟學。」（頁65）「如果我輟學，我媽會殺了我。」會說出這類話的學生，大概都不會考慮輟學（頁53），因此教師應多協助家長了解及參與學校。

5.性別偏見與歧視

書中分析黑人男女學生的經驗，發現一些種族與性別交織的影響，不過就全書來說，篇幅並不算多。在男學生的經驗中，有些是來自外部的偏見與歧視，例如在學校中，對黑人男生的刻板印象就是壞小孩，有暴力傾向，常是被管教的對象，運動很好，但不聰明，而社會也對黑人男性有許多刻板印象，例如「不管你在學校表現多好，走在街上，你就是會被看作是個罪犯、毒販、打老婆、生一堆小孩卻又不照顧。」（頁99）另外，有些性別壓力來自內部，例如男生在同儕間不能表現聰明、成績好，還有穿著要和其他黑人同學一樣等等。

女學生的經驗和男生有些不同之處，黑人學生之間也存在著族群內的性別不平等，例如黑人男女學生都提到女生在學校會受到語言或肢體性騷擾，而且大部分都是被黑人男學生騷擾，例如在校園中男生會很不尊重地

叫女生「婊子」（頁 100），但男生會認為這是女生自找的，因為她們的行為、穿著和說話方式才導致被騷擾，所以有些女生會因騷擾過分了，避免和男生相處，而這也影響了黑人學生之間的團結。

有些女學生的經驗則是受到性別與族群雙重影響，一位修大學預修課程的黑人女學生表示，即使在有關黑人的課程內容中，黑人女性往往消失不見，例如課程中介紹的 Malcolm X 是男性人權運動者，但不會提到同領域中身為女性的 Angela Davis（頁 102）；有些教師對不同文化抱持偏見，在未深入了解文化的內涵及脈絡時，就認為非西方社會的文化存在性別不平等，會限制女性應做什麼事或不應做什麼事；也有教師建議女生大學不要修物理，因為要很多年，年紀太大，會來不及生養小孩。

另外，作者發現學生間也會出現恐同的語言，例如談到某個人或某些事件，或是談到他們不喜歡的教師對他們有肢體接觸，但作者並未對此提供明確的田野佐證資料（頁 102）。不過在本書呈現的田野資料中，有位受訪的黑人女同志家庭母親抱怨，教師認為同志是違反基督教信仰的家庭價值，是不好的：「老師不解同志家庭，他認為我是黑人女同志，孩子來自非體制內的家庭是不好的，所以我不會鼓勵孩子追求高學業成就。」不過作者對這些資料並未提出更深入的闡釋（頁 135）。

雖然學校存在這麼多性別偏見和歧視，但根據作者對學校的觀察，發現有些教師雖然察覺到一些男學生對女學生在言行上的性別歧視，但是未能了解學校中存在許多性別、族群與階級多種層面的壓迫，也沒有承擔應扮演的角色並負起責任。

（四）討論與建議

理論上，族群和教育成就無關，但從學生的敘說來看，他們就是認為有關。他們認為在學校感到疏離、失敗、缺乏支持、種族歧視等，是造成

輟學的原因（頁 61）。作者認為民族誌研究反映出的問題，包括種族、階級和性別等因素，因此輟學是各種因素交織的結果。而第九章開始，作者除了重複先前對輟學原因的討論內容，也從一些新的面向進行探究，並提出一些建議。

1.黑人學生的參與及認同

第九章參考 Finn 的參與／認同模式，在社會再製的脈絡下，討論非主流族群學生在學校中的認同與再現。當詢問學生如何在學校中對抗歐洲中心的知識，並進行認同及再現，學生感到有所困難，因為學校其實沒有什麼機會讓黑人學生展現他們的文化，頂多是服裝或黑人歷史月，這是目前學校唯一和黑人歷史文化有關係的課程。但是有個學生在努力準備這個月份的活動時，卻被教師說你花太多時間在這件事上，好像他的成績退步都是因為辦這個活動（頁 152）。一位瀕臨輟學的學生說：「學校不讓學生自我表達，要我們被同化，要遵守規定，否則就會被視為問題製造者。」（頁 153）學生的抗拒被視為青春期的叛逆，顯示學校缺乏對文化差異的包容度，不服從規範者就被標示為問題製造者。

不過黑人學生之間已形成一種族群認同，當問黑人學生和其他黑人學生有無共同點時，幾乎所有學生回答都是肯定的：有共同的興趣和文化，有「我們是黑人」（We're black.）的集體認同感。學生在外面混時，不論原來是不是朋友，黑人都會玩在一起，上課時也會主動找看看有無黑人同學（頁 154）。有黑人同學一起，會讓學校生活變得比較好過（頁 155）。所以輟學是因為學校否定他們的認同，並試圖以主流規範同化或改造他們：「為什麼我要輟學？我覺得學校像一座工廠，學生是工廠生產的產品。學校缺乏尊重的氛圍，從入學起，學校就開始強制全方面改造學生，抹殺學生原有的特質，試圖把我們變成不同的人。」「學校在過去成功地讓我們的兄弟姊妹對自己的歷史和出身感到羞愧，但是我認為現在有

些黑人學生，反而是因為他們擁有高度的族群自尊，無法忍受學校對待黑人的方式和態度，因此才選擇輟學。」（頁146）

　　然而課程仍以白人為中心，所以也有許多學生認為要學著像白人一樣思考（think white），才能在學校獲得成功，甚至相信要放棄黑人認同才能成功，這反映了黑人在學校的處境，因為學生很清楚知覺到學校和社會是一樣的壓迫系統，都有族群界限（頁156）。不過值得注意的是，黑人間也有內部的族群差異，有些來自非洲，有些來自加勒比海地區，有些是新移民，有些是加拿大出生，在語言、宗教和文化等方面仍有不同。像移民的非裔黑人，其宗教、語言和文化是學生認同和關切的項目，特別是對伊斯蘭教的認同，他們會抱怨學校對他們的文化不夠支持（頁158）。另外，不同學校或群體間也有差異，有位學生表示：「學校根本就是要我們模仿白人，所以我輟學了。但我也去過另一所黑人較多的學校，他們一面罵白人，但又和白人以兄弟相稱。」（頁164）

2.對抗以歐洲及白人文化為中心的學校

　　對於如何對抗以歐洲文化為中心的學校，作者在第十章詢問學生有關課程與黑人文化、黑人教師人數、以及黑人中心或非裔中心學校等三個議題。關於課程，雖然黑人學生認同增加與黑人文化和經驗有關的內容，但也有非黑人學生表示現有歷史課與偏見和公平無關，甚至有學生抗議黑人歷史月活動過度突顯黑人，而且這些內容不屬於非黑人學生的文化脈絡，所以他們不會參與這類有關黑人文化的活動（頁171）。至於教師若是黑人，會不會對黑人學生帶來些改變的可能性？女生中有66%，男生中有54%，認為會對他們產生一些改變。若再考量這些學生的出生地，出生於加拿大的學生，女生中有59%同意，男生中有48%同意；而移民學生中，有64%的女生同意，63%的男生同意，由此顯示出生地不同會影響學生的意見（頁173）。再繼續探究學生的理由，有學生表示黑人教師和黑

人學生會更有連結，因為他們經歷過同樣的困難，會讓他們對學校有認同感，而且教師也比白人嚴格（頁 174）。但也有學生說，種族不是問題，只要教師不是個種族歧視者即可（頁 176）。而教師則認為不論黑人或白人教師，都可以鼓舞學生。

最後有關黑人中心或非裔中心學校，意見亦有歧異，甚至有很高比例的黑人學生反對。贊同的學生把黑人中心學校視為可以擺脫在現有主流學校中被貶低的狀況，認為這與隔離無關。但反對的學生擔心這樣的學校在主流社會中，其實並無法獲得較好的資源，就像現行的公立學校一樣，相較於私立學校，資源缺乏，而且大部分就讀的都是黑人。也有學生認為「這是個多元文化的社會，大家都生活在一起，若有黑人學校，難不成還要有白人學校嗎？」（頁 183）儘管如此，如果真的能有這樣一所學校，大家都認為應該會與現行學校有很多不同。一位家長表達對學校的期待：「我認為黑人中心學校是個好主意，但要小心不要讓它變成貧民區化，不要讓大家覺得它比一般學校差。我希望在這所學校中建立學生的自尊心，黑人學生會感受到他們是重要的，這是在一般學校中感受不到的。我今年送孩子去一所黑人為主的學校，不管他們成績好或不好，但在歷史課中可以讀到黑人歷史，在英文課中也是用黑人做為例子。」（頁 187）作者結論，有些反對黑人中心學校的學生，其實是對這類學校有所誤解，因此應可設立黑人中心學校，提供家長和學生另一種選擇的可能性。

3.學校應連結家庭及社區

第十一章中，學生和家長都承認學校並不是造成輟學的唯一原因，學生了解家庭及家長的引導對他們的重要性，但有些學生不想勞煩家人，有些是家長教育程度過低，對課程問題幫不上忙，有些是在家不想談功課的事，以免家人逼他們考到更高的成績。雖然現實狀況如此，但學生還是希望家長能在學習過程中，扮演更積極的角色，也肯定家長的鼓勵對他們有

相當重要的幫助。只是有些學生不僅沒有個真正的家，甚至還被虐待。不過，目前還在就學中的多數學生，仍期待他們家人常參與學校活動，出席家長會，和教師談談他們的狀況（頁190）。即使是已輟學的學生，雖然在他們的訪談中，鮮少提到在家曾受到家長的肯定或鼓勵，但他們仍都認為家長應該督促和教育孩子，甚至應積極要求學校聘黑人教師和教導黑人歷史（頁192）。然而這些家長對學校系統和制度都相當陌生，雖然會在家抱怨教師，但也不知如何反應給學校。作者認為這是因為家長缺乏「文化資本」與學校協商討論，所以教師應多協助家長了解及參與學校（頁193）。

　　教師也知道有些家長沒空參與學校事務，或無能力在課業上指導孩子，因此還特意將家長會時間延長為一整天，方便家長出席，然而很多家長仍無法出席，因此教師建議學校應該不只強調親師合作，也要和社區合作（頁194）。事實上學生也感受到社區對他們學習上的幫助，例如可以設立課輔中心，讓他們和同儕一起做功課，或建議中心可以像學校一樣，邀請黑人楷模來演講分享，甚至也有學生建議可以像猶太人一樣，支持設立自己的學校，即設立黑人中心學校（頁196）。第十二章作者繼續對學校提出一些研究發現及建議，例如，中輟學生很少接觸輔導室，對輔導室沒有印象，或甚至對輔導教師印象不佳；學校應該有系統地幫助及支持在輟學邊緣的學生；學校或許無法解決社會問題，但教師應該重視社會與學校的連結。另一方面作者也肯定學校中仍有些具有進步思想的教師，會在課程教學及輔導制度上進行改變。

（五）結語

　　作者於第十三章表示學校反映了外在社會的不平等現況，因此他們以批判的觀點探究黑人學生輟學的議題，而此觀點會將焦點集中在結構、學生的抗拒、生活經驗及選擇，將學校視為一個真實的場域，學生和教師都

是真實的主體，而且也可檢視其中的衝突、掙扎，以及主體的主動參與狀況，並思考教育中轉化的可能性。傳統對輟學議題的探究，集中在階級的影響，忽略了種族及社會差異。然而如果抗拒本身就是一種社會差異，那應該也可以有不同於階級的觀點來詮釋抗拒，因為抗拒本身就包含了種族、性別與階級的議題（頁220）。所以本書想要了解，學生為何輟學？當中如何受到種族及其他差異的影響？為了解答這個問題，研究假定學生是他們自己生活的專家，研究者則是要由社會學的脈絡理解當中的意義。使用民族誌的研究方法必須先接受主體自我認定的事實，才能了解真實的主體，但同時也要了解研究者與主體間的權力差異，因此真誠在研究中是非常重要的，才不致因偏見而掩蓋了真相（頁221）。

作者重新整理及建構了輟學的概念，認為不應僅由資本主義社會和個人主義機會公平的觀點去看輟學議題，而採批判反種族歧視的架構進行探討。他們發現在種族歧視的不利環境中，輟學變成學生的一種自我生存方法，一種對抗經濟不利的方式（頁232）。對輟學生而言，輟學是種「保護」自己的做法，因為他們沒有辦法在學校投入或參與那麼多，也無法克服許多困難，又不願意在學校被視為次等，也認為在學校沒有人會在意他們的聲音（頁201）。輟學生認為學校和社會是連結的，成功是要在社會中獲得權力、地位和金錢。然而他們發現自己離成功愈來愈遠，在這樣的班級和成績的表現，是不可能獲得成功的，於是不如選擇輟學（頁207）。換言之，離開學校代表離開這個充滿文化和人際疏離感的環境，反而變成增能賦權的行動，由此觀之，輟學生其實是被「推出」（push out）校園的。

全書結語部分，作者回顧民族誌研究方法，引用在訪談時有位學生提出的質疑作為開始：「你們的研究有什麼用？只是更多的沈默和否認嗎？」作者表示，批判民族誌希望達成社會革新與轉化，但事實上，這些

呼籲不保證能促成有效的行動，也難怪學生會提出諷刺的質疑。有學者表示，社會學就像一面反映現實的鏡子，透過民族誌、調查和訪談等方法，揭示人們的真實生活。但鏡子的比喻，會讓人誤以為社會學是被動地反映現實，作者認為他們在研究中所寫、所說的，並不總是現實生活的鏡子而已，因為複雜的敘說內容，也展現出研究者及被研究者主體的「位置」，及其如何影響詮釋。而也是基於這樣的覺知，將人視為其生活世界的主動創造者，以及對現有結構秩序的抗拒者（頁 252）。

對社會的研究往往帶有某種批判的意圖和意識型態的觀點，不能標榜可以絕對中立，即使紮根式的研究強調讓主體的聲音和關注來引導研究，但還是應清楚說明研究抱持的觀點。另外，在研究時亦應對研究對象，包括學生、教師、家長、諮商心理師等，都保持關懷及負責的態度，這可能會為學生帶來不一樣的改變（頁 253）。最後，作者呼籲學校除了協助學生個人和學業的成長之外，也應促進經濟和社會的流動，而研究者的工作就是探究社會不平等的原因，並尋找解決之道。

貳 重點評析

一、所採理論觀點

Peter McLaren 指出，1980 年代教育社會學界的批判教育學研究，大致可以分為兩大範疇：一個是理論基礎工作，如 Peter McLaren、Henry Giroux、Stanley Aronowitz、Bill Pinar 和 Michael Apple 等人的作品；另一個則是針對學校所進行的批判民族誌研究和個案研究，如 Paul Willis、Kathleen Weiler、Barry Kanpol 及 Peter Mclaren 等，這些作品比較有真正觸及性別、種族、階級等範疇的問題（林昱貞，2002）。本書屬於後者，突顯在抗拒理論中存在著種族的因素，亦即黑人學生抗拒學校文化的狀

況，這和 Paul Willis 的白人勞工階級學生是不同的，抗拒的本身即蘊涵著族群、性別和階級的議題。作者希望透過本書，了解少數族群及勞工階級學生抗拒學校的原因，不應再忽略當中的不平等現象，期望讓學校成為一個更有包容力的環境，教育應和學生日常生活經驗有所關連，幫助學生解決問題和批判思考，以推動社會革新。

著名的人類學學者 John Ogbu 為本書寫序文，指出 Paul Willis 的抗拒理論將黑人輟學問題視為社會階級的問題，然而黑人與白人的狀況是不同的。白人學生自信地離開學校，要找一個像個男人的工作，即他們想找勞工階級的工作，而非中產階級的工作，可是對黑人學生而言，並沒有勞工階級的工作等著他們，可見抗拒論忽略了低社會階級中黑人的「過度代表性」（over-representation），所以我們不應過於簡略地認為低社會階級的白人和黑人，享有共同文化或有共同經驗。從本書中可以看到，黑人與白人學生在回答學校經驗時明顯不同；黑人學生和家長都會談到加拿大勞動市場中的種族問題，這是黑人共同的經驗。本書由反種族歧視的理論觀點出發，突顯了在抗拒理論中存在的族群因素，即黑人學生抗拒學校文化的狀況和 Willis 的白人勞工階級學生是不同的。

在本書的內容中，Ogbu 最感興趣的是為何族群的強烈認同反而讓學生對學校有更強的疏離感，最後導致學生選擇輟學。關於這點，其實Ogbu（1978）的研究即指出，非志願少數族群對宰制文化採取對抗性的認同，以應對歧視的天花板效應。他的解釋是，這些學生未理解到學校學業成就和未來職場成就的連結，所以才會採對抗性的態度和行為。而 Dei 等人的解釋卻是那些對自己族群文化有強烈認同者選擇輟學，正顯示黑人學生面臨了教育的兩難，他們一方面認同教育對求職以及社會流動的重要性，但他們對文化的認同卻讓他們對學校課程更加疏離且不滿，進而輟學。不過 Dei 並未在討論中，對相關學者的發現作出更進一步的比較和分析，這是頗為可惜之處。

若將 Dei 等人的研究和 Ogbu 的研究相較，可以發現 Ogbu 對結構與個人能動性之間的關係，建構了許多概念化的理論類型，例如 Ogbu 和 Simons（1998）以文化生態理論（cultural-ecological theory）解釋學習表現，從制度、社會關係、文化等面向進行系統性的討論。但本書仍多屬田野資料的描述，雖然發掘很多珍貴的黑人學生獨特經驗，而且訪談語料非常真實地表達出黑人學生感受到的被邊緣化及被歧視的痛苦，閱讀起來令人感同身受，但是對本書最重要的反種族歧視觀點，作者仍多停留在社會學的批判和衝突等概念之論述，缺乏對同時期與種族或多元文化等相關文獻的深入討論，以致全書分析顯得零碎片斷，而未能鎖定反種族歧視教育的觀點，像 Ogbu 一樣建立自己獨特的理論。

另外，Paul Willis 的研究的確引發後繼研究者更關注階級與性別、種族的交織性（楊巧玲，2017），本書作者也深受 Willis 的啟發，然而對交織性的討論，只能看到這三個面向的田野資料不斷出現在各章節中，每個面向卻都只有很淺層的分析，並未對相關的理論或研究進行更深入的探討，也未將交織性概念予以理論化，導致各章節的內容重複，概念過於零散缺乏理論統整，減損了本書的價值。

二、方法論與研究倫理

過去對輟學議題的探討，多為量化研究，發現輟學與學校、家庭、個人等因素有關，但卻甚少提及輟學形成的機制，以及當事者的主體經驗。關於種族議題如何對輟學發生影響，或發生了什麼影響，仍存在很多待解答的疑問。本書解答了上述疑惑，以批判民族誌的方法，成功地反映了黑人學生主體的觀點和感受，在方法論上的突破相當值得肯定，而且在書中清楚說明研究設計的流程，附錄中也有所有的訪談大綱，相當值得參考。不過楊巧玲（2017）分析相關文獻對批判民族誌的評論，發現從民族誌研

究者的觀點來看，批判理論者在研究中也常被質疑過度受理論驅使，甚至形成偏見，有失客觀。

從上述疑慮來看，本書也有類似的問題。書中出現大量的訪談和觀察個案，並由族群、性別和階級等面向逐章分析該因素如何影響學生輟學，但是個案太多，而且對於如何分析、譯碼架構如何形成，欠缺系統或明確的說明。在閱讀許多精彩且豐富的學生語料時，因受訪對象眾多，且來自不同學校，在無法了解每位個案的完整生活情境和脈絡時，可能產生去脈絡化的解讀錯誤問題。例如，有的黑人學生提到被師長歧視，討厭白人教師，但也有學生肯定白人教師，甚至不認為教師的種族別是影響教學的重要因素；同樣地在教師部分，有具進步概念的教師，也有種族歧視的教師。這些不同且衝突的經驗，因為讀者無法知道說話師生的完整生活經驗，其實很難進一步深入探究師生之間的族群關係，究竟如何影響學生的認同及最後導致輟學與否的決定，也很難檢視學生被教師歧視的經驗，究竟多少為客觀的事實，多少是社會不友善的種族氛圍影響了學生的感受或詮釋。當讀者無法掌握個案的脈絡，只能依作者的解釋儘量了解被引用的語料，難免引起質疑：作者是否自說自話，有失客觀？

在輟學的因素方面，作者雖然知道多種因素影響著學生的選擇，但本書是採反種族歧視的觀點，而這只能揭示學校中確實存在種族歧視，不能證成在眾多影響輟學的因素中，種族歧視或偏見對輟學的影響力有多大，或是不是最重要的影響因素。

最後，在研究方法的部分，本書的書名直接標示運用批判民族誌的方法進行研究，然而在第二章研究方法中，只詳述研究設計和資料蒐集、分析等質性研究的歷程，雖然在最後一章對批判民族誌的方法論有所說明和反省，但仍不夠深入，以致讀完全書後，讀者對什麼是批判民族誌，以及它和一般質性研究的區別，仍無法獲得更清楚的了解。

反思啟示／問題討論

一、教育研究方面

本書發現加拿大黑人學生輟學的原因，源於種族、階級和性別的歧視或疏離感，是社會結構或制度層面的問題，而非單純個人或家庭的因素。從此觀點反思臺灣原住民學生的中輟現象，可發現一些值得探究的研究議題。首先，根據教育部統計（2018），原住民學生從國小至大學，輟學率均高於一般學生；國中小輟學原因以個人因素占 52.2%最高，家庭因素占 26.2%次之；大專生主要休學原因，依次為工作需求、志趣不合、和經濟困難等。上述統計將輟學因素主要歸因於個人和家庭的因素，無法看出種族、階級和性別等結構面向的成因。量化數據僅能看到表面的現象，無法突顯深層的制度成因。因此若能以批判民族誌探究此議題，應該可以更深入理解弱勢族群學生輟學的脈絡和原因。

其次，再從目前臺灣對輟學的研究來看，也會發現不同的學習階段或環境，可能會有不同的輟學原因，這更顯示必須在研究對象的生活脈絡中進行探究，才能真正了解學生為何選擇輟學。例如，章勝傑（2002）對某部落國中輟學學生的質性訪談研究發現，中輟現象與所屬族群的傳統文化或許有一點關係，但是與家庭結構瓦解以及社區面臨的社會與經濟困境兩個問題相比，文化所扮演的角色並不明顯。他指出要改善部落原住民的中輟問題，不能只從學校著手，而一定要從家庭與社區切入。詳言之，在部落的學校，師生和同儕關係都不錯，其實並無明顯的將學生「推出」校園的機制存在，改善部落的經濟才能重建家庭的功能，整合社會上已有的資源，提供中輟生及其家庭全方位的服務，才能有效防止原住民族學生中輟。章勝傑的研究個案並不像 Dei 的個案一樣，處於種族歧視的校園脈絡，我推測這可能和一個是部落學校，一個是大都市中族群混雜的學校有

關。再看劉若蘭、黃玉（2006）對原住民族大學生的研究，發現原住民學生在校園中學術投入的程度較低，與同族群的互動程度較高。和章勝傑的研究發現相對照，顯示在部落的國中較不重要的族群或文化因素，到了大學卻可能成為重要的影響因素。從上述研究來看，未來在進行弱勢族群輟學研究時，應注意族群內部不同群體的差異性。

二、教育實務方面

　　基於輟學背後有相當多的複雜因素和過程，當教育系統仍不斷地進行加強對原住民族學生的支持與輔導機制時，我們要反思不應籠統地將原住民族視為一個同質性的整體，以同樣的原因推斷族群內不同群體學生輟學的原因，或試圖採取統一或快速的方式進行輔導，相反地，教育領域需要更多結合理論與實務的民族誌研究或行動研究，實踐批判教育學領域關心的轉化（transformation）、解放（liberation）及超越（transgression）等目標。王慧蘭（2005）指出，解放即是對壓迫關係的省察和重構，必須透過「對話－意識覺醒－實踐－修正－再實踐」的動態循環過程，也就是不斷反省、追求和實踐的多層次歷程。本書對教育實務的啟示在於：鼓勵學界和實務界合作，發展更多植基於本土教育現場經驗的範例。

 延伸閱讀

Dei, G. (2011). *Indigenous philosophies and critical education*. New York: Peter Lang.

Dei, G. (2010). *Teaching Africa: Towards a transgressive pedagogy*. New York: Springer.

參考文獻

王慧蘭（2005）。批判教育學：權力抗爭、文本政治和教育實踐。**臺灣教育社會學研究，5**（2），85-112。

林昱貞（2002）。批判教育學在臺灣：發展與困境。**教育研究集刊，48**（4），1-25。

教育部統計處（2017）。**107 學年原住民族教育概況分析**。取自 http://www.stat.org.tw/data/asoctopic/%E5%8E%9F%E4%BD%8F%E6%B0%91%E6%97%8F%E6%95%99%E8%82%B2%E6%A6%82%E6%B3%81%E5%88%86%E6%9E%90.pdf。

張盈堃（2005）。批判的民俗誌研究：以北美批判教育學陣營為例。**課程研究，1**（1），149-166。

章勝傑（2002）。台東一布農部落國中輟學生歸因歷程研究。**台東師院學報，13**（上），91-136。

楊巧玲（2017）。學習做勞工，同時做男人：反學校文化中階級與性別的交織之民族誌研究。**教育研究集刊，63**（4）1-36。

劉若蘭、黃玉（2006）。大專原住民族及漢族學生多元族群 校園經驗與學習發展之研究。**教育研究集刊，52**（1），93-128。

Dei, G., Mazzuca, J., McIsaac, E., & Zine, J. (1997). *Reconstructing 'dropout': A critical ethnography of the dynamics of black students' disengagement from school.* Toronto: University of Toronto Press.

Ogbu, J. U. (1978). *Minority education and caste: The American system in cross-cultural perspective*. San Diego, CA: Academic.

Ogbu, J. U., & Simons, H. D. (1978). Voluntary and involuntary minorities: a cultural-ecological theory of school performance with some implications for education. *Anthropology & Education, 29*(2), 155-188.

結語：厚描教育與政治的交織以追求社會正義

楊巧玲

　　民族誌的基本原則之一乃是強調脈絡，因此主編序和緒論試圖詳加交代本書來龍去脈。結語則仍以始為終，藉由回顧並反思本書命名的過程，闡明其教育價值與政治意涵，彰顯批判教育學的立場：讓教育的更政治，讓政治的更教育，而民族誌則堪稱厚描二者交織的適切工具，透過教育民族誌與批判教育學的相互為用，以期減少壓迫，促進社會正義。

壹　本書書名的教育價值與政治意涵

　　當初申請經典研讀班計畫時，似乎未經太多思考，就以「教育中的批判民族誌」為名提出，直到成書之際，作者群才展開討論。先就主標而論，「批判的教育民族誌」也是一種選項，乍看之下，二者相當接近，細思之後，仍保留原計畫名稱，主要理由在於凸顯教育與政治的無法切割，包括教育研究，而「批判民族誌」（critical ethnography）正是「帶著政治的目的之傳統民族誌」（conventional ethnography with a political purpose）（Thomas, 1993: 4）。何謂政治的目的？Thomas（1993:4）言簡意賅地指出改變社會即是其一，並進一步據以區別批判的民族誌與傳統的民族誌之不同，他認為一般而言傳統的民族誌學者乃以其他的研究者為對象，為其田野中的主體說話（speaking for their subjects to an audience of other researchers），而批判的民族誌學者則為其田野中的主體之利益發聲（speaking to an audience on behalf of their subjects），使主體得以增權賦能（empowered）。用 Madison（2005）的說法，批判的民族誌始於倫理的責任（ethical responsibility），研究者致力於在一個特定的活生生的向度（lived domain）探究不公平或不正義的過程，倫理的責任是指根植於人類自由與福祉的道德守則而形成一種強大的使命感，基於對受苦者的關

懷，研究者感受到一種道德義務，要改變形塑不公平或不正義的情境與條件，邁向更自由與更公平的社會。

相對而言，教育民族誌（educational ethnography）比較屬於 Madison（2005）所指的「特定的活生生的向度」，也就是作為民族誌者的題材，儘管這個題材正是本書所關注的，但是仍然必須有所取捨，於是使用「教育中的」一語表徵領域範疇，保留完整的「批判民族誌」用法。事實上「批判」與「教育」一起呈現並非理所當然，根據宋文里（1995）在 1/4 世紀前的觀察，臺灣的教育環境和批判教育學彼此扞格，他查詢圖書館資訊之後，發現以 Paulo Freire 為發起人的激進教育主張鮮少被引介或評論，因為 Freire 力主教育與政治不可切割，這種理念與臺灣長久以來的教育圈避談政治的文化氛圍明顯不同，宋文里稱為「諱」，他進一步指出，即使是 Freire 致力的成人教育領域，國內的相關學者在引述時也會迴避其「激進」元素，而這本身就是一種問題陳顯。然而隨著臺灣的民主化進程，Freire 的經典著作 *Pedagogy of the Oppressed* 於 2003 年出現《受壓迫者教育學》中譯本（方永泉譯）、該書的五十週年版之中譯本（方永泉、張珍瑋譯）甫於去年年底（2019 年 12 月 31 日）問世。加上〈緒論〉一文所言，以批判教育學為關鍵詞的期刊論文儘管為數稱不上眾多，但也幾乎未曾間斷，而大學校院的開課數量雖然有限，「諱」的情勢已然不再。

本書主標題為《教育中的批判民族誌》的教育價值在於呼應批判教育學的傳統，致力於揭露權力關係與不平等如何在教育中顯現以及被挑戰，這權力關係與不平等可能是社會的、文化的、經濟的，及其各式各樣的結合與叢集，而為了了解教育與社會的複雜連結並形成影響，我們必須透過被剝削者之眼看世界，對抗複製壓迫情境的意識型態與制度的過程與形式（Apple, Au & Gandin, 2009）。而其政治意涵則如 Madison（2005）呼籲批判民族誌者抗拒馴化（to resist domestication），運用可及的資源、技能

與特權使研究參與者原來受限的聲音與經驗得以被聽到與看見，以期對解放的知識與社會正義的論述有所貢獻；無獨有偶地，Thomas（1993）也提出類似的主張，他認為批判民族誌者描述、分析、檢視這個被視為理所當然的世界，或說文化陷阱，有助於解放的目標，或抵銷壓制的影響。本書所選讀的著作都在挑戰理所當然，最為人熟知的莫過於 Willis（1997）的提問：為何勞工階級的孩子讓自己從事勞工階級工作，即使明知這類工作報酬微薄、聲望低落、愈來愈欠缺內在的意義？

　　本書副標的定調也值得一提。首先「經典導讀」乃本書的基礎，只是如何呈現也有多種可能，經過作者群的討論，確認涵蓋四個部分：關於作者與本書、問題意識與研究目的、研究設計與實施方法、田野發現與立論主張，希望透過「作者與本書」的介紹得以脈絡化，具現民族誌的精神，藉由「研究設計與實施方法」的說明得以細節化，彰顯民族誌的技法，加上「問題意識與研究目的」的耙梳及「田野發現與立論主張」的釐清，得以符應謝國雄（2007）所稱的「四位一體」。其次為「重點評析」，此處的「重點」包括「所採行的理論觀點」、「方法論與研究倫理」，而這二點的選擇正是映照「批判民族誌」，亦即批判教育學傳統的基本議題加上民族誌的技法。最後則是「在地對話」，初始的提議為「在地反思」，但經作者群的討論，決定修訂，雖然「反思」是批判教育學與民族誌都強調的，然而「對話」更顯積極，經由作者群對於臺灣的教育研究與教育實務二方面進行反思、提出啟示，邀請讀者參與對話，共同思考行動的可能、尋找改變的契機。

貳 教育民族誌與批判教育學相互為用

　　若說批判教育學在臺灣曾經是諱，教育民族誌則是邊緣化，而此邊緣化的景況延續至今；除了緒論一文曾言及的期刊論文極為有限，若查詢博

碩士論文 [1]，所得相去不遠，輸入「教育民族誌」並勾選論文名稱欄位查
得六筆，最早的是 1994 年臺灣大學人類學研究所碩士論文（林秀美，
1994），最新近的是 2017 年政治大學幼兒教育研究所碩士論文（吳念頤，
2017），若同時勾選論文名稱與關鍵詞二欄位進行查詢，增加三筆，都在
2000 年以前發表（邱奕君，1997；張雯，2000；顏肇基，1996），若輸
入「學校民族誌」，同時勾選論文名稱與關鍵詞二欄位，可得 2 筆：分別
是劉蘋儀與洪麗卿先後發表於 2005 與 2015 年，相隔十年。一如所有的資
料庫查詢，上述結果可能未盡精確，因為有的作品可能並未以「教育民族
誌」或「學校民族誌」為名或列為關鍵詞，儘管如此，仍能看出這類研究
並非主流，但其所從出的系所卻超越教育學門的疆界，涵蓋社會及行為科
學學門（區域研究學類、民族學類、社會學類）、人文學門（人類學類），
在教育學門內也跨越了不同類別，包括學前教育學類、綜合教育學類、普
通科目教育學類、教育行政學類。由此可樂觀推論，教育民族誌底蘊甚厚，
有待挖掘、深耕。

就教育學門論，教育民族誌或學校民族誌學位論文為數不多的現象，
若搭配〈緒論〉一文所言的開課有限的事實，並不難理解。另一方面，似
乎尚無教育學術團體倡導，據我所知，有些學會近來頗為積極，例如台灣
社會學會（無日期）自 2012 年起開辦碩士論文田野工作獎甄選，「鼓勵
社會學相關科系研究生以田野工作的精神和方法（即長時間在研究情境中
的訪談、參與觀察、參與實作等）進行研究，撰寫論文。」由此陳述來看，
臺灣社會學會使用「田野工作」、「參與觀察」，而不是「民族誌」，不
過此等用語多視學術傳統而定，誠如緒論一文曾言，民族誌與參與觀察分
別源自人類學以及社會學傳統，後來其他學門的學者也持續發展，而且彼

1　2020 年 1 月 23 日，於臺灣博碩士論文知識加值系統查詢，網址：https://ndltd.ncl.edu.tw/
　cgi-bin/gs32/gsweb.cgi/ccd=4sZcBH/search?mode=basic。

此影響，於是二者的區別漸趨模糊（Preissle & Grant, 2004）。觀諸本書所選讀的八本經典著作，書名直接呈現 ethnography 的有二，其中 John Ogbu 具人類學背景，而 George Sefa Dei 則受社會學訓練，後者採用 Critical ethnography，其餘著作雖未標示，但多指涉田野場域，六本直指 school、二本使用 education。

相對而言，教育民族誌在美國從邊緣變熱門，作為教育人類學家與民族誌者的 Eisenhart（2001）參照己身經驗指出，她在 1980 年代初參與美國教育研究學會（American Educational Research Association, AERA）的會議時，民族誌或其他質性研究的發表為數極少，如今 AERA 研討會半數以上的論文都立基於某種形式的質性研究，再就其任教的教育學院而言，在她剛就職時（約 1987）100 位博士班學生中採行質性研究設計的只有五、六位，如今則翻轉成在 70 位博士生中運用量化研究設計的大概是十位。雖然 Eisenhart 所論及的並不僅限於教育民族誌，而是包括更廣泛的質性研究，但其所言的改變十分顯著，對此改變 Eisenhart 視為教育民族誌的泥淖（muddle）之一[2]，一方面越來越多的教育研究者，甚至包括文化研究、女性主義研究、族群研究、文學批評等領域的學者都擁抱民族誌的方法，固然值得欣喜，另一方面她也憂慮民族誌方法能否被充分執行，諸如參與觀察、面對面訪談、研究者的反思或札記、以及檔案記錄的分析等，在在需要投入心力，更複雜的是，上述各種方法能否充分探究當代生活的重要面向？而這又與教育民族誌的另一泥淖「文化」有關，儘管「文化」是民族誌者共同的研究旨趣，但其定義自 1980 年代以降深受擾動，包括上個世紀晚期資本主義的社會與經濟景況，或稱後現代性

---

2 「泥淖」一詞在人類學相當著名，始於 Gregory Bateson，用以指涉兩難情境（Eisenhart, 2001: 16）。該文論及三項泥淖：有關文化的定義、對民族誌的熱切、民族誌者的責任。

（postmodernity），也包括後現代主義者對真理、知識、價值與倫理等的
質疑。

　　如何清理上述泥淖？我認為承繼批判教育學傳統的 Giroux（2004）
所提出的公共教育學（public pedagogy）概念有所助益。基於對美國的分
析，Giourx 指出在當前的新自由主義之下，教育學（pedagogy）已經變成
反動的，透過各種不同的教育場域以及作為企業權力、基本教義、新保守
主義的意識形態之輔助形式，它建構了知識、價值與認同，這些新興的公
共教育學場域不限於學校、黑板與考試，而是在廣大的各種社會制度中運
作，包括運動、娛樂媒體、有線電視、教會、菁英的與大眾的文化頻道如
廣告等，知識與慾望藉由前所未見的數位科技錯綜複雜地連結各種教育型
態，深刻地改變了公領域。然而 Giroux 也認為這正是公共教育學可以扮
演關鍵角色的時刻，生產多樣化的文化範疇，重新賦予教育作為一種政治
力的新意義，他呼籲文化研究學者體認文化與權力乃文化研究的重中之
重，主張從理解的教育學轉化成介入的教育學，簡言之，在教室中，讓教
育的變得更政治，在教室外，透過文化的教育力，讓政治的變得更教育。
Giroux 的呼籲和主張某種程度地回應了 Eisenhart（2001）所謂有關文化
的泥淖，亦即教育民族誌者必須肯認教育作為一種文化政治，權力運作不
會僅限於正式的學校教育，也包括學校以外的場域。事實上 Eisenhart 提
出的清理泥淖之道正包括教育民族誌者向外、向上追溯文化形式如何在更
大的社會體制中被生產並顯現，同時往內、往下探究文化形式如何成為個
別主體性與想像的局部。行文至此，希望已經闡明教育民族誌與批判教育
學如何彼此豐富、相互為用，讀者也可以檢視本書所選讀的經典何以稱為
教育中的批判民族誌。

參 追求社會正義作為終極關懷

如前所言，批判民族誌者以關懷受苦者為使命，批判教育學者則倡議透過被剝削者的眼睛看世界，然而後現代思潮的質疑值得深思，亦即何謂受苦、剝削？由誰界定？並非不證自明。事實上教育中的批判民族誌者在擇取焦點之際，不免面臨掙扎，例如關注階級上的壓迫，可能會讓種族、性別的不公未受足夠的重視，Willis（1997）的 *Learning to Labour* 一書就曾遭女性主義者批評，指其將勞工階級 lads 的觀點過度浪漫化，導致性別歧視傳統的再製，社會壓迫與宰制的男性凝視得以維繫（Arnot, 2004; Mills & Gibb, 2004）。但在該書出版約 1/4 世紀[3] 後 Willis（2004）仍堅持優位化階級，即使他也同意基本的社會分類如性別、種族非常重要，在某種意義上甚至比階級還重要，但是他仍認為階級對它們的影響大於它們對階級的影響，而且資本主義世界體系的組織驅力主要還是來自階級的規則，如果要更瞭解性別和種族的形構，或更精準掌握其改變的方向與內部的張力，就要把它們置放在更動態的階級關係，洞悉階級如何透過它們運作。另一方面，階級成為 Willis 的心之所繫也可以從存在論的視角來看，其勞工階級身份認同及身為白人男性的生命經驗，加上文化研究學術訓練的背景，在在影響其認識社會生活的方式及技法的選擇（楊巧玲，2017）。

說到技法，民族誌與社會正義的距離也值得探討。雖然 McRobbie（1991）曾經表示，社會學領域中最經典、最廣為引用的著作大多都採取像民族誌這種互動式的研究取徑，如果缺乏這類研究，社會學就變得枯燥乏味，但是田野中的互動無法避免權力關係，尤其是持批判典範的研究者，必須把批判的視角放諸自身（Noblit, 2004），深切反省並徹底檢討可能形成的弔詭：弱勢議題越被論述，弱勢族群越被研究，弱勢團體越顯

3　該書首度出版為 1977 年，本文所用乃為 1997 年的版本。

弱勢。晚近基於對研究倫理的重視，某些屬性的研究參與者被標示為「特殊群體」，如成功大學的研究倫理審查申請表將「未成年人（未滿20歲）、新住民、收容人、身心障礙者、原住民族、孕婦、研究團隊授課的學生、受雇員工、研究執行地的少數或社會政治敏感群體（例如：少數宗教信仰者、外籍生、性工作者、知名政治人物等）」明列納入，只要涉及上列群體，各項研究資料蒐集及參與權益之規劃都要詳加說明（國立成功大學，無日期）。如此作為，立意保護，毋庸置疑，然而可能也增強標籤化效應或反映本質化、同質化之預設；陳美華（2008）以從事性工作研究的田野經驗為例，質疑所謂「敏感性研究」之定義，提醒我們「易受害群體」未必等同「社會弱勢」、「被污名」群體。另一方面，一旦此類「特殊群體」備受「保護」，從事相關研究的倫理審查越嚴密，其可近性受限，可能令人卻步。進退維谷如何平衡，有待更多研究社群內部對話。

說到底，仍回到存在論的思索，再度援引謝國雄（2007）的說法，所謂存在論的視角亦即終極關懷。儘管要對心之所繫及其限制保持警醒，卻也不能過度自我懷疑甚至幾近癱瘓，本書所選讀的經典著作在揭露諸多不公的同時，更是為了追求社會正義。儘管社會正義如何認定總是難免引發辯論，卻也不能輕易棄守，事實上我國教育政策所形塑的藍圖與訴求就已涵蓋社會正義，如教育部（無日期）於「十二年國民基本教育」政策緣起直指「歐美國民教育權的理念已由義務說轉為兼具義務與權利說，從原本培養忠誠國民的政治單一角度，擴大到培養國家經濟發展所需人力的經濟角度，促進教育機會均等的社會正義角度」，2012年提出的《中華民國師資培育白皮書》也論及公平正義的理念：

> 社會朝向 M 型化發展，更加突顯「貧者愈貧，富者愈富」的現象，偏鄉地區學生教育、新移民子女教育、原住民族教育及特殊教育等皆為消除 M 型化現象的重點工作。因此，如何提升偏鄉

地區教育品質，精進師資素質與專業發展，透過職前培育及在職
進修強化教師的多元文化理念、特殊教育知能、多元評量知能、
教育機會均等及弱勢關懷涵養，使每個孩子都能適性揚才，落實
公平正義的理念也是重大課題。（教育部，2012：8）

即使本書所選經典並未著眼師資培育，但是觸及教師所扮演的角色之
重要性所在多有，其中不少研究（諸如 Connell, Ashenden, Kessler &
Dowsett, 1982; Ogbu, 1974; Rist, 1973; Willis, 1977）顯示教師對學生的失
敗之歸因往往反映了缺陷思維（deficit thinking）（Valencia, 1997,
2010），發人深省。

然而上述現象無法單一究責，教育研究也需反思，Ogbu（1974: 5-7）
曾經指出，大量文獻都把貧窮的少數民族的低學業成就歸咎於「文化剝
奪」（culturally deprived），或是委婉修辭後的「文化不利」（culturally
disadvantaged）、「文化差異」（culturally different），在在意指家庭環
境無法提供有益於學生心理與社會發展的「刺激」，未能養成未來取向、
追求成功、具主動性、勤勉等中產階級價值與態度，因而導致失敗。由此
看來，種族的壓迫與階級的不公無法切割，就像女性主義者 Fraser（2013）
呼籲的，在此全球化的世界，要達致性別正義必須符合反貧窮、反剝削、
收入平等、休閒時間平等、尊重的平等、反邊緣化、反男性中心等七項原
則，[4] 也像批判教育學者所言，教育改革必須超越學校，包括提高最低工
資、調整稅賦制度、增加就業機會、投資職業訓練、提供基金給付不起完
成大學的人、訂定終結種族隔離的住宅政策與雇用政策（Anyon,
2005）。儘管如此，教育仍然大有可為，再回到教師的角色，批判教育學
傳統對教師一直有所期待，Giroux（1985）早已倡議視教師為轉化型知識

4　詳見楊巧玲（2018）一文。

份子，認為其工作涉及教育學生成為有思想、能行動的公民，領導未來年輕世代智識與道德的發展，因而主張教師必須負起責任，也如 Willis（1997: 186）所說的，雖然學校教育系統與資本主義體制有共謀關係，但這並非必然的，如果實務工作者不知道可以做些什麼，就是陷入純粹結構主義者的套套邏輯：除非社會的基本結構改變，否則我們無法做任何事情，但是結構又阻礙我們做任何改變。本書所選讀的教育中的批判民族誌及作者群對其進行的導讀、評析、對話，希望有助於讀者破除套套邏輯並增權賦能，滋養追求社會正義的決心與行動。

 參考文獻

方永泉譯（2003）。**受壓迫者教育學**。臺北市：巨流。

方永泉、張珍瑋譯（2019）。**受壓迫者教育學**（五十週年版）。高雄市：巨流。

宋文里（1995）。「批判教育學」的問題陳顯。**通識教育季刊**，2（4），1-15。

林秀美（1993）。學校教育與文化傳承之探討：以烏來社區之教育民族誌研究為例。臺灣大學人類學研究所碩士論文。未出版。

吳念頤（2017）。文化的差異，老師的遇見：一所原住民族幼兒園的教育民族誌研究。政治大學幼兒教育研究所碩士論文。未出版。

邱奕君（1997）。賽夏族鄉土教育實施及其文化意義。清華大學社會人類學研究所碩士論文。未出版。

洪麗卿（2015）。美國華盛頓州國小階段多元文化課程實施之個案研究。臺灣師範大學課程與教學研究所博士論文。未出版。

陳美華（2008）。不可告人的秘密？一個關於性工作研究中的性、性別與知識生產的反思。**臺灣社會研究季刊**，71，1-39。

張雯（2000）。都市原住民文化傳承的教育人類學探討：看一位卑南族婦女的生命經驗。臺灣師範大學社會教育研究所碩士論文。未出版。

國立成功大學（無日期）。人類研究倫理治理架構——研究倫理審查申請表。取自 https://rec.chass.ncku.edu.tw/forms/initial_review_application

教育部（無日期）。十二年國民基本教育——十二年國民基本教育實施計畫。取自 http://12basic.edu.tw/Detail.php?LevelNo=38

教育部（2012）。**中華民國師資培育白皮書：發揚師道，百年樹人**。臺北市：作者。

楊巧玲（2017）。學習做勞工，同時做男人：反學校文化中階級與性別的交織之民族誌研究。**教育研究集刊**，63（4），1-36。

楊巧玲（2018）。從性別平等、多元差異到性別正義：一個女性主義／教育／社會學的想像。載於楊巧玲執行主編，**性別與教育**（頁 1-16）。臺北市：學富。

臺灣社會學會（無日期）。學術活動——碩士論文田野工作獎得獎論文。取自 https://www.tsatw.org.tw/page.php?menu_id=97&p_id=107

劉蘋儀（2005）。師生與同儕互動中性別關係之學校民族誌研究。屏東教育大學社會科教育系碩士論文。未出版。

謝國雄（2007）。以身為度、如是我做：田野工作的教與學。載於謝國雄主編，**以身為度、如是我做：田野工作的教與學**（頁 3-35）。臺北市：群學。

顏肇基（1996）。「傷人」的話語：一個國小四年級班級口語攻擊行為之研究。台北師範學院國民教育研究所碩士論文。未出版。

Anyon, J. (2005). *Radical possibilities: Public policies, urban education, and a new social movement.* New York: Routledge.

Apple, M. W., Au, W., & Gandin, L. A. (2009). Mapping critical education. In M. A. Apple, W. Au, & L. A. Gandin (Eds.), *The Routledge international handbook of critical education* (pp. 3-19). New York, NY: Routledge.

Arnot, M. (2004). Male working-class identities and social justice: a reconsideration of Paul Willis's *Learning to Labor* in light of contemporary research. In N. Dolby & G. Dimitriadis (Eds.), *Learning to labor in new times* (pp. 17-40). New York: RutledgeFalmer.

Eisenhart, M. (2001). Educational ethnography past, present, and future: ideas to think with. *Educational Researcher, 30*(8), 16-27.

Fraser, N. (2013). *Fortunes of feminism: From state-managed capitalism to neoliberal crisis*. London: Verso.

Giroux, H. (1985). Teachers as transformative intellectuals. *Social Education, 49*(5), 376-379.

Giroux, H. (2004). Public pedagogy and the politics of neo-liberalism: making the political more pedagogical. *Policy Futures in Education, 2*(3&4), 494-503.

Madison, D. S. (2005). *Critical ethnography: Methods, ethics, and performance*. Thousand Oaks, CA: Sage.

McRobbie, A. (1991). *Feminism and youth culture: From 'Jackie' to 'Just Seventeen'*. London: Macmillan.

Mills, D. & Gibb, R. (2004). "Centre" and periphery: an interview with Paul Willis. In N. Dolby & G. Dimitriadis (Eds.), *Learning to labor in new times* (pp. 197-226). New York: RutledgeFalmer.

Noblit, G. W. (2004). Reinscribing critique in educational ethnography: critical and postcritical ethnography. In K. deMarrais & S. D. Lapan (Eds.), *Foundations for research: Methods of inquiry in education and the social sciences* (pp. 181-215). Mahwah, NJ: Lawrence Erlbaum Associates.

Ogbu, J. (1974). *The next generation: An ethnography of education in an urban neighborhood.* New York: Academic Press.

Preissle, J. & Grant, L. (2004). Fieldwork traditions: ethnography and participant observation. In K. deMarrais & S. D. Lapan (eds.), *Foundations for research: Methods of inquiry in education and the social sciences* (pp.161-180). Mahwah, NJ: Lawrence Erlbaum Associates.

Thomas, J. (1993). *Doing critical ethnography.* Newbury Park, CA: Sage.

Valencia, R. (1997). Conceptualizing the notion of deficit thinking. In R. Valencia (Ed.), *The evolution of deficit thinking: Educational thought and practice* (pp. 1-12). London: Falmer.

Valencia, R. (2010). *Dismantling contemporary deficit thinking: Educational thought and practice.* New York, NY: Routledge.

Willis, P. (1997). *Learning to labour: How working class kids get working class jobs.* Aldershot, England: Ashgate Publishing Limited.

Willis, P. (2004). Twenty-five years on: old books, new times. In N. Dolby & G. Dimitriadis (Eds.), *Learning to labor in new times* (pp. 167-196). New York: RutledgeFalmer.